»Muss ich so leben, wie ich es bisher getan habe?«, fragt sich Lajla eines Tages – und bucht ein Flugticket nach Kanada. In den folgenden Jahren verbringt sie lange Phasen allein in der Wildnis, trifft Trapper, Hippies, Schamanen und Abenteurer und lernt, dass die Suche nach Freiheit oft mit der Beschränkung aufs Wesentliche beginnt. Eine kraftvolle, wilde und unmittelbare Erzählung, die zum Nachdenken zwingt.

LAJLA ROLSTAD geboren 1978, gehört zu den spannendsten jungen Stimmen Norwegens. *Wolfsinsel* ist ihr zweiter Roman.

LAJLA ROLSTAD

WOLFSINSEL

Aus dem Norwegischen
von Gabriele Haefs

btb

Die norwegische Originalausgabe erschien 2015
unter dem Titel »Ulveøya« im Gyldendal Norsk Forlag, Oslo.

Die Übersetzung wurde von NORLA, Oslo, gefördert.
Der Verlag bedankt sich dafür.

Verlagsgruppe Random House FSC® N001967

1. Auflage
Deutsche Erstausgabe Juli 2019
Copyright © der Originalausgabe 2015
by Gyldendal Norsk Forlag AS. All rights reserved.
Copyright © der deutschsprachigen Ausgabe 2019
by btb Verlag in der Verlagsgruppe Random House GmbH,
Neumarkter Straße 28, 81673 München
Umschlaggestaltung: semper smile, München
Umschlagmotiv: © Getty Images/Istvan Hernadi photography
Satz: Uhl + Massopust, Aalen
Druck und Einband: GGP Media GmbH, Pößneck
Printed in Germany
ISBN 978-3-442-71815-3

www.btb-verlag.de
www.facebook.com/btbverlag

Die Insel

Es ist Mitte November, als ich auf die Insel komme. Ich bin zum ersten Mal allein in Kanada. Ich werde nicht bei Bekannten wohnen, werde auf das Haus aufpassen, weit weg von jeder Menschenseele. Das Grundstück gehört einer Familie aus den USA. Sie vermieten es im Sommer als Zentrum für Seminare und Retreats. Niemand wartet am Flughafen auf mich. Ich suche mir einen Bus, schleppe Rucksack und Koffer selbst. In der ersten Nacht im schon vorher per Internet bestellten Hotel schlafe ich wie eine Tote. Die Reise auf die Insel hinaus nimmt den ganzen folgenden Tag in Anspruch, ein Bus, mehrere Fähren, dann stehe ich am Kai. Es dämmert, die Arbutusbäume schimmern im Licht eines einsamen Toyota-Pick-up. Eine Frau mit roten Haaren steigt aus. Sie heißt Sierra. Sie drückt meine Hand. Wir laden mein Gepäck auf die Ladefläche und fahren über eine kurvenreiche Straße. Nach einer guten Viertelstunde biegen wir auf einen holprigen Waldweg ab, dann geht es ein Stück weit in den dunklen Zedernwald hinein, ehe wir auf einer kleinen Lichtung halten.

Von hier aus müssen wir zu Fuß weitergehen, sagt Sierra, ich helfe dir mit dem Gepäck. Sie nimmt meinen

Koffer und geht voraus, weist den Weg. Sie schaltet die Stirnlampe ein, die sie über ihrer Pink-Floyd-Mütze befestigt hat.

Wir gehen schweigend weiter, der Weg ist von Austernschalen gesäumt. Du kannst damit im Dunkeln den Weg finden, sagt Sierra, wenn der Mond scheint. Die Schalen spiegeln das Licht.

Der Weg windet sich durch den Wald. Weit draußen über dem Meer, ein Stück weit führt der Weg an einem steilen Abgrund über glitschige Steine, ist fast nicht zu sehen.

Dort hinten liegt die Lavendelinsel, sagt Sierra, und zeigt in die Nacht hinaus. Du kannst sie jetzt nicht sehen, aber im Sommer ist das Wasser um sie herum lila wie Lavendel. Bei Ebbe kannst du hinüberwaten, so dicht liegt sie am Land. Und die Wolfsinsel, die liegt etwas weiter draußen. Dort gibt es eine große Wolfsmeute, du wirst sie hören, vielleicht schon heute Nacht. Es kommt vor, dass sie von der Wolfsinsel zu unserer Insel herüberschwimmen, dass sie nachts auf dem Grundstück am Strand auftauchen, aber du brauchst keine Angst zu haben, eigentlich machen sie um Menschen immer einen großen Bogen.

Ich sehe sie ungläubig an.

Sie ist gestresst, geht schnell, ich glaube, es passt ihr gar nicht, dass ich gekommen bin. Aber als wir das Grundstück und die einzeln stehenden Holzhäuser darauf erreicht haben, und als wir das Küchenhaus betreten, die Gaslampe an der Wand anzünden und einen Kessel mit Teewasser aufsetzen, sehen wir einander in die Augen und lächeln, und ihr Gesicht wird weicher. Sie fährt sich mit der Hand durch die roten Haare. Ihr Gesicht ist hell, und über dem Nasenrücken sind Sommersprossen verspritzt, ein junges Gesicht, ohne die geringste Spur von Schminke. Sie macht Tee, wir trinken aus großen Keramikbechern, sitzen lange da.

Es war dein Glück, dass du heute gekommen bist, sagt sie, ich fahre nämlich übermorgen, bleibe eine ganze Weile weg. Also bist du dann hier allein. Suzanne, die Gärtnerin, kommt zweimal die Woche, sie kann dir erklären, was du zu tun hast. Es sind so ungefähr zehn Stunden Arbeit pro Woche. Suz wird dir die Aufgaben zuteilen, den Rest der Zeit hast du zur freien Verfügung. Richte dich hier ein, wie du willst. Du kannst viele schöne Touren machen, oder wozu du eben Lust hast. Ich kann dir nicht mehr viel zeigen, ehe ich fahre, oben auf dem Hügel gibt es ein paar Felsenmalereien. Man behauptet, früher war das für die Eingeborenen eine heilige Stätte, wie überhaupt die ganze Umgebung. Das hier ist ein besonderer Ort, es ist unser Glück, dass wir hier nicht so viele sind, voriges Jahr hatten sie vier Leute, die aufgepasst haben, glaube ich. Ich war gestresst, als du gekommen bist, sagt sie, es war so viel in letzter Zeit, bitte entschuldige.

Ich schüttele den Kopf, sie braucht sich nicht zu entschuldigen. Ich finde sie sympathisch.

Ich komme irgendwann nach Neujahr wieder, sagt sie dann. In acht Wochen, vielleicht zehn. Kommt jetzt sicher ein bisschen überraschend für dich, dass du ganz allein hier draußen sein wirst. Ich kann dich auch meinen Freunden leider nicht mehr vorstellen. Aber du kannst *Sophie's Café* besuchen, das ist ungefähr eine halbe Stunde von hier, du kannst es per Anhalter versuchen, wenn Autos kommen, dann geht es ein bisschen schneller. Da ist es nett. Ein Typ namens Deer, der eigentlich mit uns hier draußen wohnen sollte, hat kurz vor deiner Ankunft aufgehört, er hilft da manchmal aus. Und du kannst wohnen, wo du willst. Während ich weg bin, auch im Haus, da wohne ich sonst – da gibt es Strom, nicht viel, aber eine Leselampe für den Abend und eine Steckdose. Das Aggregat steht hinten beim Bürohaus, es brummt ab und zu ein bisschen. Ansonsten musst du einfach testen, wo du am liebsten wohnen willst. Denn bis zum Frühjahr sind nur wir beide hier. Die anderen schauen ab und zu mal vorbei, aber sie gehen den Weg immer zurück, bevor es dunkel wird. Du musst auf jeden Fall immer eine Stirnlampe bei dir haben, und am besten noch eine Reservelampe oder Ersatzbatterien. Denn jetzt im Winter wird es stockdunkel, und wenn der Mond sich hinter den Wolken versteckt, kannst du nicht mal die Hand vor den Augen sehen. Dann musst du stehen bleiben, verstehst du, wenn die Lampe erlischt, nicht weitergehen, denn du könntest irgendwo abstürzen oder dich verirren, das wäre nicht gut.

*

Ich schlafe allein in Sierras Haus. Sie hat ihr Zeug ins Auto gepackt, ist weggefahren, zurück über den holprigen Pfad, es war auf einmal still im Wald. Eine plötzliche Stille, die nächsten Nachbarn wohnen eine halbe Stunde entfernt, und ich kenne die Leute nicht. Ich liege im Bett und starre aus einem großen Fenster im Schrägdach. Von hier aus kann ich den Sternenhimmel sehen, Glasscherben, die über einem schwarzen Bogen Papier verstreut sind. Die Wölfe heulen auf der Wolfsinsel. Bei Ebbe kommen sie herübergeschwommen, hat Sierra gesagt.

*

Am frühen Morgen klopft es an meine Tür. Suz ist eine lebhafte kleine Frau mit offenem und munterem Gesicht, sie ist ununterbrochen in Bewegung, als ob sie viel zu viel Energie im Leib hätte und nicht für eine Sekunde stillstehen könnte. Sie führt mich über das Grundstück: Außer Sierras Haus und dem Küchenhaus gibt es viele *Jurten* – runde Leinenzelte nach mongolischem Vorbild auf Holzplattformen –, ein Saunahaus, die Privathütte der Besitzer mit Freiluftbadewanne und Dusche auf der Veranda, das Bürohaus, dann noch den Geräteschuppen, das Waschhaus, das Bootshaus und das Rotkehlchennest; eine kreisrunde Holzhütte, die allein oben auf einem hohen Felsen thront. Meine wichtigste Aufgabe besteht darin, in regelmäßigen Abständen in sämtlichen Häusern einzuheizen, um Feuchtigkeit und Fäule zu verhindern. Zum Dank darf ich gratis hier wohnen. Das meiste ist den Winter über geschlossen, das Waschhaus zum Beispiel funktioniert gerade nicht. Ich muss meine schmutzige Wäsche in eine Wäscherei tragen, die gleich neben Sophie's liegen soll. Eine Stunde hin, eine Stunde zurück. Ich beschließe sofort, keine Bettwäsche zu benutzen, sondern im Schlafsack zu schlafen. Im Hahn im Küchenhaus, in der Badewanne und an der Dusche vor einem der Häuser gibt es Warmwasser *on demand.* Ein Propanbrenner heizt es auf, wenn man den Heißwasserhahn aufdreht. Alles hier wird mit Gas betrieben: Heißwasser,

11

Herd, Kühlschrank, sogar die Gaslampen an der Wand des Küchenhauses. Ich bin zu klein, um sie zu erreichen, und muss auf die Küchenbank klettern, um das Rädchen umzudrehen und ein brennendes Streichholz daranzuhalten: die Gasflamme fängt mit einem leisen Zischen an zu brennen. Eine meiner Pflichten ist es auch, den Druck in dem riesigen Propantank zu überprüfen, der ein ganzes Stück von den Häusern entfernt liegt, ganz unten am Ufer.

Es regnet hier fast den ganzen Winter lang, sagt Suz, da wird alles feucht. Du kannst dir aus allen Holzschuppen auf dem Gelände Holz holen, mit Zeitungspapier und Anzündholz Feuer machen. Das Anzündholz musst du zerkleinern, du brauchst dünne Späne. Für das Zeitungspapier bist du übrigens selbst verantwortlich, du kannst im Postamt welches holen, wenn es dir ausgeht. Ansonsten gibt es vor allem Gartenarbeit, Harken, jetzt im Herbst, am Strand angeschwemmtes Seegras sammeln und die Beete damit bedecken. Nach Weihnachten musst du auch jäten und so was, und die Beete fürs Frühjahr fertig machen. Vor dem Werkzeugschuppen steht eine Schubkarre, du brauchst also nicht alles einzeln zu tragen. Es ist ja viel Arbeit für dich, jetzt, wo Sierra nicht da ist, aber du darfst dich natürlich nicht verpflichtet fühlen, mehr zu arbeiten, als ihr abgemacht hattet, das kann so leicht passieren, und du bist ja allein und vielleicht nicht daran gewöhnt … Sie blickt mich fragend an, ich nicke, sage: Ja, das ist eine ganze Menge, aber das schaffe ich schon, meine Familie hat eine Hütte, in Norwegen ist das üblich. Mach dir also keine Sorgen um mich, das geht schon.

Ich sehe, dass sie aufatmet, erleichtert ist, sie lächelt.

Und es stimmt ja auch, dass wir eine Hütte haben und ich ans Hüttenleben gewöhnt bin, und warum soll ich Suz Angst einjagen, indem ich erzähle, dass ich dort nur selten allein gewesen bin, und wenn doch, dann immer nur für wenige Tage.

Naja, im Küchenhaus und im Bürohaus gibt es Telefon, sagt sie, ruf unbedingt an, wenn etwas sein sollte. Von den Anschlüssen hier sind nur Ortsgespräche möglich, aber mehr brauchst du ja auch nicht.

Nicht die Familie zu Hause in Norwegen anrufen, mit anderen Worten.

Als Suz sich zum Aufbruch bereit macht, sagt sie: In der Speisekammer sind noch ein paar Lebensmittel, greif einfach zu, und wenn du im Garten etwas Essbares findest, hol es dir. Abgesehen von dem Grünkohl, der den Winter überleben kann, ist das meiste jetzt abgeerntet, aber ich glaube, in einem der untersten Beete stehen noch ein bisschen Spinat und Regenbogenmangold. Pflück das aber jetzt gleich, ehe es zu spät ist. Und ja, wenn du im Garten arbeitest, kannst du gern da hinpissen, also in der Nähe im Gebüsch, der Menschengeruch schreckt nämlich die Wölfe ab. Sie kommen manchmal ziemlich dicht heran, und nur, damit du es weißt: Sie benutzen denselben Weg wie wir, sie lieben diesen Weg, also krieg keinen Schreck, wenn du sie oder ihre Spuren entdeckst.

Sie zieht ihre Mütze über, dicke Wolle, zeigt mir die Geräte im Schuppen – vor allem werde ich jetzt einen Laubrechen brauchen und die Schubkarre –, dann macht sie sich auf den Heimweg, über die Felsen, durch den Wald.

Ein ganzer Tag vergeht beim Säubern des Spinats aus dem Garten. Die meisten Pflanzen sind verwelkt und tot, aber es gibt doch hier und da noch einige grüne Blätter, die ich pflücke und unter dem Hahn hinter dem Küchenhaus abspüle. Die toten Pflanzen landen auf dem Kompost. Als ich endlich fertig bin, sind mein Rücken und meine Arme steif von der mühsamen Arbeit, aber die Belohnung sind drei große Tüten Spinat, die ich in das Gefrierfach im Propankühlschrank lege. In dem kleinen Gefrierfach gibt es nicht viel Platz, aber bei einer Wanderung zum Anleger, wo Sophie's Café, der Lebensmittelladen und die Gemeindehalle liegen, kaufe ich tiefgefrorenen Fisch, den ich eine Weile aufbewahren kann. Thunfisch und Lachs schmecken wie hier im Meer gefangen. Nach und nach fülle ich zwei Fächer im Küchenschrank mit Fisch, damit ich nicht ganz so oft den stundenlangen Gang zum Laden antreten und die Waren im Rucksack nach Hause schleppen muss. Ich sitze oft in der Wärme der Sonne, die schon bald zum seltenen Anblick wird, auf der Bank vor dem Küchenhaus und trinke Tee.

Ich hacke Holz, bis meine Arme schmerzen, und ich zerspalte die geraden Zedernholzscheite in dünne lange Späne: Zündholz.

*

Ich gehe zu Sophie's, folge dem kurvenreichen Weg über die Felsen durch den Wald, spaziere über die schlecht instand gehaltene Asphaltstraße, die vom Anleger ins Inselinnere führt. Einige Autos jagen vorbei, ich strecke den Daumen aus. Mitgenommen werde ich erst, als es angefangen hat zu regnen; eine junge Mutter, wir müssen den Sitz von Spielzeug und Windelpackungen befreien. Sie setzt mich vor dem Café ab, bei der niedrigen Mauer. Ich laufe hinein, die schweren Tropfen prasseln auf den Boden.

Als ich einen Latte bestelle, blickt mich die hochgewachsene Frau mit den knielangen blonden Dreadlocks nachsichtig an.

Die Kaffeemaschine hat ihren Geist aufgegeben, sagt sie, schicken Kaffee hab ich nicht, nur normalen schwarzen.

Ich frage, ob sie mir wohl ein bisschen Milch warm machen könnte, auf dem Herd zum Beispiel. Sie hebt eine Augenbraue, schnaubt und rückt ihre Strickmütze in den Rastafarben gerade, schenkt mir einen Kaffee ein.

Wenn du Kaffee willst, dann ist das der, den ich habe. Das macht anderthalb Dollar.

Ich werde rot und gebe ihr zwei Dollar Trinkgeld.

Ich setze mich an einen kleinen Tisch in der Ecke, ziehe Notizblock und Kugelschreiber hervor. Ich arbeite gerade an mehreren Projekten, eins ist ein Nachfolger für meinen ersten Roman. Am Personaltisch sitzt eine ganze Clique, sie lachen und reden, ich schaue ab und zu auf, neugierig, traue mich aber nicht hinüber.

Irgendwann stehe ich auf und gehe hinaus in den Regen. Die dünne Regenjacke, die in einem Supermarkt zu Hause in Østfold einen Hunderter gekostet hat, ist bald triefnass. Ich komme vollkommen durchnässt zu den leeren Gebäuden nach Hause und heize den Holzofen in Sierras Haus ein. Die Borkenkäfer, die in den Wänden hausen, erwachen in der Wärme zum Leben und kriechen über den Boden. Vor den Fenstern, in dem nassen grauen

Garten, fällt der Regen, unaufhaltsam, in geschwungenen Kristallfäden.

*

Ich hatte nicht gewusst, dass ich hier draußen allein sein würde. Vor meiner Abreise aus Norwegen hatte ich noch mit Deer geskypt, einem der freiwilligen Hausmeister hier draußen; er ist ein Kumpel von Jay, meinem kanadischen Exfreund. Deer hatte angeboten, mir im Laufe des Winters Autofahren beizubringen. Er habe einen Wagen mit manueller Gangschaltung, eine Seltenheit dort drüben. Ich könnte auch Segeln lernen, sagte er und erzählte mir von Sierra. Er glaube, wir würden uns sehr gut verstehen, und vielleicht würden auch noch andere dazukommen, jedenfalls noch eine Frau, eine, mit der er gerade Dates hatte. Wir können auf dem Grundstück Feste feiern, segeln gehen und Kajaktouren veranstalten. Ich wollte schon lange Meereskajak paddeln lernen, es wäre perfekt gewesen. Doch am Tag vor meinem Eintreffen war Deer mit den Besitzern in Streit geraten, hatte seine Siebensachen gepackt und war weg. Und Sierra sagte, sie werde mindestens für zwei Monate fortbleiben.

Ich gehe zum Strand hinunter, die Wellen spülen über grauweiße Steine und Austernschalen, und wandere zum Schuppen mit dem Zubehör für die auf dem Rasen aufeinandergestapelten Kajaks. Einer hat Risse, einem anderen fehlt das Paddel. Ich kann kein einziges Paddel entdecken und auch keine Sicherheitsausrüstung. Ich kann also nicht allein lospaddeln. Segeln werde ich auch nicht lernen oder Auto fahren, ich werde nicht in einem Meereskajak durch die blaugrünen Wellen gleiten, wie ich es mir in meinem Zimmer in Norwegen so oft erträumt habe. Ich setze mich auf einen Felsbrocken, es fängt an zu regnen, ganz leicht nur, wie ein Flimmern. Ich bin ganz allein, ich kenne hier niemanden.

Was mache ich hier, frage ich mich und presse meine Hände auf die Oberschenkel, um nicht so zu zittern. Was soll das denn eigentlich? Allein hier wohnen, den ganzen Winter, ohne auch nur zu Hause anrufen zu können, dabei für alle möglichen praktischen Dinge verantwortlich zu sein, von denen ich kaum eine Ahnung habe, wo ich doch schon mit zehn Jahren meistens mit einem Buch vor der Nase dagesessen habe. Mein Rückflugticket gilt erst in sechs Monaten, und ich werde total allein sein, im tiefen Wald. Wie soll ich das schaffen? Ich atme jetzt schnell und flach, und ich beuge mich vor, den Kopf zwischen den Knien, versuche, meinen Atem zu beruhigen und mit dem Bauch zu atmen. Die Angst packt mich. Es war schon lange nicht mehr so schlimm.

*

Der freundliche, aber feste Blick des Oberarztes, als er sagt: Sie schaffen das leider nicht ohne Medikamente, aber so ein Typ sind Sie eben, ein verletzlicher Menschentyp. Sie werden Probleme damit haben, mit großen Belastungen fertig zu werden, gefühlsmäßigen Schwierigkeiten, die das hier wieder auslösen, wenn Sie nicht auf Dauer Antidepressiva einnehmen. Wir sprechen hier von einer klinischen Depression, das muss man ernst nehmen. Es bedeutet, dass Ihr Gehirn selbst nicht genug von diesen Stoffen produzieren kann. Sie haben eine genetische Veranlagung, und dann wurde dieses Leiden eben von den Schwierigkeiten ausgelöst, die Sie durchmachen mussten. Deshalb müssen Sie weiterhin diese Medikamente nehmen, um einigermaßen normal zu funktionieren, denn Ihnen fehlen diese Stoffe, und Ihr Körper stellt davon selbst leider nicht genug her.

Was ist mit Tolvon, fragte ich ihn, das kommt noch dazu, das brauche ich doch, um zu schlafen.

Ja, das werden wir sehen. Wir haben doch mehrere Monate hier im Krankenhaus gebraucht, nur, um Sie so weit zu bringen, dass Sie nachts schlafen können, so weit war es gekommen. Sie haben ja so gut wie nichts gegessen. Sie müssen auf diese Verletzlichkeit Rücksicht nehmen, feste Routinen sind das Beste für Sie, und es ist wichtig, dass Sie sich selbst beschützen, regelmäßig schlafen, sich keinen großen Belastungen aussetzen, oder Stress, Enttäuschungen, Sie wissen schon … Vorhersagbarkeit ist wichtig für Sie, für Menschen mit Ihrem Leiden. Routine. Ein beschütztes Leben. Das müssen Sie akzeptieren, dass Ihr Leiden gewisse Begrenzungen mit sich bringt, und dass Sie sich entsprechend verhalten müssen, um nicht wieder krank zu werden.

*

Sechs Monate in der Psychiatrie, wegen Depression und Angst, und es war das zweite Mal. Ich musste mein Studium unterbrechen, mich als Co-Redakteurin von *Bøygen* zurückziehen, obwohl wir gerade im Endspurt zu einer neuen Nummer waren. Ich hatte das Gefühl, die anderen im Stich zu lassen, fand es peinlich, die Wahrheit zu sagen. Also erwähnte ich vage ein gesundheitliches Problem, weiß aber nicht mehr, was. Eine Art Schuldgefühl kam also dazu. Ich fühlte mich schuldig, weil ich so verletzlich war, mit dem Leben nicht fertigwurde. Und ich schämte mich, weil ich nicht den Mut hatte, ehrlich zu sagen, was Sache war.

Das ist jetzt mehrere Jahre her, mehrere Jahre, seit ich die Tabletten im Klo weggespült habe, in Spanien in einem Meditationslager. Kurz nach meiner Entlassung hatte ich die buddhistische Meditation kennengelernt. Die gab mir neue Perspektiven, einen anderen Umgang mit meinen komplizierten Gedanken und Gefühlen. Aber ich hatte trotzdem eine Sterbensangst davor, die Medikamente abzusetzen. Die Stimme des Oberarztes war wie ein Echo in meinem Kopf: der Glaube, dass ich nicht ohne zurechtkommen, dass ich wieder erkranken würde. Beim Kurs meditierten wir jeden Tag stundenlang. Mir war nicht klar gewesen, dass man diese Art von Medikament nicht mit intensiver Konzentration zusammenbringen darf; ich spürte, dass mit mir etwas passierte, dass ich anfing, abzuheben, die Kontrolle zu verlieren, ein chemisches Brausen im Blut. Also kippte ich die Pillendose noch am selben Tag aus, sah, wie die Pillen im Abfluss verschwanden, weiße, rosa, blaue. Plötzlich hatte ich etwas losgelassen, ließ etwas tief in mir an die Oberfläche kommen und verschwinden, fing an, nachts zu schlafen, ohne deshalb Tabletten nehmen zu müssen. Seither war es noch oft schlimm, aber ich habe es immer geschafft, habe es durchgestanden, habe mich vorwärtsbewegt.

Und jetzt sitze ich hier und spüre sie wieder, die Angst,

die mich festhält wie ein Schraubstock, das Gefühl der Leere, das Gefühl, dass mein Leben keinen Sinn hat. Das Meer ist grau, die grauen Steine, meine Kleider sind kalt und feucht. Aber ich will nicht, ich will nicht, dass es so ist. Ich stehe langsam auf, gehe zum Küchenhaus hoch und mache im Kamin Feuer.

*

Es ist still hier, ganz still. Ich gehe jeden Tag von einem Haus zum anderen und heize ein. Klettere den steilen Pfad am Felshang hoch, über einen gestürzten Baumstamm, bis zur obersten Jurte, die Blick auf das Meer hat. Sie hat ihren eigenen kleinen Holzschuppen mit eigenen Äxten, und ich hacke drauflos: Einige Male bleibt die Axt in einem Holzscheit stecken und ich brauche lange, um sie herauszuziehen, dann wieder treffe ich die Kante des Scheites und die Späne stieben nur so, und das Scheit kippt um und ich muss es wieder und wieder aufrichten. Im runden Leinenzelt gibt es ein Bett aus sonnengebleichtem Holz, mit weißer Bettwäsche und einem Schaffell, auf dem Boden liegen gewebte Teppiche, in der Nähe des Holzofens steht ein Tisch mit einem kleinen Propangaskocher, einer alten Konservendose mit Stiften und Streichholzschachteln. Mir gefällt es hier sehr. Ich ziehe ein wenig Zeitungspapier aus der Tasche und fange an, den Ofen vorzubereiten. Zeitungspapier, das äußerst sparsam verwendet werden muss, zwei Pappstreifen von einem Eierkarton, die langen Späne, die ich zurechtgehauen habe, einige dünne Stöckchen. Erst, als diese Garbe ordentlich brennt, lege ich Holzscheite nach, baue im Ofen ein kleines Feuer auf, es knistert und sprüht Funken. Ich sitze vor dem Ofen auf dem Teppich. An der Wand hängt ein Traumfänger mit langen Federn, und ich sitze da und schaue ihn an, denke nach und frage mich, was die Zeit hier wohl bringen wird.

*

Auf dem Weg zum Anleger und zum Laden begegne ich Deer. Er kommt mir auf dem Fahrrad entgegen, war im Postamt und hat seine letzten Briefe abgeholt, eigentlich hat er die Insel verlassen und wohnt jetzt auf einem Segelboot.

Ich tauge offenbar nicht zum Hausmeister, sagt er, aber es ist ja schön, dass du nach Neujahr dann Sierra als Gesellschaft hast, die ist verdammt in Ordnung. Ich fühle mich auf dem Meer am wohlsten, und dann habe ich eine neue Frau kennengelernt, auf einer der anderen Inseln.

Er lächelt, und ich lächele, ich mag Deer nämlich, er hat einen festen Blick, ist einer, der da sein würde, wenn man jemanden braucht.

Aber ehrlich gesagt, meint er nun, musst du ein bisschen vorsichtig sein, musst auf dich aufpassen. Alle hier sind in Ordnung, aber von Phil darfst du dich nicht mitnehmen lassen, der hat arge psychische Probleme und weigert sich, seine Medikamente zu nehmen, das wissen alle. Versuch, ihm aus dem Weg zu gehen, wenn er versucht, sich mit dir bekannt zu machen oder so, er ist wirklich ein seltsamer Typ, man weiß nicht, auf was für Gedanken er kommen kann.

Er beschreibt mir Phils Pick-up, damit ich ihn erkenne und dann nicht den Daumen ausstrecke.

Okay?, fragt er.

Ich nicke, und er klopft mir auf die Schulter.

Ist gut, dann wünsche ich dir alles Gute da draußen im Wald. Es ist phantastisch da, wirklich etwas ganz Besonderes, und die tägliche Arbeit, Holzhacken und im Garten Ordnung schaffen, das ist doch fast meditativ, ein bisschen *Zen,* du weißt schon. Findest du nicht?

Später denke ich daran, als ich Holz hacke. Die Sonne lugt hinter den Wolken hervor und lässt alles funkeln, und ich folge Deers Rat: sehe vor mir, wie ich Holz hacke, wie die Axt durch das Holzscheit gleitet, und ich ziele nicht auf die Spitze, wo der Hieb zuerst trifft, ich ziele auf den Boden, wo die Axt enden wird, wenn ich das Holzscheit spalte. Ich schließe die Augen, um es mir vorzustellen, öffne sie kurz vorm Hacken – und das Holz singt, als es zerspringt.

*

Ich koche im Küchenhaus. Bohnen, Reis und Fisch. Trage alles hinüber zu Sierras Haus, sitze auf dem Sofa, esse und starre dabei hinaus in die Dunkelheit. Mein eigener Widerschein in den Fenstern. Draußen könnte jemand stehen, und ich würde ihn nicht sehen. Ich denke daran, was Deer über Phil gesagt hat. Die Tür zu Sierras Haus kann nicht abgeschlossen werden. Ich gehe in den Schuppen und suche mir die schärfste Axt. Lehne sie an die Bettkante, als ich schlafen gehe. Das Wetter schlägt um und wird kalt, am Morgen sind Eisblumen an den Fensterscheiben.

*

Das Telefon ist tot. Irgendein Tier hat die Leitung durchgebissen. Jemand von den Sommeraushilfen kommt mir zu Hilfe, folgt der Leitung durch den Wald. Dennoch dauert es Tage, ehe ich wieder jemanden anrufen kann, wenn etwas sein sollte.

*

Nach Sonnenuntergang, der jetzt bereits am frühen Nachmittag einsetzt, wandere ich über das Grundstück. Das Licht der Stirnlampe spiegelt sich in den leeren Fenstern, ich gehe in ein Haus nach dem anderen und heize noch mal ein. Eine Art Angespanntheit, die Schwere der Dunkelheit, die mich umgibt, nicht alle Häuser haben Lampen, die ich anzünden könnte, und ich knie vor den erkalteten Öfen und arbeite im blauweißen Schein der Lampe, die nur das beleuchtet, was ich ansehe, während die Nacht sich um mich herum verdichtet. Ein plötzliches Geräusch, und ich fahre zusammen, aber es ist nur Hanuman, der Kater. Er gehört den Besitzern, sie lassen ihn hier überwintern. Es gehört ebenfalls zu meinen Pflichten als Hausmeisterin, ihn zu füttern. Mein Herz hämmert, und ich fasse mir an die Brust und lache kleinlaut: Du hast mir ja vielleicht einen Schrecken eingejagt, Hanu. Er starrt mich skeptisch an, während ich mich mit dem Feuer im Ofen abmühe.

*

Ich gehe oft ins Sophie's zum Schreiben, und hier treffe ich Jerrett, der nicht weit vom Anleger entfernt wohnt. Er lädt mich zum Salsakurs ein, den ab der kommenden Woche eine Mexikanerin hier auf der Insel geben wird. Sein Blick hinter den runden Brillengläsern ist freundlich und klar, und obwohl ich dankend ablehne, bleiben wir Freunde. Eines Tages macht er für uns beide in seiner Küche Mittagessen, serviert Arme Ritter mit dickem griechischem Joghurt, Brombeermarmelade, Schlagsahne, Ahornsirup und Speck. Er repariert Boote, bringt alles Mögliche in Ordnung. Auf dem Hof liegen mehrere Boote und Kajaks, Fahrräder, Schrott, den er gekauft hat, um ihn zu reparieren. Das Haus wimmelt von Joghurtbechern und Marmeladengläsern, die gespült und sortiert sind, ganze Stapel davon, alle Schränke sind voll, denn Jerrett kann nichts wegwerfen, für den Fall, dass es noch einmal nützlich sein könnte. Im Kühlschrank hat er kiloweise Spirulina, ein Kumpel hat ihm das aus Hawaii mitgebracht. Es ist ein Pulver aus blaugrünen Algen, die dort im Meer leben. Damit kann man monatelang überleben, sagt er, wenn die Gesellschaft zusammenbricht, denn es enthält alle Nährstoffe, die man braucht, dann ist man nicht auf Versorgung von außen angewiesen. Deshalb hat er auch gern Reserveteile für alles, für alle Fälle, denn wer weiß, was passieren kann, und auf diese Weise ist er von niemandem abhängig.

Ich bin am Wochenende zu einem *Potluck* eingeladen, sagt er eines Tages zu mir, komm doch auch mit, da kommen ganz viele Leute und dann lernst du alle kennen, die hier wohnen.

Es wird mein erstes, aber nicht mein letztes Potluck auf der Insel, ein Festessen, zu dem alle etwas mitbringen, alles wird geteilt.

*

Nach Jerretts Potluck gehe ich zum ersten Mal im Dunkeln nach Hause. Eine Frau namens Lydia ist gerade in die kleine Hütte auf dem Nachbargrundstück eingezogen, und das Fest ist eigentlich ein Einzugsfest für sie. So lerne ich sie kennen. Sie trägt selbstgemachte Ohrringe mit Türkisen und Hahnenfedern, verwaschene schwarze Jeans und ein schwarzes Trägerhemd. Sie will mir ihre kleine Hütte zeigen, wir stapfen die wenigen Meter den Pfad von Jerretts Haus hoch. Als sie mir zeigt und erklärt, wie sie den Brunnen in Ordnung bringen musste, der bei ihrem Eintreffen verstopft war, sie musste hineinklettern und einen Eimer voll Schlamm nach dem anderen über ihren Kopf stemmen und oben ausleeren, sehe ich, dass sie unter den Armen nicht rasiert ist. Lydia lächelt, hebt die Arme zur Decke, leert einen unsichtbaren Eimer. Und dann habe ich das Moos vom Dach gekratzt, sagt sie, und hier drinnen gestrichen, die Wände.

Es ist jetzt dunkel, am Abend, nur eine Lampe im Raum, eine nackte Glühbirne ohne Schirm, aber später sehe ich die kühle Moosfarbe an den Wänden und die Spiralmuster, die sich in ihrer Kunst wiederholen, in den Darstellungen des sprechenden Raben, des Hundes, der unter der Erde in einer Art Gebärmutter begraben ist, und des Espenwäldchens in West Redonda, grau und gespenstisch, die bleiche Frau und das Kind schweben wie Schatten zwischen den Bäumen. Ich weiß noch nicht, dass sie bald meine Freundin sein wird, dass ich sie unendlich gernhaben werde, dass wir zwei Wochen lang das Café hüten werden, während Reggie auf Jamaika ist und heiratet. Ich weiß nicht, dass ich kurze Texte zu ihren Gemälden schreiben und nach dem Tanz im Lokal im oberen Bett schlafen werde, und dass ihr Hund Sundance, ein Schlittenhund vom Yukon, nachts auf mich springen wird, so dass Lydia und ich kichern wie kleine Mädchen, die freitags abends allein zu Hause sind.

Wir gehen zurück zu Jerretts Haus, das einen Steinwurf entfernt ist. Er hat eines der beiden Rehe zubereitet, die er vor ein paar Tagen hier überfahren hat. Er habe versucht, auszuweichen, sagt er, beide Male, obwohl er das Gewehr griffbereit auf der Ladefläche liegen hatte und er ihnen den Gnadenschuss hätte geben können. Er hat zu dem mürben Fleisch eine köstliche Soße gemacht, ich esse ein Stück vom Rehherz, es schmeckt gut. Ein Typ namens Carthy dreht mir eine Zigarette. Ich habe vor zehn Jahren aufgehört, aber ich nehme sie mit einem Schulterzucken und einem Lächeln, sicher, dass ich nicht wieder mit dem Rauchen anfangen werde. Es ist noch immer November und ich bin gerade erst auf der Insel eingetroffen.

Es ist ein feiner Abend, feine Menschen. Als ich nach Hause gehe, habe ich anfangs keine Angst, obwohl es dunkel ist, so dunkel, dass ich ohne Stirnlampe nicht die Hand vor Augen sehen kann. Die schweren Farnwedel bewegen sich sanft im Wind, sehen fremd aus. In dem scharfen Licht der Lampe schwenken die Blätter wie seltsame unterseeische Gewächse in der Meeresströmung.

Als ich den Parkplatz zwischen den Bäumen erreiche, wo Sierra ihren Pick-up abgestellt hatte, nachdem wir von der Fähre gekommen waren, sehe ich ein einsames gelbes Auge, das mich aus dem pechschwarzen Wald anstarrt. Es ist ein Wolf. Denn ich weiß, dass ein Hirschauge kühl und weiß ist, fast blau, wie ein Wintermond. Das Wolfsauge hat ein gelbes Schimmern, wie eine Ampel, eine Warnung zwischen Stehenbleiben und Gehen, man zögert, unsicher. Die geschmeidigen, fast lautlosen Bewegungen, als er näher kommt. Kein Zweig bricht, kein Blatt raschelt, aber seine Nähe verfolgt mich, als ich über den Weg gehe. Ich hebe einen Stock vom Boden auf, spüre, dass mein Herz schneller schlägt, zu Hause erwartet mich niemand, ich bin allein mit dem Wolf. Eine der Frauen, die vor mir hier waren, ist mitten in der Nacht einem Rudel aus zwölf Wölfen begegnet, sie hat kehrtgemacht und ist zurückgegangen, hat bei den Nachbarn übernachtet, aber zurück ist es jetzt genauso weit wie nach Hause, und Isegrim ist hinter mir. Es verschlägt mir fast den Atem, mein Herz hämmert mir bis in den Hals, meine Kehle schnürt sich zusammen und tut weh, die Panik bringt mich fast zum Stolpern. Dann bleibe ich abrupt stehen, stehe ganz still. Die plötzliche Ruhe, die ich verspüre, überrascht mich total. Ich fürchte mich nicht mehr. Ich kann den Wolf hinter mir fast spüren, er ist neugierig, ich fange an, mit ihm zu sprechen, so, wie Jay mich einmal gelehrt hat, mit den Bären zu sprechen, die zu nah an unser Lager herankamen. Ich komme mir konzentriert und stark vor, bemerke plötzlich alles um mich herum, jeden einzelnen Stein auf dem Weg, die gefrorenen Augen eines Eichhörnchens, das bewegungslos auf einem Ast sitzt und mich anstarrt, ich bin in diesem Augenblick lebendiger, als ich es ohne dieses stumme Zusammensein mit einem wilden Geschöpf jemals sein könnte, einem unberechenbaren Geschöpf, einem sehnigen und starken und schönen Geschöpf mit Zähnen und

Klauen. Mein Herz schlägt und schlägt, aber ich höre das Geräusch nicht mehr, um mich wird alles still, ich höre nur den rauschenden Wind, die fast unmerklichen Wellenschläge an den Strand unten am Hang, und ich gehe mit leichten Schritten durch diese Stille, fast wie in einem Tanz, und ich lächele. Ich umklammere noch immer meinen Stock, aber von nun an habe ich nie mehr Angst davor, nachts auf dem Weg Tieren zu begegnen, Wolf, Bergpuma oder Bär. Das Einzige, wovor ich mich von diesem Moment an fürchte, sind Menschen.

*

Ich komme nach Hause und die Tür zu Sierras Haus steht sperrangelweit offen. Sie schlägt im Wind, und dahinter ist nur ein dunkles Loch. Hallo, rufe ich. Ist da jemand? Ich halte noch immer den Wolfsstock in der Hand, klammere mich daran, bis meine Fingerknöchel weiß werden. Viele wissen, dass ich allein hier wohne, eine einsame junge Frau, die Angst ist mit voller Wucht wieder da. Die Axt liegt oben, unter das Bett geschoben. Ich schaue in die Schränke und unter das Bett, schalte die Lampen ein.

Ich habe mir Sierras Haus ausgesucht, weil es eines der wenigen Gebäude hier mit Strom ist, es ist mit dem Aggregat verbunden, das neben der Werkstatt mitten auf dem Grundstück steht und brummt. Aber ich fühle mich hier einfach nicht wohl. Wie alle anderen Türen hier auf dem Grundstück lässt sich auch diese Tür nicht abschließen, doch schlimmer ist es noch, dass sie oft vom Wind aufgedrückt wird, mehrmals nach diesem Vorfall komme ich nach Hause und die Tür steht offen. Und die Borkenkäfer, die aus den Wänden kriechen, wenn ich im Ofen einheize, stören mich, vor allem, weil ich sie nicht töten will, ich lasse sie am Leben, ich fege sie vorsichtig zusammen und bringe sie nach draußen, hoffe, dass sie die Kälte vertragen können, aber ich fühle mich trotzdem schuldig. Und die Wärme ist nie von Dauer, das Erdgeschoss hat viele große Fenster, im Sommer hat man hier sicher eine phantastische Aussicht, aber jetzt im Winter wird die Wärme einfach hinausgesaugt.

In Frostnächten werde ich davon geweckt, dass ich friere, und ich muss zwei Daunendecken auf meinen Schlafsack legen. Aber hier gibt es Strom und elektrisches Licht; eine Lampe im Erdgeschoss und eine im ersten Stock, ich habe eine Leselampe und kann meinen Laptop einschalten. Manchmal, bei gutem Wetter, komme ich sogar ins Internet und kann über YouTube Musik hören. Das kommt nicht oft vor, aber wenn, dann bin ich so froh, dass ich tanze und singe, hier kann mich niemand sehen oder hören, es gibt nur mein eigenes Spiegelbild im Fenster und den dunklen Wald draußen. Im Sommer hätte ich hier Wasser, Wasser im Hahn und in der Dusche, sogar heißes, aber jetzt im Winter ist es abgesperrt. Ich muss in einer Badewanne unter freiem Himmel baden oder zum Küchenhaus gehen und den großen Kessel mit heißem Wasser füllen, ihn zu Sierras Haus hinüberschleppen, mir die Haare in einer Waschschüssel auf dem Boden waschen.

Ich bin bis zur Taille nackt, meine Haare triefen, die kleinen Borkenkäfer kriechen neben mir über den Boden, es ist einer der wenigen Abende, an denen ich Musik hören kann, und ich bin durch und durch glücklich, spüre die

Wärme des Wassers, den Seifenschaum zwischen den Fingern, meine Haut leuchtet im flackernden Licht, und die Wassertropfen trommeln gegen den Rand der Schüssel, im Ofen knackt und knistert es, und ich summe leise vor mich hin, ich wohne in einem kleinen Haus mitten im schwarzen Wald, ich bin hier ganz allein, doch so kommt es mir nicht vor, und ich kann hinaus auf die Veranda gehen und den Mond und die Sterne ganz klar sehen, ich kann die eiskalte Luft einatmen, die nach Harz und dem herannahenden Schnee schmeckt, ich kann die Wölfe auf der anderen Seite der seichten Bucht heulen hören, die keckernden Eichhörnchen laufen über den Weg, schauen mich mit schräg gelegtem Kopf an, und die Adler schreien, der einsame Kranich balanciert auf einem Bein im Tümpel vor meinem Haus, grau gekleidet und steif wie ein alter Mann.

*

Als ich eines Morgens Sahne für meinen Kaffee holen will, kommt mir ein schmutzig grauer Wasserstrahl entgegen, als ich die Kühlschranktür öffne. Die kleine Signalflamme, die Gasflamme, die man durch ein Loch in der Schutzwand unten im Kühlschrank sehen kann, ist erloschen, Ich hole einen Schraubenzieher, schraube die Schutzwand ab, liege auf Knien auf den Steinplatten und versuche, das Gas wieder anzuzünden, es gibt ein Rädchen, das man drehen und festhalten muss, und einen Knopf, der die Flamme entzündet. Der ganze Spinat, den ich mit solcher Mühe gepflückt und gesäubert habe, ist aufgetaut, vieles davon ist nicht mehr zu retten, und das gilt auch für den gefrorenen Fisch. Tränen der Frustration treten mir in die Augenwinkel: Ich habe mir mit dem Spinat solche Mühe gegeben. Ich esse zum Frühstück, zu Mittag und zum Abendessen gebratenen Fisch und Spinat, die verdorbenen Fische bekommt der Kater. Ich rufe Suz an, die sagt, die Sache werde schon in Ordnung gebracht werden, und sie versuchen das auch, aber es gelingt ihnen nicht. Deshalb muss ich viel häufiger hin und her laufen, als ich geplant hatte; zum Laden, über den schönen kurvenreichen Weg am Ufer, durch die Wälder aus Zedern und Arbutus, über den verschlissenen Asphalt auf der Straße zwischen Fähre und Hafen, und am Ende die Abkürzung durch den Wald vorbei an Lydias Hütte, wo Sundance mich mit eifrigem Bellen empfängt. Wenn Lydia zu Hause ist, mache ich hier oft Halt, sitze im Schneidersitz auf dem Bett, während sie auf dem einen Stuhl bei dem winzigen Tisch voller Skizzen und Pinsel und Farbtuben sitzt. Ihre Bilder und Zeichnungen sind an den Wänden aufgestapelt, und in den Fenstern hängen Federn und getrocknete Kräuter und Schwänze von Füchsen und Waschbären, sowie ein Paar ausgelatschte *mukluks,* eine Art hoher Mokassins mit Perlenstickereien. Die Wände sind mit Spiralen und wogenden Mustern dekoriert, wie die Farne im Wald, fächerförmig, unter den winkenden Bäumen, und die Farben sind die Farben der Westküste, sagt Lydia, steingrau und moosgrün, die kühl schimmernden Blautöne des Wintermeeres.

*

Auf dem Weg vor Lydias Hütte finde ich eine riesige Landschnecke mit einem ungewöhnlich schönen schwarzbraunen Schneckenhaus. Die kannst du mitnehmen, sagt Lydia, und sie zum Austrocknen in die Sonne legen. Dann stirbt die Schnecke und du kannst sie aus dem Schneckenhaus holen. Ich nehme die Schnecke mit nach Hause, aber als sie fünf Minuten in der Sonne liegt, seufze ich und stehe auf. Hebe sie vorsichtig hoch und setze sie auf den weichen, feuchten Waldboden. Verzeihung, flüstere ich, ich weiß nicht, was ich mir dabei gedacht habe. Du kannst dein Haus behalten. Das kleine Geschöpf lugt vorsichtig heraus, schwenkt die klebrigen Fühlhörner und gleitet mit seinem prachtvollen Haus langsam vorwärts.

*

Seit Wochen gehe ich nun schon zum Schreiben in Reggies Café, sitze allein an einem kleinen Tisch. Die meisten Gesichter kenne ich inzwischen, wir nicken einander zu und lächeln, aber mehr passiert nicht. Ich traue mich noch immer nicht, jemanden anzusprechen. Ich habe mir die Website mit den Lokalnachrichten angesehen, weiß, dass um sechs im Schildkrötenhaus Zen-Meditation ansteht. Ich brauche ungefähr eine Dreiviertelstunde bis dahin, deshalb stehe ich am nächsten Morgen um fünf auf, ziehe mich ganz schnell an und schalte die Stirnlampe ein, der Wald ist schwarz wie Teer und still. Nach einer knappen halben Stunde habe ich die Asphaltstraße erreicht, gehe weiter am Haus der Posthalterin und an der Feuerwache vorbei, einer großen Scheune, die seit dem Weihnachtsfest des Vorjahres noch immer mit einer Girlande aus knallbunten Glühbirnen dekoriert ist. Als ich die Einfahrt erreicht habe und den Weg neben dem Schild mit dem Bild der Schildkröte hochgehe, zeigt der Himmel schon graue Streifen. Ein Reh steht wie erstarrt neben dem Weg und starrt mich an, seine Augen leuchten weiß wie Reflexplättchen. Ich bleibe stehen, gehe erst einmal nicht weiter, wir sehen einander an und mein Atem wird ruhiger, langsamer. Ich gehe vorbei am Garten, der mit Maschendraht eingezäunt ist, an dem baufälligen Werkzeugschuppen mit den undichten Brettern, dem Plumpsklo. Am Ende des Weges sieht das Haus leer aus, hinter den Fenstern brennt kein Licht. Als ich an die Tür klopfe, antwortet niemand. Ich gehe um das Haus herum und schaue durch die Fenster, drinnen ist kein Mensch zu sehen. Im Wohnzimmer liegen die Meditationskissen auf dem Boden bereit, es gibt einen kleinen Altar mit Buddhastatuen und einem wunderschönen Seiden-Thangka an der Wand, aber nirgendwo ist auch nur ein Mensch zu sehen. Und es kommt auch sonst niemand zum Meditieren, obwohl es nun schon nach sechs ist. Ich gehe über den Weg zur Straße hinunter. Ich kann kehrtmachen und nach Hause gehen oder ungefähr eine Viertelstunde weiterwandern, zu Sophie's. Mein Magen knurrt, und ich weiß, dass Reggie immer in aller Herrgottsfrühe aufsteht, um alles bereitzumachen, warum also nicht? Ich schlendere die Straße entlang, es ist zu früh, um es bei den Autos von der Fähre per Autostopp zu versuchen, die erste kommt erst gegen acht.

Reggie macht auf. Sie hat einen fetten Joint in der einen Hand. Himmel, du bist das, sagt sie überrascht. Du bist heute aber früh dran, du weißt doch, dass ich noch nicht geöffnet habe? Ich erkläre die Situation. Sie zieht an ihrem Joint und lacht heiser, sagt: Ihr Europäer, vielleicht solltest du endlich mal den Unterschied zwischen a. m. und p. m. lernen, meditiert wird abends! Aber komm rein, dann kriegst du einen Kaffee.

Dann sitzen wir lange am Personaltisch und reden, gleich hinter dem rotglühenden Ofen. Reggie heizt ein, bis jamaikanische Temperaturen herrschen, sie trägt eine dicke Wolljacke, während die Gäste schwitzen und sich eine Kleidungsschicht nach der anderen abpellen. Es liegt nahe, sie zu fragen, ob sie irgendwelche Hilfe braucht, immerhin bin ich gekommen, während sie alles für den Tag vorbereitet. Sie sagt, es wäre nett, wenn du den Boden fegen könntest, also tue ich das, und danach biete ich an, das Klo zu säubern, mit Chlor. Sie starrt mich einen Moment lang misstrauisch an, als könnte sie nicht fassen, dass jemand freiwillig eine solche Aufgabe auf sich nimmt, dann grinst sie zufrieden. Holt die kleine Mühle, in der sie das *Ganja* in kleine Stücke mahlt, kippt sie auf ein riesiges Blättchen und verschwindet in der Küche, um Blaubeermuffins zu backen. Danach essen wir frisch gebackene Muffins, ich gehe hinaus und hänge das Schild auf, als das Café um neun Uhr öffnet, bleibe auch noch zum Mittagessen, es kommen noch andere Gäste und setzen sich an den Personaltisch, es wird richtig lebhaft. Reggie lacht ihr ansteckendes Lachen, sie strahlt eine gewisse Autorität aus, erinnert an eine Königin, die Hof hält, sie gestikuliert, hat den Kopf stolz erhoben, sie geht auf die fünfzig zu und hat jahrelang unter sengender Sonne draußen im Busch gelebt, aber ihre glatte Haut weist nicht eine einzige Runzel auf. Der alte Plattenspieler läuft im Hintergrund, Reggae, Bob Marley und Peter Tosh, Reggies Lieblinge.

Danach komme ich häufiger morgens früh ins Café. Stehe um fünf auf, ziehe mich an, nehme die Stirnlampe und gehe durch den pechschwarzen Wald, frühstücke zusammen mit Reggie, und nach und nach bringt sie mir bei, die Kaffeemaschine zu bedienen, Muffins und Kuchen und Walnussbrownies mit einer dicken Schokoladenschicht zu backen, und sogar, den Propangasbehälter auszuwechseln, der den Herd antreibt. Ich fege den Boden und mache den Abwasch in dem riesigen Stahlbecken in der Küche, das heiße Wasser reicht meistens bis in den späteren Vormittag hinein. Ich darf in Kanada nicht arbeiten, und Reggie kann es sich nicht leisten, jemanden einzustellen, das ist also perfekt: ich helfe aus und im Gegenzug lerne ich, wie man so ein Café betreibt, und ich bekomme eine Tasse Kaffee, ein Stück Kuchen oder einen Hamburger, ich habe Gesellschaft, lerne die Stammgäste kennen, aber vor allem eben Reggie, und während der *Bush Pilot,* so steht es in Metallbuchstaben auf der glühend heißen Ofentür, poltert, und während draußen der eiskalte Regen prasselt und der Winterwind heult, erzählt Reggie mir vom Leben auf Jamaika.

*

Im Sophie's hängen alle möglichen Leute herum, sitzen stundenlang mit einem Kaffee am Personaltisch; hier kann man sozusagen alle kennenlernen. Abgesehen von den Einsiedlern, die so wohnen, dass man sie nur mit dem Boot aufsuchen kann, auf diese Weise haben sie ihre Ruhe. Über manche sind nur Gerüchte in Umlauf, ein älterer Mann haust angeblich irgendwo in einer hölzernen Schutzhütte, das ganze Jahr, er kommt zweimal im Jahr in den Laden, wer weiß, wie er überhaupt überlebt, sagt Reggie.

Im Laufe der Zeit lerne ich alle Stammgäste kennen. Einer von ihnen, Fred, erzählt mir vom *Peyote*-Geist. Er sagt, der komme nicht immer zu denen, die Peyote konsumieren, er sucht sich seine Leute selbst aus. Und wenn er dich aussucht, dann ist das ein Geschenk. Fred meint, dass alle Formen von Drogen zum geistigen Wachstum beitragen können. Kokain, LSD, Heroin, er hat schon fast alles ausprobiert. Den ganzen Winter über arbeitet er schwarz im Hafen, streicht Pavillons an, putzt und erledigt allerlei kleine Jobs für einen Stundenlohn von sechs kanadischen Dollar – knapp unter vier Euro, weniger als der Mindestlohn. Im Sommer ist er im Wald und pflanzt Cannabis an. Das geht auf unterschiedliche Weise. Man muss Maschendraht um die Setzlinge ziehen, damit keine Rehe dort grasen. Es macht sich auch gut, eine kleine Flasche voll Wolfspisse mitzunehmen und einige Tropfen zu verteilen – es sind teure Tropfen, aber ihren Preis wert, meinen die Fachleute. Andere Vorsichtsmaßnahmen sollen verhindern, dass Schnecken die Pflanzen auffressen. Und alles muss ganz geheim bleiben. Es ist harte körperliche Arbeit, mit Maschendraht, Spaten, Säcken voll Blumenerde in den Wald zu ziehen. Aber es lohnt sich, sagen meine neuen Bekannten, die das machen, es gibt kaum eine andere Möglichkeit, so gut zu verdienen. Im Herbst gibt es Jobs beim Schneiden und Sortieren der Pflanzen – zwanzig Dollar die Stunde, oft mehr. Viele hier leben lange von dem Geld, das sie dabei verdienen, wenn sie Fred und anderen Züchtern helfen.

Im nächsten Jahr kannst du auch für mich arbeiten, sagt Fred, das wird gut bezahlt, brauchbarer Job, sagt er.

Aber ich habe zu große Angst vor Ärger mit der Polizei. Aus Kanada ausgewiesen zu werden wäre das Schlimmste, was mir passieren könnte. Es hatte schon mehrmals Polizeieinsätze gegeben – sie waren mit dem Hubschrauber über die Insel geflogen, um nach Cannabispflanzungen zu suchen. Mehrere Züchter wurden dabei erwischt und streng bestraft. In der nächsten Saison fangen sie dann aber wieder an. Weil sie das Geld brauchen. Weil *BC bud* etwas weiter südlich, in den Vereinigten Staaten, als Qualitätskraut bekannt ist, das einen guten, kräftigen Rausch schenkt.

Fred wohnt einen Großteil des Jahres in Mexiko, bei einem einheimischen Stamm. Sie essen Peyote, halten Zeremonien ab. Jeden Morgen erzählen sie einander, was sie nachts geträumt haben. Sie stehen auf, wenn die Sonne noch ein zartrosa Schimmer am Horizont ist, sitzen in Wolldecken gewickelt vor dem Lagerfeuer und reden mit leiser Stimme.

Plötzlich bricht er in Kichern aus: erzählt von einem einheimischen Ehepaar, das morgens in einen heftigen Streit geriet, mit Gegenständen um sich warf und herumbrüllte. Weil die Frau geträumt hatte, dass sie mit einem anderen geschlafen hatte. Wie konntest du?, brüllte der Mann. Wie konntest du mich hintergehen?

Fred lächelt, reibt sich die Bartstoppeln und hebt die Hände.

Für sie sind die Träume echt, sagt er. So wirklich wie die wache Wirklichkeit. Wie du hier sitzt und mit mir redest.

Ich habe viel davon gelernt, von dieser Beziehung zu Medizinpflanzen. Es hat mich gelehrt, dass wir alle eins sind: Es hat mich Respekt vor allen Menschen gelehrt. Auch wenn es manchmal schwer mitanzusehen ist, wie die Leute rücksichtslos die Natur zerstören, mit Bergwerken und Ölgewinnung und Kahlschlag, mit Zuchtfisch und solchem Kram, nur um sich ein paar Dollar in die Tasche stecken zu können. Wie jemand in einem Büro in den Staaten sitzt und mit einem Federstrich riesige Zerstörungen verursacht, die Menschen in einem anderen Land treffen, Menschen, die sich nicht gegen das Großkapital wehren können, denn Geld regiert die Welt, Geld, nicht Liebe, nicht Weisheit oder Respekt. Und für sie bin ich der Verbrecher, weißt du, weil ich im Wald ein paar Marihuanpflanzen stehen habe. Ja, es ist schwer, aber ich habe aufgehört, diese Menschen zu verurteilen, sie sind eigentlich in ihren eigenen Glaubenssystemen verloren, weil sie es für notwendig halten, das zu tun, zu zerstören, auszubeuten, sie wissen nicht, was Glück ist; sie wissen nicht, was Gold ist, echtes Gold, wo die wirklichen Werte liegen. In der Erde, in sauberem Wasser, in der Natur, die ist so schön, so verdammt schön. In Menschen.

Er lächelt verlegen, breitet die Arme aus. Für die bin ich sicher kein Beispiel für einen erfolgreichen Menschen, sagt er dann, aber ich wette, dass ich im Grunde mit mir besser im Reinen bin, viel besser. Denn ich liebe mein Leben und möchte nichts daran ändern. Na ja, abgesehen vielleicht vom Lohn im Hafen. Die könnten ja wenigstens den Mindestlohn springen lassen …

Der zu diesem Zeitpunkt bei etwa fünfzig norwegischen

Kronen, etwa 5 Euro, liegt. Lebensmittel kosten hier ungefähr das Gleiche wie in Norwegen, alles muss mit dem Boot gebracht werden, mit Fähren vom Festland herüber, das kostet. Viele meiner Freunde wohnen in alten Wohnwagen, in Leinwandzelten oder Tipis. Das meiste von ihrem Verdienst müssen sie für Lebensmittel ausgeben.

Wir sitzen lange da und reden, darüber, dass über die Hälfte der Insel einem Forstunternehmen gehört, dass Leute hergeschickt werden, um die zum Fällen vorgesehenen Bäume zu kennzeichnen, und dass die Lokalbevölkerung diese Markierungen wieder entfernt, denn sie wollen den schönen Wald behalten, die hohen Bäume, und die, die hier leben, müssten sonst mit den riesigen Kahlschlaglichtungen leben, mit allem, was das für Flora und Fauna bedeuten würde, während die Besitzer des Unternehmens niemals auch nur einen Blick auf das werfen müssten, was sie angerichtet haben, sie können einfach das Geld einsacken.

*

Ein grauer Tag, der Himmel ist bewölkt, ich kann keine Spur Sonne entdecken. Ich setze mich an den Strand, es ist Ebbe, die Austernschalen sind zwischen den Steinen zu sehen. Ich fühle mich einsam, hab aber heute keinen Nerv für den weiten Weg ins Sophie's. Hanu miaut, stiehlt sich auf meinen Schoß, aber als ich ihm den Rücken streichele, beißt er mich. Ich habe zu nichts Lust, spüre, wie die vertraute Müdigkeit heraufzieht, die Schwere, stehe auf und wische meine Kleider ab. Gehe ins Haus und lege mich aufs Bett und ruhe mich aus. Flüchtige Erinnerungsfetzen:

Harte Worte, harte Hände, böse Augen. Das Gefühl von Hilflosigkeit. Weinen.

Alles kommt mir leer vor.

*

Plötzlich schlägt das Wetter um, wird wild. Der Wind peitscht das Meer zu Schaum und die Regentropfen knallen gegen die Fensterscheiben. Die Bäume biegen sich, schütteln sich und knacken. Und ich weiß es noch nicht, aber irgendwo auf der Insel werden mehrere Telefonmasten umgeweht und Reparateure müssen vom Festland herübergeschickt werden.

*

Wann fange ich an, mich in Carthy zu verlieben? Passiert es schon beim ersten Mal, als ich sehe, wie er durch den Wald kommt, mit einem schweren polierten Eichenstock in der Hand? Er grüßt höflich, will nur sehen, wie ich den Sturm der letzten vierundzwanzig Stunden überlebt habe. Wir sind schließlich Nachbarn, sagt er. Wir sind uns schon einmal begegnet, auf einem Fest, kennen uns aber nicht, ich bin überrascht, als ich ihn kommen sehe, überrascht über die Freude, die ich empfinde. Mehrere Bäume sind über den Weg und die kleine Brücke beim Farnhang gefallen, aber keiner hat hier den Zaun getroffen, zum Glück. Es gehört zu meiner Arbeit, zu verhindern, dass Wild in den Garten kommt. Nach dem Sturm bin ich den ganzen Zaun abgeschritten, um mich davon zu überzeugen, dass alles in Ordnung ist. Ich führe Carthy auf dem Grundstück herum. Obwohl ich nur die Hausmeisterin bin, bin ich stolz darauf, wie schön es hier ist, ich zeige ihm die verschiedenen Häuser, Sierras Haus, das Küchenhaus, den Garten, das Treibhaus und den Geräteschuppen. Die kleinen Jurten, das gemauerte Saunahaus im Garten, die Hütte der Besitzer, die Werkstatt, die Scheune, das Rotkehlchennest. Wir setzen uns in das weiche Moos am Hang unterhalb des Nestes, und Carthy erzählt mir, dass mit seiner Freundin Schluss ist. Er redet mit leiser Stimme, fährt sich mit der Hand durch die Haare, dreht sich eine Zigarette. Bietet mir eine an, aber ich lehne ab; ich habe nicht wieder mit dem Rauchen angefangen, nur bei Jerretts Potluck zwei Zigaretten geraucht. Am Ende gibt er auf und sieht mich mit einer gewissen Verwirrung an. Ich rede sonst nicht so viel über mich selbst, sagt er. Ich weiß nicht, warum ich das jetzt tue.

Und nun merke ich, dass seine Augen von einem ganz besonderen Grün sind, wie Blätter an Bäumen. Aber ich verstehe nicht, warum mich das so froh macht oder warum es mich froh macht zu hören, dass er keine Freundin mehr hat, das hat doch nichts mit mir zu tun.

Fängt es da schon an oder erst später, als ich ihn wieder zwischen den hohen Zedern kommen sehe, er sieht mich aus weiter Ferne und lächelt, und ich lege den Rechen weg und gehe ihm bis zum Gartentor entgegen. Es ist ein selten schöner Tag, die Sonne scheint, es ist noch kein Schnee gefallen. Er hebt die eine Handfläche, und als ich näher komme, sehe ich, dass ein Eulenjunges darinliegt.

Ich bin am Strand entlanggegangen, sagt er, und da lag es auf einem Ebbestein. Es war offenbar gerade erst gestorben, ist noch immer warm.

Ich berühre die kleine Eule vorsichtig, die schön gesprenkelten Federn sind grau wie der Winterhimmel, aber die schwarzen Augen starren leer und blank vor sich hin.

Warte mal, sage ich, vielleicht habe ich etwas für sie. Ich hole ein großes Stück Rinde, das ich aufbewahrt hatte. Es hat seltsame Ziselierungen, wo die Borkenkäfer daran genagt haben, wie unergründliche Schriftzeichen.

Wir können sie darauflegen, sage ich, und sie auf das Meer hinaussegeln lassen. Das Rindenstück ist wie ein Boot, mehr als groß genug für sie.

Ich glaube, das wird eine schöne Beisetzung, sage ich vorsichtig. Sehe Carthy an, der das tote Eulenjunge ansieht, und er hat Vögel in den Augen, dort öffnet sich gewissermaßen ein Raum nach dem anderen, und ich kann sie drinnen schweben sehen, schwerelos über einen endlosen Himmel, und vielleicht fange ich jetzt an, mich in ihn zu verlieben, weil auch er sich danach sehnt, frei zu sein, weil er mich an den wilden Wolf erinnert, der mir auf dem Weg begegnet ist, und weil ich spüren kann, was er spürt.

*

Carthy wohnt in einem alten Wohnwagen auf dem Grundstück von Keith, der bei der Küstenwache arbeitet. Wir freunden uns an, sind oft zusammen, kochen, wandern am Strand, sammeln Austern und braten sie dann über dem Lagerfeuer. Carthy trägt dicke Handschuhe, fasst die glühend heißen, rußigen Schalen an, öffnet sie mit dem Messer, beträufelt sie mit selbstgemachter Grillsoße aus Ahornsirup und Cayennepfeffer. Mir läuft das Wasser im

Munde zusammen, so etwas Köstliches habe ich noch nie gegessen.

Er ist arm wie eine Kirchenmaus, lebt von der Hand in den Mund, aber er weiß, wie er über die Runden kommt. Kann jagen und fischen, die Natur abernten. Er ist ein tüchtiger Tischler, nimmt kleine Jobs an, wo er sie findet. Ich habe mich noch nie so amüsiert, alle seine Geschichten und Einfälle, das ansteckende Lachen, die blattgrünen Augen, die mich mit einem Blick ansehen, als ob ich ihn auf irgendeine Weise überrascht hätte. Er kann heulen wie ein Wolf und zwitschern wie eine kleine *Chickadee,* nachts antworten die Wölfe, wir sitzen am Lagerfeuer, und Carthy bellt heiser, heult, dann antwortet das Rudel, sie kommen immer näher, aber wir können sie in der Dunkelheit nicht sehen. Die Chickadee springt auf ihn zu, Carthy hockt sich auf den Boden und zwitschert, und der kleine Vogel legt ihm einen Wurm in die ausgestreckte Hand. Er kommt zu mir und zeigt mir den Wurm, seine Augen strahlen vor Freude. Eines Tages höre ich ihn krächzen wie einen Raben, und ein großer schwarzer Vogel im Nachbarbaum antwortet, sie schreien sich heiser an, der Rabe kreist über uns, einen Moment lang glaube ich, er werde auf Carthys Schulter landen.

Wir rudern hinaus und legen Reusen. Bei Vollmond ist Niedrigwasser, es gibt keine Wolken, alles ist hell, und wir können weit hinausgehen, die zerstoßenen Miesmuscheln leuchten im scharfen Licht perlmuttblank, und es ist wie eine fremde Welt, wir laufen über den Meeresboden, vorbei an Büscheln aus feuchtem Seegras, wie Perücken mit langen nassen Haaren, und die Austernschalen im Sand sind weiß und leuchten von selbst, eine Mondlandschaft. Später in dieser Nacht machen wir am Strand ein Feuer, backen Austern, die wir in unseren Ärmeln gesammelt haben, weshalb das salzige Meerwasser in unsere Pullover tropft. In einer Auster, die er mir reicht, finde ich eine Perle.

*

Ich liebe die Bäume hier. Die Zedern mit den geraden, feinen Fasern, mit den hohen Stämmen, zwischen denen die Adler hervorgleiten, ehe sie auf den Luftströmungen segeln. Manchmal schreien sie, und ich muss aufschauen, einmal fliegt ein riesiger Steinadler nur einen Meter über meinem Kopf, ich spüre, wie die Luft von seinen Flügeln nach unten gepresst wird, wie eine Liebkosung oder eine Art Anerkennung, als habe er eine Mitteilung für mich oder sei eine Antwort auf etwas. Er dreht einige Runden und ich schaue hinter ihm her, bis er über dem Meer verschwindet.

Der schönste Baum ist der Arbutus, der auf Felsen und Kuppen um die ganze Insel steht, wie ein prachtvoller Kranz. Die Rinde dieser Bäume kann in langen Striemen abgeschält werden, und darunter sitzt die leuchtend rote neue Rinde. Ich finde einige lange, gekräuselte Rindenriemen, nehme sie mit ins Haus und lege sie zusammen mit runden Steinen vom Strand auf die breiten Fensterbänke. Durch die Glaskuppel im Dach kann ich über mir den Nachthimmel sehen, die fallenden Sterne, wie weiße Notraketen, das zwinkernde Auge des Mondes hinter den Wolken.

Ich fahre mit Jerrett und Lydia mit dem Boot los, wir

gehen vor einigen kleinen Inseln auf einer Felskuppe an Land. Dort sehe ich zum ersten Mal *Manzanita*-Büsche. Der halbe Busch wirkt tot, grauweiß, die trockenen und raschelnden Blätter sehen aus wie angelaufene Silbermünzen, der andere Teil ist kirschrot, ölig und üppig. Meine Füße versinken bis zu den Knöcheln in hellgrünem Moos, und wir sehen Robben, die sich auf dem Felsen sonnen, gefleckt und grauschwarz wie Geröll am Strand. Ich bin so glücklich, weil ich hier sein darf, dass mein Herz fast zerspringt, es strahlt aus meiner Brust, und ich knie im Moos nieder und berühre den Busch mit leichten Fingern, lasse die Fingerspitzen über die ölglatte Oberfläche streichen und sehe die Tiefe der Farben, die in der Sonne spielen, und höre das Prusten der Seelöwen, die in der Nähe auftauchen und uns aus schwarzen Augen vorwurfsvoll anstarren.

*

Ich finde zwei neue Freundinnen. Caroline und Saskya wohnen in einer Hütte am Meer. Wir lernen uns bei einem Potluck auf der anderen Seite der Insel kennen, ich hatte eine Mitfahrgelegenheit dorthin, und schon bald nennen wir uns Familie, Schwestern. Plötzlich habe ich mehrere Schwestern auf der Insel: Caroline, Saskya, Reggie und Lydia, und, als sie zurückkehrt, Sierra. Die Rehe kommen zum Spielen in den Apfelgarten, sie knabbern die Blätter der Obstgärten an, und Frösche singen in dem kleinen Tümpel. Wir sitzen auf der Veranda und sehen, wie es Nacht wird, das Quaken ebbt langsam ab.

Beim vorigen Vollmond sind die Wölfe um die kleine

Hütte gekreist und stehen geblieben, um durch das Wohn-zimmerfenster zu blicken.

Aber ich hatte keine Angst, sagt Saskya. Sie sagt: Wenn der Wolf kommt, bedeutet das immer etwas Neues. Er zeigt mir etwas Neues über mich, jedes Mal. Denn wenn der Wolf zum Vorschein kommt, hat das einen Grund. Die Bilder um uns herum geben etwas von unserem inneren Selbst wider, sind nur Projektionen unseres Gemütes, das versucht, uns etwas zu sagen.

Was hat es denn bedeutet, dass sie hereingeschaut haben?, frage ich neugierig.

Sie lächelt in der Dunkelheit mit ihren weißen Zähnen. Ich glaube nicht, dass ich das in Worte fassen kann, sagt sie, aber ich habe es trotzdem verstanden.

Ich schlafe in der Hütte von Saskya und Caroline, unter dem Regal mit getrockneten Kräutern und Wur-zeln, Büchern über Kräutermedizin und nordamerika-nische Flora, Teetassen, selbstgemachten Tonlöffeln und Reihen aus schönen Kristallen. Morgens höre ich, wie die eine Schwester Wasser in die Badewanne laufen lässt, wäh-rend die andere im Haus herumfuhrwerkt. Überall haben sie Dekoraktionen aus Treibholz und runden Steinen vom Strand verteilt, einige der Steine sind mit Moos überzogen, und Saskya duscht sie mit Wasser aus einer Sprühflasche.

Wir halten sie feucht, sagt sie und streicht mit den Fin-gern über das Moos. Es kann im Haus überleben, wenn man das macht. Die Natur kann hier drinnen leben, zu-sammen mit uns.

Ich begreife, wie sie denkt, wenn sie sagt, die äußere Wirklichkeit spiegele die innere wider.

Das japanische Badezimmer, mit Papierschirmen und dunklem Holz, das Seegras, das von der Decke hängt, die kleinen Flaschen mit ätherischen Ölen, das ist ein Bad für Meerfrauen, für mystische Geschöpfe, die bei Nacht aus dem Meer steigen, glänzend und triefnass.

Der scharfe weiße Mond zeichnet die Landschaft mit silbernem Pinsel, streckt königsblaue Schatten zu Purpur und Schwarz. Die Bäume mit den Silberspitzen wogen leise im Wind, der Nachthimmel murmelt vor sich hin, die Frösche schlafen ein. Noch immer sitze ich hier mit meinen Schwestern, und ihre Gesichter leuchten im schwachen Licht des geheimen Lebens auf dem Mond.

*

Ich gewöhne mich jetzt daran, hier allein zu wohnen. Draußen auf dem Grundstück: Einige Male vergehen mehrere Tage am Stück, ohne dass ich meine Freunde sehe oder mit einem Menschen rede. Ich ziehe von Sierras Haus ins Küchenhaus um. Schlafe oben auf dem Hochbett, ziehe die Leiter hinter mir nach oben, habe die Axt bei mir. Ich pinkle in einen alten Kochtopf, den ich draußen ausleere. Die Türe macht mir keine Sorgen, aber ich habe Angst vor Phil oder vor einem Fremden, einem Unbekannten. Der Wind bringt das Glockenspiel am Eingang zum Klirren, der Regen peitscht Geräusche, die wie Schritte klingen können. Was soll ich machen, wenn jemand eines Abends überraschend zu Besuch kommt? Wie soll ich wissen, welche Absichten er hat, und wann es richtig ist, mich zu verteidigen? Erst, wenn es zu spät ist? Wenn sich die Hände bereits um meinen Hals schließen? Ich übe den Umgang mit der Axt, und später, als Sierra zurückkommt, gibt sie mir ein Klappmesser, das sich mit einer Hand öffnen lässt. Ein Freund ihres Vaters hat mit einem solchen Messer einen Bergpuma getötet, als das Tier auf ihm lag und ihm die Zähne in die Schulter geschlagen hatte. Ich will keine Angst haben, habe sie aber. Ab und zu fühle ich mich einsam und sehne mich nach jemandem, der mich beschützen würde. Es kommt vor, dass ich weine, es ist, als hätte ich einen tiefen Kummer, der ab und zu anwächst und an die Oberfläche kommt. Der Anblick des Nachthimmels durch das Dachfenster beruhigt mich.

Es kommt vor, dass ich das Gefühl habe, der Wald komme näher und jemand starre von draußen herein. Jemand, der weder Tier noch Mensch ist. Und das gibt mir ein seltsames Gefühl.

*

Ich bin nach dem, was mit der letzten passiert ist, noch nicht bereit für eine neue Beziehung, sagt Carthy und hebt die Ruder, macht zwei Schläge. Wir sind zum Fischen hinausgefahren, strahlender Sonnenschein, zwei Fische zappeln schon unten im Boot. Ich bin nicht daran gewöhnt, dass sie langsam ersticken, mein Vater bricht ihnen immer sofort das Genick, und ich frage Carthy, ob er glaubt, dass sie leiden müssen. Er sieht mich nachdenklich an, hebt sie hoch, stößt das Messer durch die kleinen Köpfe.

Es ist so verdammt zerstörerisch, jemanden zu lieben, sagt er, du öffnest dich für sie, und dann lassen sie dich sitzen, und du bist danach verdammt noch mal unfähig, du kommst nicht ohne sie zurecht, und das ist einfach nicht richtig. Ich weiß nicht, ob ich es noch einmal tun kann: jemanden lieben und dann verlieren, du glaubst vielleicht nicht, dass es passieren wird, aber es ist immer wieder dasselbe, das weiß ich einfach, denn so war es jedes verdammte Mal. Aber man kann ja einfach ein bisschen Spaß zusammen haben, nicht wahr, nicht alles mit Gefühlen und solchem Kram versauen. Nur, du weißt schon… ein bisschen so weitermachen…

Ist in Ordnung, wenn du das so siehst, sage ich, aber unter diesen Umständen habe ich keine Lust. Das habe ich hinter mir: mit jemandem zusammen zu sein, der mich nicht liebt. Das bringe ich nicht noch mal.

Du bist mir doch wichtig, sagt er. Und ich sage, dass ich das weiß. Sage: Du bist mir auch wichtig, und er lächelt und sagt: Das weiß ich doch.

Dann sind wir also Freunde?

Ja, er lächelt. Du bist verdammt noch mal meine beste Freundin hier.

Wir kommen an der Lavendelinsel vorbei, rudern mit schnellen Schlägen weiter. Jetzt dümpelt das Boot halbwegs zwischen meinem Strand und der Wolfsinsel. Carthy zeigt auf die langen weißen Strände der Wolfsinsel, den dichten Wald.

Ich habe gehört, dass es da draußen große Obstgärten gibt, sagt er, verlassene Gärten, einmal hat da wohl jemand Bäume gepflanzt, die Gärten betreut, aber da ist jetzt niemand mehr, da wohnen nur noch Wölfe. Im Herbst biegen sich die Bäume vor Früchten, und du weißt ja, da sind keine Tiere, die sie fressen könnten, und niemand zum Pflücken.

Er kneift die Augen zusammen, geblendet vom Licht, das auf die Wellen scheint. Sagt: Wenn du im Herbst noch hier bist, können wir doch hinausrudern und Obst pflücken. So viel wir tragen können, saftig und köstlich. Ich liebe unsere Insel, sagt er dann, es ist verdammt schön hier, die steinigen Strände, der Zedernwald. Aber da draußen, auf der Wolfsinsel, die steinigen Strände und kein Mensch!

Traue ich mich denn?, frage ich, sozusagen in die Luft.

Das kannst nur du wissen.

Und es stimmt, dass ich keine Angst mehr davor habe, auf dem Weg Wölfen zu begegnen, aber bei der Vorstellung, da zu sein, wo das ganze Rudel ist, krampft sich mein Magen zusammen; als ob ich auf einem hohen Felsen stünde und den Drang verspürte, mich ins Leere zu stürzen, so stark wie die Angst vor dem Fallen, ein freudiger Schrecken.

Später werde ich oft am Strand stehen und zur Wolfsinsel hinüberschauen, von den großen Obstgärten träumen und an die Wölfe denken.

Wir rudern an Land, ziehen das Boot an den Strand. Carthy hat es von Keith geliehen, aber er lässt es oft hier liegen, klopft morgens an meine Tür, fragt, ob ich mit zum Fischen kommen will, Ringwaden auslegen.

Es ist ein guter Tag. Carthy bringt mir bei, im seichten Wasser nach Muscheln zu graben, wir stapfen über die feuchten Sandbänke und halten Ausschau nach Luftlöchern, ich wusste das nicht, aber Muscheln können sich bewegen, wenn man nach ihnen gräbt. Unterwegs erklärt er mir, wie man einen einfachen Unterstand oder eine Schutzhütte aus Zweigen bauen kann, wie man mit fast nur feuchtem Holz ein Feuer macht, wie wichtig es ist, die mitgebrachte Ausrüstung in Schuss zu halten und immer zu wissen, wo was liegt. Ich höre aufmerksam zu, er erklärt, zeigt, ist in seinem Element. Wir legen die salzigen Schalen in einen Eimer mit Süßwasser, eiskaltem Wasser aus dem Hahn hinter dem Wohnwagen, und lassen sie bis zum nächsten Tag wässern, dann kochen wir die beste Muschelsuppe, die ich je gegessen habe, kochen die Muscheln zusammen mit Speck, Curry, Zwiebeln, Knoblauch, Möhren und Sellerie und übergießen sie mit Sahne. Carthy hat Brot gebacken und die Brotform mit Speck ausgerieben. Wir essen uns satt, essen, bis wir fast platzen, grinsen einander an, Carthy hat ein paar Biere und eine Flasche Whisky gekauft, und im Laufe des Abends, als der Inhalt der Whiskyflasche schrumpft, fängt er an, aus der Bibel zu zitieren. Sieht mich an und sagt: Du bist ein Lamm unter Wölfen, Kleine. Ein Lamm unter Wölfen. So wahr mir Gott helfe.

*

Einige Male wohne ich mehrere Tage hintereinander bei Carthy, laufe nur durch den Wald hin und her, um den Kater zu füttern, um in einigen Öfen einzuheizen, mich davon zu überzeugen, dass alles in Ordnung ist. Er steht oft vor mir auf, sitzt am Küchentisch und liest in der Bibel. Er kocht eine Kanne Kaffee und lässt mir eine Tasse übrig. Ich stehe auf, wenn ich höre, dass er die Bibel weglegt. Will ihm diese Zeit für sich lassen. Wir sagen nichts, lächeln einander nur an. Carthy hat nur eine Tasse, deshalb gieße ich Kaffee in ein Marmeladenglas und gebe Zucker und Sahne dazu. Dann kommt die Morgenzigarette: Langsam habe ich wieder mit dem Rauchen angefangen. Dieses ganze Ritual, jeden Morgen dasselbe, friedlich, der Tag unbenutzt und neu, alles kann passieren. Ich brate Apfelpancakes und stelle Ahornsirup auf den Tisch, vielleicht Speck, gebratene Zwiebeln und *Hash Browns,* wie Kartoffelpuffer hier genannt werden, und Carthy zeigt mit der Gabel auf mich und sagt mit vollem Mund: Man könnte sagen, du seist so eine, die man behalten soll, *a keeper.* Er räuspert sich und fügt hinzu: Man könnte das sagen, ich sage nicht, dass ich es sage.

Ich erledige den Abwasch draußen auf dem Campingtisch. Manchmal sind die Gläser und Teller an der Wachstuchdecke angefroren oder von Schnee bedeckt. Ich mache Wasser im Wasserkocher in der Küche heiß, brauche dreieinhalb Kannen gemischt mit eiskaltem Wasser aus dem Hahn draußen, um den großen Suppenkessel zu füllen, den wir als Spülschüssel nehmen. Dann lege ich alles noch einmal in eine große Plastikschüssel. Manchmal schneit oder regnet es, wenn ich damit beschäftigt bin. Wenn es Minusgrade gibt, werden meine Hände rot und meine Finger prickeln so schrecklich, dass ich sie in Fäustlingen wärmen muss. Aber mir gefällt diese Arbeit. An manchen Tagen kann ich hinter der Wolkendecke fast die bleiche Sonne ahnen. Wenn ich fertig bin, ist die Haut an meinen Händen schrumpelig und so sauber, dass ich mir keine Zigarette drehen kann, weil es an meinen Fingerspitzen kein Fett gibt, das Papier rutscht einfach weg. Wenn ich noch mit aufgekrempelten Ärmeln dastehe, kommt Carthy auf die Treppe, steckt mir eine Fluppe zwischen die Lippen, gibt mir Feuer und lächelt, sagt: Danke, Kleine.

Wir stapeln auf dem Hofplatz bei Keith Bretter: 2 × 2 Zoll, 2 × 4 Zoll, 4 × 4 Zoll. Carthy zeigt und erklärt, während wir arbeiten, erzählt von den verschiedenen Jobs, die er schon hatte. Zementmischen, Anstreichen, Spachteln, Tapezieren, Arbeit unter Wasser. Von den verschiedenen Menschen, die er dabei kennengelernt hat. Zum Beispiel, sagt er, habe jeder Säufer sein bevorzugtes Getränk. Ich hab unten in Victoria einen verdammt guten Schreiner gekannt, der schwor auf Mundwasser. Du weißt doch, dass da Alkohol drin is', nicht wahr? Also, Simon trank jeden Tag mehrere Liter von dem Scheiß. Aber das muss man ihm lassen – nie hab ich einen Suffkopp mit frischerem Atem erlebt.

Wir machen an der üblichen Stelle ein Feuer, am Lagerplatz hinter der großen Eiche, nicht weit vom Holzschuppen entfernt. Carthy ist stolz darauf, schöne Feuer zu bauen. Ich setze mich in einen der Liegestühle, er holt mir eine Decke, eine Tasse Kaffee. Schaltet das Radio ein, wir haben die Leitung über den ganzen Hofplatz gezogen und können Musik hören, es ist uns egal, dass es ein bisschen aus den Lautsprechern rauscht. Bei Ebbe laufen wir zum Strand und suchen Austern oder graben Muscheln aus. Außerdem hab ich von einem einheimischen Freund etliche Lachse bekommen. Wir marinieren die Filets in einer Mischung aus Ahornsirup, Whisky und Gewürzen und grillen sie über dem Lagerfeuer, auf einem Brett aus Zedernholz. Wir essen, während sich die Dämmerung herabsenkt. Einige Male finde ich es draußen zu kalt. Dann lacht Carthy und erzählt von seiner Zeit als Holzfäller am Yukon. Er wohnte dort in einer Waldhütte. Nach der Arbeit nahm er das Gewehr und schoss zum Abendessen einen Hasen. Abends kroch er, noch immer mit der Sturmhaube auf dem Kopf, in seinen Schlafsack. Er konnte durch die Glut im Ofen die Löcher in der Rückseite sehen, der Ofen war total verrostet. Mitten in der Nacht wurde er davon geweckt, dass er beinahe zum Eiszapfen gefroren war, und er musste aufstehen und wieder einheizen.

Aber irgendwie hast du auch recht, Kleine, sagt er. Ich werde nie wieder frieren, das habe ich mir geschworen. Ich werde nie mehr dorthin zurückkehren, in den arktischen Winter. Was ist mit Norwegen, ist es dort kalt?

Ich erzähle von meinem Heimatland, das mir hier so weit weg erscheint. Als ich die Alkoholpreise erwähne, schaudert Carthy. Da werde er niemals wohnen, sagt er mit voller Überzeugung.

Er zieht an einem großen Ast, der quer über dem Feuer liegt und in der Mitte durchgebrannt ist, schiebt das Ende tiefer in die Flammen. Das goldene Licht flackert über sein Gesicht, seine klaren Züge, die schmalen Augen und die kohlschwarzen Haare, die auf sein *Crow*-Blut hinweisen. Andererseits kommst du ja daher, sagt er und sieht mich an. Muss also ein tolles Land sein. Ein tolles Land.

Ich ziehe den Liegestuhl näher an seinen und lehne mich an seine Schulter. Bleibe einen Moment lang so sitzen, dann schiebt er mich verlegen weg. Du bist verdammt komisch, du, Kleine, sagt er mit einem nachdenklichen Lächeln. Ich weiß verdammt noch mal nicht, was ich mit dir machen soll.

*

Die grauen Tage beginnen im Dezember dann endgültig. Die Wintersonne hat sich meistens versteckt, wie ein bleiches Gesicht hinter schmutzigen Laken. Im Garten gibt es hier und dort honiggelbe Lichttropfen. Es fehlt an Wärme, die Natur bringt aber dennoch Farben hervor: das Moos leuchtet metallisch grün, das Wasser schimmert blau und grün und metallisch, durchsichtig genug, um die halb im Sand begrabenen, kalkfarbenen Austernschalen zu verraten, abgebrochene Zähne in einem groben Gebiss. Ich höre im Radio *The Be Good Tanyas* und »When Doves Cry« von *Prince*, das Licht spült durch die Glasfenster des Küchenhauses. Wenn ich kurz nach draußen gehe, knirscht der Schnee unter meinen Stiefeln wie Streuzucker, und das Wasser in den Hähnen der Badewanne ist gefroren, ein umgekehrter Zapfen aus Eis ist darin entstanden, aus gefrorenen Tropfen.

Die Badewanne steht auf der Veranda vor einer der Hütten. Auch die Dusche ist unter freiem Himmel angebracht. Ich stehe zitternd im beißenden Wind, versuche, die Hähne der Dusche einzustellen, das Wasser wechselt zwischen eiskalt und brennend heiß, deshalb dusche ich nur selten oder nie, sondern bade oder mache auf dem Herd Wasser heiß und gieße es in ein Gefäß vor dem Holzofen.

Wenn ich doch einmal dusche, lasse ich das Wasser heiß werden und drehe am Rädchen, wenn es auf der Haut zu brennen beginnt, es wird eiskalt, und ich muss abermals drehen, verbrenne mich; welke Blätter und Tannennadeln, die auf die offene Veranda geweht worden sind, kleben an meinen Füßen. Ich stehe da in der Dunkelheit, neben mir eine kleine Laterne, ich drehe das Wasser aus, taste mit blau gefrorenen Fingern nach dem Handtuch und nach meinen Kleidern. Das leise Heulen der Wölfe wird über den Sund geweht. Bei diesem Geräusch muss ich lächeln.

*

Der Schnee fällt, bedeckt die Farne, bedeckt die Zweige der Äste, die zu Boden gedrückt werden, und verändert das Aussehen der Bäume. Es friert und es wird jeden Tag kälter. Kälter als es hier seit Jahren war. In der Halle beim Anleger gibt es ein Weihnachtsfest. Als der Weihnachtstag kommt, ist wegen der Stürme der Strom ausgefallen, aber es gibt ein Reserveaggregat. Als wie durch ein Wunder am späteren Nachmittag der Strom wieder da ist, führt das zu Jubel, aber auch zu Enttäuschung.

Im vorigen Jahr waren wir zu Weihnachten drei Tage ohne Strom, sagt eine der älteren Damen, die sich eingefunden haben, das war so gemütlich, wir hatten nur Kerzen, das war sehr romantisch, nicht wahr?, sagt sie und lächelt ihren Mann an, und der grinst breit und verpasst seiner Frau einen lautstarken Schmatz. Wir mussten uns ja irgendwie beschäftigen, so im Dunkeln ... Und zu essen gab es auch, wir haben ja den Propangaskocher. Der ist hier draußen das Richtige.

Wir stehen vor dem Truthahnbüfett Schlange, vierzig oder fünfzig Gäste beim Weihnachtsschmaus, den ein freiwilliges Küchenteam zubereitet hat. Truthahn mit Füllung, Moosbeerenkompott und Kartoffelbrei, *gravy*. Rosenkohl und grüne Bohnen.

Carthy ist nicht hier, will sich nicht zu sehr in die Geselligkeit einbringen, sagt er, ich sitze zusammen mit einer

Familie, die ich ein bisschen kennengelernt habe, sie haben zwei kleine Kinder. Sie haben Portwein mitgebracht und teilen mit mir. Der Portwein ist hier am Ort angesetzt worden und schmeckt nach Schokolade und Apfelsine. Der Mann erzählt mir eine witzige Geschichte darüber, wie er eine Frau, die er nicht kannte, im Auto mit zur Fähre genommen hat.

Sie hatte einen großen Koffer, erzählt er und sieht alle am Tisch an. Also öffnete ich den Kofferraum, um den Koffer hineinzulegen, ich hatte vergessen, dass wir ja gerade erst das Schwein geschlachtet und es am Vortag mit dem Auto transportiert hatten; als ich den Kofferraum aufmachte, konnte sie sehen, dass der total blutverschmiert war. Also stellte ich ihren Koffer auf die Rückbank, und sie setzte sich auf den Beifahrersitz und wurde zur Fähre chauffiert. Und weißt du, mir ist das erst später eingefallen, aber wo sonst würde eine Frau mit einem Fremden in einem Auto mitfahren, dessen Kofferraum voll mit Blut ist? Nur hier auf der Insel!

Der Portwein bringt uns in Stimmung, wir essen so viel wir können, beim Dessert fangen die Leute an, von einem Tisch zum anderen zu gehen, sie plaudern und lachen. Eine der früheren Hausmeisterinnen auf unserem Grundstück kommt zu mir. Sie ist reizend, vielleicht zweiunddreißig, trägt ein geblümtes Kleid mit einem Ledergürtel, am Gürtel hängt ein Beutel. Als wir uns unterhalten, fragt sie plötzlich: Möchtest du Herrn Maus kennenlernen? Ich bin ein bisschen verwirrt, aber ich nicke, und mit einem geheimnisvollen Lächeln fängt sie an, den Beutel zu öffnen. Schiebt die Hand hinein und zieht eine kleine Mäusepuppe hervor, die Lederstiefel und Mittelalterkleidung aus braunem und blauem Filz trägt.

Hallo, sagt sie mit Piepsstimme.

Hallo, sage ich und begrüße Herrn Maus ein wenig unsicher. Beuge mich über den Tisch vor. Aber... das ist ja eine echte Maus!, sage ich und sie lächelt stolz. Ja, ich habe ihr die Haut abgezogen und sie ausgestopft und die Kleider genäht, Stiefel und alles.

Herr Maus hat sogar ein Schwert, das ich aus meiner Kindheit her kenne: Es stammt von einem Playmobil-Seeräuber.

*

Carthy und ich gehen wieder einmal am Strand Austern suchen, das Wasser ist schwarz und still und der Mond gleitet wie ein Wolfsauge über die Bäume. Die Schalen sind scharf, durch eine Kruste aus kleinen Schneckenhäusern, und sie sitzen einige Male zwischen den Steinen fest, lassen sich nicht bewegen. Bald haben wir trotzdem einen kleinen Haufen zusammen. Seit einem oder zwei Tagen taut es, und hier unten am Strand ist der meiste Schnee bereits geschmolzen, liegt in Flecken zwischen den hohen Bäumen. Trockenes Holz zu finden, sogar das muss ich lernen; nicht die Zweige auszusuchen, die von Moos oder Laub bedeckt sind. Die sind schon lange tot, haben sich mit Wasser vollgesogen. Das Gefühl von feuchtem Holz, von Moos, von verfaultem, glitschigem Holz zwischen den Händen, ich lerne es nach und nach. Ich schleppe die Zweige zurück zur Feuerstätte, wo Carthy sie mit der Axt spaltet. Er bringt jedes Feuer zum Brennen, nachdem er es sieben arktische Winter hindurch geübt hat. Zwei Scheite aus der Hütte und ein kleines Stück Papier, den Rest aus dem regennassen Wald. Es dampft und zischt, langsam greift das Feuer um sich. Der Geschmack von Tabak und Schnaps, vom Rauch des Lagerfeuers. Ich trete die Flammen mit den Stiefeln aus und verbrenne mir dabei die Sohlen. Funken stieben auf, dann Asche, der weiße Staubregen landet auf meinen Haaren und meinen Kleidern. Die Flasche glänzt, liegt beim Feuer. *Canadian Club* steht auf dem Etikett, CC ist in Carthys Nacken tätowiert. Für den Whisky, sagt er, und für meine Schwester, Cathleen Carthy. Mein Zwilling. Wir sind irisch, so ist das. Kanada-irisch. Ein Partyjunge aus BC, das bin ich, sagt er, dreht sich eine neue Zigarette. Reicht sie mir und gibt mir Feuer, sein Gesicht wird für einen Moment angeleuchtet, während er lächelt, ich kann die schwarze Lücke sehen, wo ihm ein Zahn fehlt.

Am Yukon habe ich oft Wölfe gehört, sagt er. Hab eine Weile dort gewohnt, am Ende waren es sieben Jahre. Verdammt einsam. Und der alte Carl drehte im Winter durch. Er hatte so ein Haus mit einer Glastür, weißt du. Ich war eines Nachmittags auf dem Weg zu ihm und wollte gerade an die Tür klopfen, als ich ihn durch die Fensterscheibe sah. Er stand mitten im Wohnzimmer, mit einigen Stäbchen in der Hand. Und mit diesen Stäbchen redete er. Ich machte also einfach kehrt und ging wieder. Aber danach wurde ich dann neugierig, und da habe ich gefragt, was er da gemacht hat. Weißt du, was er gesagt hat? Er hat gesagt, er habe sechs Frauen auf dem Jupiter, und so kommuniziere er mit denen. Durch die Stäbchen. Im nächsten

Winter hat er mir erzählt, er arbeite in geheimer Mission, im Auftrag Gottes. Und dieser Auftrag bestünde darin, auf dieser bösen Welt so viele Menschen wie möglich umzubringen.

Er hebt wieder die Flasche, trinkt. Sagt: Und da war mir klar, dass es an der Zeit war, wegzugehen.

Er schüttelt den Kopf. Der Winter da oben war grauenhaft einsam. Aber ich habe aufgehört, mir Kokain in die Adern zu schießen. Das schon. Da draußen habe ich aufgehört. Ich tu so was nicht mehr. Ich trinke nur. Ich trinke gern, betrinke mich. Vielleicht ist das der Ire in mir, oder *the Crow*.

Er reicht mir die Flasche, sie gluckert und die Flüssigkeit leuchtet golden wie flüssiges Wachs, rauchig und heiß.

Am nächsten Morgen, als ich die Stiefel anziehe, sehe ich, dass die Sohlen gerissen sind, dass das Gummi in klumpigen Streifen getrocknet ist, wie Narbengewebe.

*

Zu Silvester machen Jerrett und ich von unseren Gesichtern gegenseitig Gipsabdrücke und stellen seltsame Tiermasken mit langen Schnauzen her. Als er fertig ist, sieht Jerretts Maske eher aus wie ein Seeungeheuer, eine Art geheimnisvoller Tintenfisch aus der Tiefe des Meeres. Jerrett hat ein Seeräuberkostüm, und als er nach Victoria fährt, sucht er in einem Trödelladen nach Gummitentakeln, ohne Erfolg. Von unterwegs schickt er mir eine E-Mail, fragt, ob er zur UVic fahren soll – der Universität von Victoria –, um im Park weiße Kaninchen zu fangen. Von denen wimmelt es dort überall, er könne einfach dicke Handschuhe anziehen und sie aufsammeln, ihnen den Hals umdrehen und sie in eine Tasche stecken. Dann könnten wir sie häuten und für mich ein Kostüm aus schneeweißem Kaninchenfell machen? Aber ich will das nicht. So viele Kaninchen töten, nur, damit ich ein schönes Kostüm haben kann. Ich werde einfach ein weißes Strickkleid anziehen.

Jerrett gibt mir ein echtes Hirschgeweih, das ich an einem Haarreifen befestige. Er hat auch zwei Ohren, aber die sind zu groß und riechen auch nicht gut. Am Silvesterabend kämme ich mir die Haare über den Haarreif, nur das Geweih ist so zu sehen. Meine Maske ist eine Art Tiermaske, ohne Schnauze. Ich tanze stundenlang, tanze mit Lydia, die als Zirkusdirektor verkleidet ist, mit schwarzer Reithose und Zylinder und aufgemaltem Schnurrbart, ich tanze mit Seeräuber-Jerrett, tanze mit Saskya und Caroline, die sich kleine Sterne ins Gesicht gemalt und Muscheln in die Haare geflochten haben. Aber vor allem tanze ich mit einem weißen Südafrikaner mit blonden Dreadlocks, der »für das Surfen lebt«. Danach sitzen wir draußen auf einer Bank, und er redet über Afrikas weiße Strände, wie sie sich ausdehnen und nie ein Ende zu nehmen scheinen, und wie sie einmal im Jahr zu einer glänzenden Matte werden, wenn die Sardinen kommen und an Land gespült werden, und man sie in großen Körben aufsammeln kann.

*

Als das Fest in der Halle dem Ende entgegengeht, werde ich noch zu einem jungen Paar eingeladen, das oben auf der Anhöhe wohnt, nicht weit vom Austernstrand entfernt. Der südafrikanische Surfer will, dass ich mit zu ihm nach Hause komme, aber ich gehe lieber mit dem jungen Paar und dessen Freunden, es wird ein großes Fest. Das Haus ist noch nicht ganz fertig, wie so viele Häuser hier. Große Platten aus Kreuzfurnier bedecken die noch nicht getäfelten Wände. Sie haben Hühner, mehrere große Hühnerställe und einen Brutkasten mit elektrischen Wärmelampen. Sie machen das noch nicht lange und lernen das meiste beim Tun. Ihre Küken litten lange unter einem rätselhaften Ausschlag, der offenbar davon kam, dass die UV-Lampen zu weit unten im Brutkasten angebracht waren und die zarte Haut der Vogeljungen verbrannten. Hier oben gibt es Strommasten, die – zumindest die meisten von ihnen – in diesem Jahr die Winterstürme heil überstanden haben. Wir fahren zu siebt mit dem Auto von der Halle los, und ich muss bei einem riesigen bärtigen Mann auf dem Schoß sitzen, der mir später in dieser Nacht die Ehe anbietet, damit ich in Kanada bleiben kann. Er wohnt auf einem Segelboot und reist an der Westküste umher. Wenn er Geld braucht, hält er irgendwo an und baut ein oder zwei Kajaks. Er macht sie aus Holz und verkauft sie teuer. Seine Freundin ist eine schweigsame Amerikanerin, und am Ende des Abends weiß ich von ihr nur, dass sie sich einen Bikini aus Hirschfell genäht hat.

Sie hat nichts dagegen, dass wir heiraten, sagt er. Sie weiß ja, dass ich sie nie im Leben heiraten würde.

Tausend Dank für das Angebot, sage ich und frage mich, was seine Freundin wirklich denkt, das ist sehr nett von dir, aber ich will aus Liebe heiraten.

Hinter dem Haus lodert ein riesiges Silvesterfeuer. Wir drängen uns darum zusammen, während Rotwein- und

Whiskyflaschen die Runde machen, alle reden und lachen, sitzen bei anderen auf dem Schoß, zwei Mädchen, die ich nicht kenne, massieren mir die Kopfhaut, während sie plaudern, und ich lächele, entspanne mich, werde ganz locker.

Wir schreiben unsere Neujahrswünsche auf Zettel, die wir zusammenknüllen und ins Feuer werfen. Auf meinem Zettel stehen meine Wünsche auf Norwegisch, damit niemand sie verstehen kann, falls jemand sie zufällig sieht.

Als die Flammen das Papier erfassen, klappt es auseinander, und für einen Moment kann ich die Buchstaben rotorange aufglühen sehen, ehe sie verschwinden. Zwischen all diesen freundlichen Menschen stehe ich plötzlich allein, und die Nacht ist schwarz und kalt wie ein ausgebranntes Feuer, und die Stimmen sind nur ein ferner Funkenregen, der verlischt, ehe er Wärme abgeben kann. Und es bedeutet nichts, nichts bedeutet etwas, ich bin ganz allein hier und weine plötzlich und still beim Feuer, ohne dass jemand es sieht, es sind nur ein paar Tränen, die wegkullern und verschwinden, dann lächele ich wieder und rede mit all den Menschen, die ich kaum kenne, und trinke ihren Wein. Ich fühle mich als Fremde, spreche eine andere Sprache, und es ist plötzlich so deutlich, dass ich nicht hierher gehöre, hier nicht zu Hause bin, vielleicht nirgendwo zu Hause bin, dass Zuhause vielleicht nur ein Ort ist, den ich in mir trage und den ich mit niemandem teilen kann.

Plötzlich ein fröhliches Lachen, es ist Lydia, sie umarmt mich und ihre Stimme ist wie das Zwitschern eines Vogels, der auffliegt und herabstößt, und ich denke, dass ich mich wehren muss, meinen vielen düsteren Gedanken nicht nachgeben darf, denn eben noch habe ich mich hier so wohl gefühlt, und am Ende bin ich es doch, die entscheidet, ob ich mich fremd fühlen will oder nicht. Ich atme, versuche, einen inneren Abstand zu den schlimmen Gefühlen zu finden, als ob sie einer anderen gehörten, nehme Lydias Hände, erwidere ihr Lächeln und drücke sie fest an mich.

Hallo, sage ich, tut gut, dich zu sehen. Ich hab dich lieb. Und wir küssen einander auf die Wange, ein Neujahrskuss, bedanken uns für alles Gute des vergangenen Jahres und freuen uns auf das neue.

*

Ethan, ein junger Wirbelwind, wohnt auf einem Segelboot, das er zusammen mit einem Kumpel geborgen hat. Er hat sich selbst beigebracht, das Boot zu segeln, zu reparieren und zu warten, hat sogar einen winzig kleinen Holzofen aus einer alten Öltonne gebaut und in der Kombüse angebracht. Man kann sich vom Meer ernähren, sagt er, am Strand Treibholz sammeln und als Brennstoff nutzen. Er besucht mich auf dem Grundstück, bringt mir bei, aus einem einfachen Teig ohne Hefe Fladenbrote zu backen und allerlei Kerne hineinzustecken, es schmeckt wunderbar.

Reggie kann sich das Lachen fast nicht verkneifen, als ich eines Morgens hereinkomme. Wir teilen uns einen Muffin, sie serviert mir Kaffee und lächelt dabei über ihre eigenen Gedanken, es ist deutlich, dass sie eine gute Geschichte ausbrütet.

Also, du kennst doch Ethan, sagt sie endlich.

Ja, der ist reizend, sage ich abwartend.

Ja, nicht wahr, er ist so richtig reizend und unschuldig... – Na ja, gestern waren so gegen Ladenschluss ein paar Frauen hier, fängt sie an. Wir saßen hier am Tisch, und Joy, du kennst ja Joy, fing an, darüber zu reden, dass sie das Wort *cunt, Fotze,* hasst, sie findet es so hässlich, und deshalb fand sie es immer schwierig, eine gute Beziehung zu ihrer... na ja, zu ihrer *cunt* eben... aufzubauen... Ich sah mich um, weißt du, um mich davon zu überzeugen, dass wir allein waren, denn so kann man doch nicht reden, wenn Gäste dabei sind, aber offenbar waren alle nach Hause gegangen. Wir Frauen lachten also alle, und unsere Reden wurden immer gröber, und am Ende brachten wir Joy dazu, aufzuspringen und laut zu rufen: Cunt! Cunt! Ich liebe meine Cunt! Ich *liebe* meine Cunt! Und in diesem Moment... – hier muss Reggie eine kurze Pause einlegen und mit aller Gewalt ihr Lachen unterdrücken – ...in diesem Moment hören wir aus dem Nebenzimmer ein lautes Getöse, da, wo der Computer steht, weißt du, und wo ich also aus Versehen nicht nachgesehen hatte... und dann entdecken wir draußen plötzlich Ethan, er rannte wie vom Teufel gejagt... er war voller Panik aus dem Fenster des Computerzimmers geklettert und aus dem Café geflohen, vor all den verrückten Weibern! Und gerade Ethan! Ausgerechnet!

Reggie heult vor Lachen, und ich pruste auch los und lache, bis mir die Tränen über die Wangen laufen, denn Ethan ist wirklich der Letzte, der so ein Gespräch mitanhören dürfte, ein so empfindsamer und schüchterner junger Mann, und die Vorstellung, wie er sich da in wachsender

Panik im Nebenzimmer versteckt hat, bis er am Ende durch das Fenster Reißaus nahm, ist einfach zu viel.

*

Solche Geschichten halten uns den Winter über warm, denn hier haben nicht viele Fernseher und ähnliche Unterhaltung, und das nächste Kino ist zwei Fähren entfernt, eine halbe Tagesreise. Stattdessen erzählt ein Stammgast, ein Mann in den Sechzigern, von damals, als er jung und verrückt war und eine Menge Peyote in eine Saftpresse steckte und ein großes Glas davon trank. Er hatte selbstgenähte Kleider, eine Art Mantel aus Hirschleder, und einen selbstgeschnitzten Spazierstock. Er phantasierte oben in den Bergen über Stellen aus matschigem Schnee, während er auf dem Trip war und halluzinierte. Am Hang unter sich sah er plötzlich eine Familie, die einen Ausflug machte. Er war nicht sicher, ob sie wirklich da waren oder nicht, aber er lief jedenfalls nach unten und brüllte aus voller Lunge. Wie ein Wilder. Ein Urmensch. Bereit, sich seinen inneren Dämonen zu stellen. Und die Leute waren echt, endet er kleinlaut. Die Kinder weinten vor Angst, es war das pure Chaos!

Wir lachen, bis der Schluckauf einsetzt.

*

Wieder ziehe ich um, diesmal aus dem Küchenhaus hoch ins Rotkehlchennest, das allein auf einem hohen Felsen liegt, an einem Steilhang zum Meer. Ich warte auf Sierra und will nicht im Küchenhaus wohnen, das ist Gemeinschaftsbereich, wenn sie kommt. Das Rotkehlchennest ist umgeben von einer Art Veranda, aus einem runden Loch im Verandaboden wächst ein schöner Arbutus. Ich sitze oft auf der Bank vor einem der großen Fenster, im Schatten des Baumes, und schaue auf das Meer hinaus, grau vor dem kalten Weißen und den nassen schwarzen Steinen.

*

Carthy zwirbelt seinen Schnurrbart und zwinkert mir zu. Klopft sich auf den Oberschenkel und sagt: Komm, setz dich auf meinen Schoß, Kleine. Bitte. Setz dich zu mir. Ich setze mich auf seinen Schoß, schmiege den Kopf an seinen Hals, er riecht süß.

Ich bin das, flüstert Carthy. Ich bin der, auf den du gewartet hast. Ich bin Er, verstehst du? Wenn ich etwas anderes sage, dann nur, weil ich Angst habe. So eine verdammte Angst. Aber ich bin Er. Gib nicht auf, Kleine. Komm zurück. Versprich mir, dass du zurückkommst, wenn du hier weggehst.

Versprochen, flüstere ich.

Sein Kopf sinkt nach vorn, ich stehe von seinem Schoß auf. Ihm kippt sein Glas um, er versucht aufzustehen. Ich helfe ihm ins Bett, decke ihn zu, er hält meine Hand, dann schläft er ein. Ich wische den Tisch ab, räume die Flaschen weg. Gehe hinaus in die Nacht, setze mich auf die Treppe zum Wohnwagen. Der Mond ist groß und rund, füllt fast den ganzen Himmel. Im Schnee funkelt es wie blanke Münzen. Ich drehe mir mit halb gefrorenen Fingern eine Zigarette, sehe, wie der Rauch nach oben steigt, ein wabernder Dunst. Überall ist es friedlich.

*

67

Ich komme mitten in der Nacht nach Hause. Der Vollmond leuchtet so stark, dass ich die Stirnlampe nicht brauche. Noch in den dunkelsten Teilen des Waldes kann ich die Umrisse des Weges und den Steilhang zum Meer erkennen. Im Mondlicht steht ein Hirsch und starrt mich an. Dreht sich um und geht vor mir her über den Weg, schimmernd wie ein Traumbild, klettert den Hang zur Hütte hoch und ist verschwunden. Ich gehe auf die kleine Kuppe vor der Hütte und setze mich in den Schnee. Unter dem eisweißen Mond funkeln und blitzen Milliarden von Kristallen. Ich bade im Licht und singe mit leiser Stimme, Wörter, die ich nicht hören kann, Wörter, die vielleicht niemand jemals hören wird außer dem Mond, außer dem Schnee und dem Wind und dem Hirsch, der leichte Spuren im Schnee hinterlassen hat, Spuren, die zum Steilhang führen und dort ein jähes Ende nehmen.

*

Sierra kommt zurück. Neujahr ist vorüber, ihre roten Haare, ich lasse alles stehen und liegen: Sierra! Das lichte Lächeln, sie streift den Rucksack ab und umarmt mich.

Wir fahren in ihrem Pick-up zum *Free Store* bei der Müllhalde: Einige der Leute aus dem Ort haben hier ein kleines Haus gebaut, es hat vier Tage in der Woche geöffnet und wird von Freiwilligen betrieben. Alle auf der Insel bringen das her, was sie nicht mehr brauchen können oder loswerden wollen, aus dem die Kinder herausgewachsen sind: Kleider, Schuhe, Sportausrüstung, Spielzeug, Tassen und Tiegel, Bettwäsche, Handtücher, Tischdecken, Bücher, CDs, Filme und Möbel; einmal gab es einen absolut brauchbaren Kajak, ein andermal einen kleinen gusseisernen Holzofen. Alles ist gratis, die Kleider werden sortiert und auf Kleiderbügel gehängt, wie in jedem anderen Secondhandladen, man geht einfach hinein und nimmt, was man haben will. Ich finde eine braune und eine waldgrüne Cordhose, einen Ledergürtel, einige Wollpullover. Ein gefüttertes oranges und rotes Holzfällerhemd, eher schon eine Jacke, schwarze Stiefel, die perfekt passen.

Sierra war kurz in den Staaten und bringt American Spirits mit, einen Tabak ohne Zusätze, sie schnippt für mich eine Zigarette heraus und gibt mir Feuer, und wir lehnen uns weit aus dem Autofenster.

Wir sitzen in ihrem Pick-up und rauchen, halten an und kaufen ein, tragen unsere Sachen zurück durch den Wald, am Abend machen wir am Strand ein Feuer, sitzen draußen, während es dunkel wird, Meer, Himmel kohlschwarz, mit einem Flimmer von Farbe.

*

Eines Abends sitzen wir um das Feuer. Sierra, Carthy, Freunde von uns und einige Jugendliche, die zu Besuch sind. Ein Mädchen holt eine alte Gitarre und bald trällern wir alle alte Lieder und Coversongs, alle, nur ich nicht, ich lächele einfach nur, wiege mich hin und her, habe die Beine angezogen und die Arme um die Knie geschlungen. Ich schaffe es nicht, vor anderen zu singen, traue mich nicht, finde meine Stimme nicht gut genug.

Carthy dreht sich zu mir um, sagt: Vielleicht solltest du versuchen, ein Instrument zu spielen, würde dir vielleicht Spaß machen. Wie wäre es mit Mandoline, deine winzigen

Fingerchen, ich glaube, das wäre perfekt. Und ich nicke und lächele. Ja, das würde mir vielleicht Spaß machen.

*

Sierra lässt mich mit ihrem roten Pick-up üben. Die automatische Schaltung ist einfach, aber sie bringt mir kaum Fahrpraxis, denn ich will zu Hause die Führerscheinprüfung mit manueller Gangschaltung machen. Und das ist frustrierend, denn ich begreife immer mehr, wie sehr ich darauf angewiesen bin, Autofahren zu lernen, wenn ich weiter so wohnen will wie bisher: weit entfernt vom Laden und weit entfernt von Menschen.

Das erste Mal hinter dem Lenkrad: Ich war siebzehn, hatte einen Freund, der etwas älter war. Der ein Auto hatte. Wir fuhren auf eine weite Ebene hinaus, und er hielt an und stieg aus. Komm schon, sagte er, jetzt bring ich dir Fahren bei, das wird witzig. Aber ich begriff nichts davon, was er über die Pedale sagte, ich würgte den Motor ab, der Wagen machte einen kräftigen Sprung nach vorn, wieder und wieder. Mir kamen die Tränen. Nein, sagte ich, nein, das schaffe ich nicht.

*

Kurz vor dem Abitur fragte mich mein Vater, ob ich Fahrstunden nehmen wolle. Ich schützte die Arbeit für die Schule vor, es sei zu viel. Aber insgeheim: ein riesiger Knoten im Magen. Es kam mir so schwer vor, ich dachte: Das schaff ich nie.

Über zehn Jahre später war ich mit Jay zusammen, einem Wildnisführer und Pelzjäger; es ist nicht einmal eine Frage, sagte er, du musst Fahren lernen, denn was zum Teufel willst du machen, wenn wir unterwegs sind und ich mich mit der Motorsäge verletze? Da draußen findest du kein Mobilnetz, weißt du, du kannst niemanden erreichen, du musst mich wegbringen, Hilfe holen können. Der große Lastwagen mit automatischer Gangschaltung und Dieselmotor, er fuhr ganz von selbst los, ich brauchte nicht erst aufs Gas zu treten. Und Jay kannte keine Angst, ließ mich über kurvenreiche Waldwege, an steilen Hängen entlang steuern. Bitte, sagte ich, was, wenn ich in den Abgrund fahre? Seine Hand auf meiner Schulter, die ruhige Stimme: Das wirst du nicht. Im Winter auf ungeräumten Straßen mit riesigen Eisbuckeln, auf der Fläche, die im Sommer als Rodeoarena benutzt wurde, ein halber Meter Schnee. Bremsen, Gas geben. Die Gangschaltung gleich neben dem Lenkrad: *Drive, Park, Reverse.* Ein plötzliches Gefühl der Freude, der Spannung, und ich stelle zu meiner Überraschung fest, dass ich *gern* Autofahre.

*

Carthy läuft hinter mir her auf Keiths Grundstück und brüllt wie ein Troll, ich laufe, so schnell ich kann, aber er holt mich trotzdem ein und reißt mich zu Boden, und ich heule vor Freude, denn ich liebe es, wenn Carthy mich anfasst, wenn er lacht und ich die Zahnlücke sehen kann. Wir machen eine Schneeballschlacht. Norwegen gegen Irland, ich gebe mich nicht geschlagen, auch wenn er mich mit harten Bällen bombardiert. Am Ende hebt er mich hoch und hält mich an den Knöcheln fest, lässt mich einen Augenblick baumeln, wirft mich in eine Schneewehe und stopft mir Schnee unter den Pullover, er liegt über mir und atmet mit offenem Mund, und ich habe vor Lachen einen Schluckauf und bettele um Gnade, seine blau gefrorenen Hände auf meiner Haut, der Schnee schmilzt, und ich will ihn einfach nur küssen, ihn umarmen, mit ihm zusammen sein, für immer. Aber wir sind nur Freunde, deshalb küssen wir uns nicht.

*

Ich versuche wirklich, zu schreiben, mein Manuskript zu vollenden. Es hat jetzt einen Arbeitstitel, »Schwarze Sonne«, und ist düsterer als der »Nekronaut«. Ich stelle mir vor, dass ich insgesamt drei Bücher über Janss und Jonas schreiben werde, mein Detektivpaar. Aber im Rotkehlchennest gibt es weder Strom noch Propan – ich habe nur ein paar Laternen mit Batterieantrieb. Ich schleppe große Kanister voll Wasser den steilen Hang hoch, um mich zu waschen, mir die Zähne zu putzen, als Trinkwasser. Hacke unten am Anfang des Weges Holz und trage eine Last nach der anderen auf dem Rücken nach oben, stapele die Scheite in dem kleinen Laubengang vor der Hütte, wo sie trocken bleiben. Einige Male tut es am ganzen Leib weh, und ich schlafe ein, sobald ich mich erschöpft auf das Bett fallen lasse.

Ich werde noch immer schneller müde, als das für jemanden in meinem Alter normal ist, denn mein Stoffwechsel ist durcheinandergeraten. Vielleicht hat das die Depression ausgelöst oder war einfach eine Nachwirkung. Egal, was zuerst da war, ich könnte jetzt mit medizinischer Behandlung anfangen. Aber ich war Ärzten gegenüber schon immer skeptisch, chemischen Medikamenten, die immer Nebenwirkungen haben, ich will es allein schaffen, daraus, was ich habe, das Beste machen. Das ist anstrengend, und es macht mich langsam: Ich kann nicht viele Stunden arbeiten, ehe ich erschöpft bin. Das ist hier draußen eine Herausforderung, wo so viel zu tun ist, und ich lerne, mich anzutreiben, weiterzumachen, auch wenn ich das Gefühl habe, dass es nicht weitergeht. Aber mein Schreiben leidet eben darunter. Es geht viel langsamer voran, als mir lieb ist, auch wenn ich mir alle Mühe gebe.

Ich habe zwei Laptops mit nach Kanada gebracht – einen winzigen, leichten, bei dem der Akku lange geladen bleibt, der sich also für die Benutzung im Rotkehlchennest gut eignet, und einen älteren, das Mutterschiff, das immer Strom braucht. Ab und zu schreibe ich im Sophie's – nehme den Laptop im Rucksack mit, den ich dann noch mit Lebensmitteln fülle, ehe ich nach Hause gehe. Jetzt, wo Sierra wieder da ist, ist das alles einfacher. Wir fahren zusammen einkaufen, oder sie kauft für uns beide ein, wenn sie auf dem Festland war, wir müssen die Sachen nur das letzte Stück tragen, die ungefähr zwanzig Minuten über den Weg vom Parkplatz.

Der kleine Laptop kommt einmal mit, als ich mit Sierra einkaufen fahre. Wir sitzen nach dem Einsatz im Auto und essen Bio-Käsebällchen mit Cheddar und Jalapeños, plaudern und lachen. Und jetzt gibt sie mir das Klappmesser, zeigt mir, wie ich es mit einer Hand öffnen kann, ich kann es für alle Fälle in der Tasche haben. Denn man weiß nie, sagt sie. Sie lässt den Motor an, und ich denke, dass ich etwas vergessen habe, etwas zupft ganz hinten an meinem

Bewusstsein, aber mir fällt nicht ein, was. Sierra setzt zurück, ein Knirschen, und der Wagen fährt über einen seltsamen Huckel.

Ach Gott, sage ich. Steige aus, da liegt mein Rucksack, samt Laptop.

Er funktioniert noch immer, aber auf dem Bildschirm sind große schwarze Flecken, wie Tinte.

Von nun an muss ich den alten, schweren Laptop durch den Wald schleppen, wenn ich im Sophie's schreiben will. Ich kann in der Hütte nicht schreiben, denn der Akku des Mutterschiffs hat nur noch eine minimale Lebensdauer. Meine Arbeit am Manuskript kommt nur im Schneckentempo voran.

*

Ich finde, du solltest kanadische Ehrenbürgerin werden, sagt Carthy eines Tages. Als Erstes musst du die Nationalhymne lernen. Falls du die noch nicht kannst?

Ich schüttele den Kopf, kann nur den Anfang: *Oh Canada.*

Wir üben den ganzen Tag, und Carthy gibt noch die schottische Hymne dazu, nur sicherheitshalber; wir beide lieben Dudelsack und Kilt, ich muss immer weinen, wenn ich schottischen Dudelsack höre, das war schon immer so, seit ich elf war und wir mit der Familie in Edinburgh und Glasgow waren. Meine Eltern haben mir erzählt, dass ich in Schottland gezeugt worden bin, in dem Jahr, in dem sie beide im Ausland studiert haben, sie hatten gerade geheiratet, gingen oft Indisch essen und Mama trank während der Schwangerschaft jeden Tag ein oder zwei *Pints,* aber das hat mir nicht geschadet, sagt sie. Am Ende kann ich beide Lieder gut genug, findet Carthy.

Wir essen panierte Austern aus der Bratpfanne und dazu dicke Scheiben selbstgebackenes Brot. Wir haben eine halbe Flasche *Canadian Club* und zwölf Dosen *Lucky*, billiges Bier. Vom Whisky muss ich husten, aber ich trinke brav weiter. Später am Abend holt Carthy eine Plastiktüte hervor, er hat ein bisschen Kraut von einem Kumpel bekommen und dreht uns einen Joint, in meinem Kopf scheint sich alles zu lösen und abzuheben, ich kichere die ganze Zeit und lächele, als Carthy einen roten Filzstift holt, seinen Pullover hochschiebt und anfängt, sich in seine behaarte Achselhöhle ein kanadisches Ahornblatt zu zeichnen, ich schluchze vor Lachen. Er zeigt mit dem anderen Arm, sagt, ich müsse die Flagge küssen, alle müssen dieses Einweihungsritual durchstehen. Wenn ich wüsste, wie es war, als er Ehrenbürger von Neufundland wurde, einfach scheußlich, etwas mit einem Boot voller Fische, und er war am Ende mit Fischabfällen und silbrig glänzenden Muscheln beklebt. Ich küsse Carthys verschwitzte Achselhöhle mit der Zeichnung der Flagge, dann muss ich ein ganzes Glas Whisky trinken und die Nationalhymne singen, es geht so einigermaßen, er spielt mit dem Gedanken, mir noch weitere Prüfungen aufzuerlegen, wie draußen ins Lagerfeuer zu pissen, er verspricht, mich dabei an den Händen zu halten, damit ich nicht falle, das sei sehr kanadisch, sagt er, alle müssten einmal im Leben in ein Lagerfeuer pissen, es stinke allerdings fürchterlich, zum Glück vergisst er dann, dass er es vorgeschlagen hat, hebt das Glas und gratuliert mir zur Ehrenbürgerschaft. Wir gehen hinaus, in dieser Nacht ist es eiskalt, ich bibbere in Carthys dickem *Cowichan*. Ziehe einen Pullover über den anderen, ehe ich mich in das kleine Bett auf meiner Seite des Ganges lege. Mitten in der Nacht gibt der kleine Heizofen seinen Geist auf, es ist so kalt, dass wir nicht schlafen können, und Carthy taumelt hinüber in Keiths Treibhaus und holt von dort den Heizstrahler. Wir setzen uns auf den Boden vor den Ofen und versuchen, uns in dem dünnen Streifen aus warmer Luft zu halten. Carthy legt Arme und Beine um mich und drückt mich an sich, wärmt mich, sagt, jetzt sei ich Kanadierin, sagt, sag es niemandem, aber eines Tages wirst du meine Frau.

*

Carthy trinkt wieder. Er hat meine Kreditkarte mit in den Laden genommen, um Essen und zwei Biere zu kaufen, kommt aber zurück mit einer ganzen Flasche Wodka und einer großen Tüte exotischer Früchte, gefrorenen Erdbeeren und einer Flasche Soda. Ich lächele verkrampft, muss einfach an die Rechnung denken, daran, was wir eigentlich brauchen, aber seine jungenhafte Freude macht mich auch froh, und ich will sie nicht verderben, egal wie, geschehen ist geschehen. Ich setze mich an den Tisch und lasse mich bedienen. Er mixt die Drinks mit gefrorenen Beeren und Wodka, lächelt unter seinem Bart und zwirbelt die Schnurrbartspitzen, zwinkert mir zu und macht in dem engen Gang einige Tanzschritte. Schaltet das Radio ein und ruft beim Sender an. Hier spricht Leutnant Murphy von den *Irish Grenadiers*, und ich hätte gern ein Lied für eine kleine Auster auf einem Felsen draußen in der Bucht, für eine wunderbare kleine Auster; er verwickelt sich in ein immer sinnloseres Gespräch mit dem Moderator, während er mich anstarrt und vielsagend zwinkert, am Ende pruste ich los. Wir schnippen eine Münze in eine Untertasse, wer das nicht schafft, muss trinken, die ganze Zeit lachen wir. Ich liebe diese Seite an Carthy, er macht Witze, einige Male beugt er sich über den Tisch vor und küsst mich auf die Wange oder nimmt meine Hand, er erzählt arge Räubergeschichten vom Yukon, er lacht, er ist fröhlich. Aber am Ende des Abends habe ich nicht mehr als zwei oder drei Gläser getrunken, denn ich betrinke mich eigentlich nicht gern, während Carthy auf der Stuhlkante hockt und kaum noch die Augen offen halten kann. Er stößt das Glas mit der in Schnaps aufgelösten Obstmasse um, verschüttet die halbe Tabakpackung, als er versucht, sich eine Zigarette zu drehen. Ich will ihm den Tabak wegnehmen und die Zigarette für ihn machen, aber er wird böse, rutscht vom Stuhl und bleibt auf dem Boden liegen. Würgt einen Schleimklumpen herauf und spuckt ihn zur Tür, wo er den Rand des Spülbeckens trifft und langsam zu Boden rutscht.

Wer bist du eigentlich, nuschelt er. Du bist nichts, du bist verdammt noch mal nichts. Er hebt die Hand, gib mir das Feuerzeug, zum Teufel. Bald ist die Austernschale, die wir als Aschenbecher benutzen, voller Kippen. Du weißt nichts, stehst da mit deiner Unschuld, aber ich werde dein Licht löschen, Kleine, und dir einen Sack über den Kopf ziehen, damit den niemand mehr sehen kann, denn alles ist doch ein mieser Scheiß, wir sind Skelette, die rudern, in Ketten, rudern und rudern, und du hast keine Ahnung,

weißt nicht, was es heißt, zu schuften, weißt nicht, was
aus den Jungs aus meiner Truppe geworden ist, du weißt
nichts. Er fängt plötzlich an, verzweifelt zu weinen. Ich
versuche, ihn in die Arme zu nehmen, aber er wehrt sich,
sagt: Ich will deine verdammte Fürsorge nicht, aber wir
können ficken, einfach ficken, ohne dass es etwas bedeutet, ohne Gefühle, das ist alles, was ich habe, alles, was ich
geben kann.

Ich sage: Das will ich aber nicht, C. Wir schaffen dich
ins Bett, C. Er sagt: Das ist alles, was ich von dir will, hab
dir verdammt noch mal keine Zärtlichkeit zu geben, also
kannst du dich mit deiner Liebe zum Teufel scheren; er
schläft ein und seine Arme hängen über die Bettkante.
Ich schaue in die kleine Küche im Wohnwagen, der Boden ist von Matsch und Tabakkrümeln bedeckt, und die
Austernschale ist umgekippt. Ich knie auf dem Boden und
wische auf, wische Spucke weg, ich versuche, meine Tränen zu unterdrücken, aber die fließen trotzdem, ich habe
Carthy so lieb. Ich fische einige extralange Kippen aus
dem Aschenbecher und biege sie gerade, ziehe Carthys
Cowichan an und gehe nach draußen, sitze auf der harten Holzbank, der meiste Schnee ist geschmolzen, aber
mein Atem dampft weiß, es friert. Ich rauche, versuche, das Wehe loszuwerden, versuche, mit dem Bauch zu
atmen. Ich lege mich ins Schlafzimmer, auf die starre Bank
aus Kreuzfurnier, aus der wir für mich ein provisorisches
Bett gemacht haben, mit Hilfe einer Yogamatte und eines
Schlafsacks. Das Bett ist so hart, dass am Morgen meine
Hüfte und meine Schulterblätter wehtun, und so dicht bei
Carthy, dass ich die Hand über den Gang ausstrecken und

seinen schlaff aus dem Bett hängenden Arm berühren könnte. Aber das tue ich nicht. Die wenigen Male, als ich das probiert habe, hat er den Arm zurückgerissen und gesagt: Keine Zärtlichkeit, zum Teufel.

*

Was bist du, du bist nichts, nicht ein Scheiß, sitzt verdammt noch mal da und nimmst einfach entgegen, kannst dich nicht mal wehren, sagst nichts zu deiner Verteidigung, du bist verdammt noch mal unbrauchbar. Was sagst du dazu, dass ich dich einen Scheiß nenne, was, jetzt wehr dich doch, zum Henker, kann man denn so schwach sein, glaubst du, ich kann dich gebrauchen, du warst keine zwei Stunden allein draußen im Wald, du kannst verdammt noch mal gar nichts.

Carthy, sage ich. Carthy. Mein Lächeln erstarrt, ich öffne und schließe die Hände, sie sind klebrig vom Schweiß.

Er fällt vom Stuhl, die Tabakpackung geht auf und es regnet Tabak auf das Linoleum, eine Flasche kullert über die Tischkante, die Scherben sehen aus wie Sterne.

Carthy, Carthy. Decke ihn wieder zu, er flüstert: Gib nicht auf, verlass mich nicht, du darfst mich verdammt noch mal nicht verlassen. Ich brauche dich, brauche dich so verdammt sehr, du bist mein Engel … zu gut, um wahr zu sein. Kippt plötzlich wieder um und sagt: Mach, dass du wegkommst, scher dich zur Hölle.

Ich komme irgendwie durch den Wald nach Hause, mache Feuer in der eiskalten Hütte, der Mond leuchtet, und es funkelt und glitzert, ich packe mich dick ein und setze mich auf die grobe Holzbank, der Rauch steigt auf, kalte Finger. Mein Schluchzen kommt von tief drinnen, ich spüre, wie sich mein Gesicht verzerrt, meine Tränen, kann nicht aufhören, versuche, ihn vorbeiziehen zu lassen, den Schmerz, er ist nicht wirklich, er ist nur ein Gedanke, und ich kann dahinter gehen, versuche, hinzukommen, aber das schaffe ich nicht, es tut weh. Ich kann nicht schlafen, liege auf dem Bett und starre zur Decke hoch, zu dem kreisrunden Fenster, wo der schwarze Himmel hereinlugt, muss stark sein, wer hier leidet, ist Carthy, nicht ich.

Nein, ich kann nicht schlafen, ich liege zusammengekrümmt auf dem Bett, langsam fließen meine Tränen. Ach, ich spüre es wieder: Nacht für Nacht, zwei Stunden in einem halbwachen Dösen dazuliegen, ohne richtig einzuschlafen, Angst, Gedanken, die umher- und umherwirbeln, ein Gefühl der Übelkeit. Und es ist unerträglich, denn ich kann nirgendwohin davor weglaufen. Die Medikamente, sie haben mir etwas Beruhigendes gegeben, aber das führte nur in einen Teufelskreis; immer, wenn die Benzodiapine meinen Körper verließen, wurde ich noch unruhiger, wollte mehr und mehr. Und die anderen, die Antidepressiva, das war so, als hätte ich den Kopf voll Watte, sie waren wie eine Schirmwand zwischen mir und dem Bösen, es ging nicht weg, es schwelte nur vor sich hin, ich konnte funktionieren, aber es ging mir nicht besser, ich ließ nichts los, konnte es nicht einmal spüren, es glitt einfach davon. Es war, wie auf den Pausenknopf zu drücken: Man fällt vielleicht nicht, aber man klettert auch nicht hoch und aus der Sache heraus. Wie hart es auch sein mag, ich will versuchen, es auf andere Weise zu fassen, so dass ich wirklich loslassen kann, gesund werden, mich weiterbewegen.

Ich stehe auf, setze mich nach draußen, versuche, tief und ruhig zu atmen. Darf es nicht persönlich nehmen. Muss es vergehen lassen, an mir vorüber. Das bleiche Morgenlicht, ich gehe hinunter zum Küchenhaus, versuche zu essen, aber ich will nichts essen, hab keinen Appetit. Einen Bissen, noch einen, brate Speck in Butter, Sahne im Kaffee, nehme Nahrung auf. Flechte mir die Haare und ziehe Arbeitskleidung an, gehe hinaus in den Garten, die Sonne sickert durch graue Wolken, nichts hat eine Farbe unter dem dünnen Schnee, knie da und beschneide die steifen Grashalme im Beet unten bei der Mauer, unter mir schmilzt es, meine Hose wird braun von Schlamm und Dreck.

*

Reggie hat Geburtstag. Sie bekommt einen Goldfisch namens Marley, er ist rot, und der Boden des Goldfischglases ist dekoriert mit gelben Steinen und einer grünen Wasserpflanze, offenbar ist auch Marley ein Rastafari. Von mir bekommt sie Badesalz mit Lavendelöl, von Lydia eine wunderschöne handgemalte Karte und eine Schachtel selbstgemachte Pralinen. Reggie schneidet für mich ein riesiges Stück Schokoladenkuchen ab, eine Freundin von mir hat den gebacken, sagt sie, sie hat ihn gestern Abend gebracht, das ist mein Geburtstagskuchen, schmeckt er dir? Sie beugt sich über den Tisch vor und starrt mich erwartungsvoll an, während ich esse, die dicke Schokofüllung klebt mir am Gaumen, schmeckt ein bisschen ungewöhnlich, aber gut.

Ich esse das ganze Stück. Reggie fängt an zu kichern, sagt: Das ist ein Ganjakuchen. Hast du das nicht herausgeschmeckt? Meine Mundwinkel ziehen sich nach oben, ich muss lachen, kann ein *Himmel, Reggie,* herausbringen, warum hast du das nicht gesagt, es ist sieben Uhr morgens und mein ganzer Hinterkopf fällt herunter, er kippt auf den Boden und die Luft zieht mitten durch meinen Kopf, ich bleibe zwei Stunden still sitzen, und irgendwann stranden dann noch weitere Gratulanten am Tisch, zur Strecke gebracht durch den Hinterhaltsangriff des Kuchens.

*

Ich flechte mir die Haare, auf jeder Seite einen langen Zopf, ziehe den Gürtel in der weiten waldgrünen Cordhose straff, die ich im *Free Store* gefunden habe, stopfe sie in die schwarzen Stiefel, hole den Strickpullover, den Lydia mir geschenkt hat, aus kratzender Wolle mit einem Muster in unterschiedlichen Brauntönen. Regenjacke. Komme mir fein vor, feiner, als ich mich in einem Stadtkleid aus cremefarbener Seide, mit diskret geschminkten Augen und bronziertem Lippenstift jemals gefühlt habe. Ich fühle mich wohl mit dieser Version meiner selbst, die steile Hänge unten am Meer hochklettert, die von Stein zu Stein springt, die im Gras kniet, die mit geübten Händen Holz hackt. Ich sammele die schönsten und verzerrtesten Treibholzstücke, Tannenzapfen und Blätter, die mehr als doppelt so groß sind wie meine Handfläche, seltsame Rindenstücke, dekoriere damit mein neues kleines Zuhause. Aber vor allem liebe ich die Arbutusäste, die ich nach dem einen Sturm ins Rotkehlchennest geschleppt habe. Hier drinnen sieht es aus wie in einem verzauberten Wald, einem Elfenwald, ich liege auf dem Rücken, der

Mond füllt das runde Fenster über mir, der weiße Schnee leuchtet durch die anderen Fenster, ich liege in einem Sarg, einem gläsernen Sarg, einem Sarg aus Ästen, aus goldenem Blattwerk, aus Treibholz, vom Meer poliert zur Farbe von Rauch und Asche. Ich liege im gläsernen Sarg und strecke die Arme aus, und mehr als alles auf der Welt wünsche ich mir, jemand nähme meine Hand in seine, voller Wärme und Zärtlichkeit, und sagte: *Mein Mädchen;* mehr ist nicht nötig, denn seine Stimme sagt mir alles. Aber niemand ist da, der das sagen könnte, nur der kalte Wind von der Tür, der über meine Finger streicht, denn der Wind ist wieder stärker geworden, und ich stehe aus dem Bett auf und gehe hinaus in die Dunkelheit, um mehr Holz zu holen und in den Ofen zu legen.

*

Ich fahre per Anhalter mit einem Auto, das ich nicht kenne, einem angerosteten Lieferwagen. Der Fahrer ist jung, auf ungesunde Weise blass, er hat etwas Angespanntes, fast Verzweifeltes, wir sagen so gut wie nichts, und ich bereue, zu ihm eingestiegen zu sein. Als ich aussteigen will, fragt er: »Willst du ein bisschen Gras von mir kaufen?«

Nein, danke, sage ich, aber er lässt nicht locker, ich würde es sehr billig bekommen. Als ich noch immer den Kopf schüttele, senkt er den Preis noch einmal, es ist nur noch eine symbolische Summe.

Tut mir leid, sage ich, aber ich mach das eigentlich nicht. Ich ziehe daran, wenn jemand mir etwas anbietet, aber ich fühle mich ohne eigentlich wohler. Er zittert fast, sagt: Bitte, bitte, ich bin total abgebrannt, habe keine Arbeit, nur zwei kleine Kinder zu Hause, und jetzt weiß ich nicht mal, was wir heute Abend essen sollen, ich weiß nicht, was ich machen soll.

Und ich würde ihm gern Geld geben, aber ich habe kein Bargeld bei mir, und ich hebe hilflos die Hände. Gleich wird er in Tränen ausbrechen. Ich weiß nicht, was ich machen soll, sagt er, meine Frau und ich, wir haben nichts, und die Kinder haben Hunger, solchen Hunger. Es gibt jetzt hier keine Arbeit, erst wieder, wenn die Touristen kommen, und das dauert noch lange. Großer Gott, sagt er, großer Gott.

Ich weiß nicht, was ich sagen soll, es tut mir so leid, sage ich, es ist schlimm, das hören zu müssen, ich hoffe, das findet sich; und ich steige aus und ziehe die Autotür hinter mir zu, und den ganzen restlichen Tag habe ich ein böses Gefühl, ein Gefühl, dass ich jemanden im Stich gelassen habe, und ich sehe diesen Mann niemals wieder, vielleicht haben sie die Insel verlassen.

*

Nicht nur die Einheimischen haben finanzielle Sorgen. Da ich in Kanada nicht arbeiten darf, lebe ich von meinem Ersparten, das sehr schnell zu Ende geht. Oft kaufe ich Essen und nehme es mit zu Carthys Wohnwagen, ich weiß, dass er nichts hat. Er ist inzwischen klapperdürr, übernimmt so oft wie möglich Schreinerjobs oder so etwas für Freunde, die auch kein Geld haben, ihn aber mit einer guten Mahlzeit bezahlen. Ich kann es daran sehen, wie er isst, er schlingt alles hinunter, er kann nicht genug bekommen. Ich habe noch niemals Hunger erlebt, aber jetzt tue ich das. Ich bin selbst dünn wie ein Strich, arbeite im Garten und laufe fast jeden Tag stundenlang durch den Wald hin und her, esse längst nicht so viel, wie ich verbrenne.

Nach der Zeit in der Klinik bekam ich zuerst Rehageld, aber das ist lange her. Mehrere aus meiner Familie haben zwischendurch vorgeschlagen, ich sollte irgendeine Form von Rente beantragen, aber das möchte ich nicht. Bin dem ganzen Papierkrieg nicht gewachsen, den vielen Fragen, will nicht die Entscheidungen verteidigen müssen, die ich in meinem Leben getroffen habe. Seit mehreren Jahren lebe ich jetzt unterhalb der Armutsgrenze, es geht doch gut, solange ich meine Familie habe. Ich fühle mich privilegiert, weil ich sie habe.

Außerdem will ich gesund werden. Einen Strich unter die Vergangenheit ziehen, alles allein schaffen.

*

Einer meiner Freunde auf der Insel gehört zu den *First Nations,* die wir in Norwegen lange Indianer genannt haben. Er ist Künstler, macht Schmuck mit traditionellen Mustern: Bär, Wal, Lachs. Erzählt mir Geschichten und Sagen, über die Krähe, über das Lachsvolk. Eines Tages erzählt er mir von den *Sasquatch.*

Die sind ebenso wirklich wie du und ich, sagt er, aber das weiß niemand, denn das Sasquatch-Volk kann zwischen den Dimensionen reisen, und sie können sich auf allerlei Weise verstecken. Eine Möglichkeit ist zum Beispiel, indem sie deine Gedanken beeinflussen und dich Dinge sehen lassen, die gar nicht da sind, statt dass du eben die Sasquatch siehst.

Ich höre aufmerksam zu. Wie geht das denn?, frage ich, und er erklärt, dass sie dich glauben machen können, sie seien ein Baum oder ein Stein oder so etwas.

Die können genau vor dir stehen, weißt du, aber du hältst sie für einen alltäglichen Gegenstand ... Nur ihren Geruch können sie nicht tarnen, sie riechen sehr stark, wie Moschus.

Er erzählt von seinem Neffen, der in einem anderen Dorf zu Besuch war, und bei einer Zeremonie merkten sie, dass ihnen eine Flöte fehlte, und der Neffe bot an, eine zu holen. Er lief den Weg ins Dorf hinunter, und plötzlich, in einer weiten Kurve, hatte er das Gefühl, dass jemand ihn ansah. Er schaute sich um, da war niemand, nur ein großer Baum neben dem Weg, aber in der Luft hing ein fremder Geruch, ein strenger Geruch, wie von einem Tier. Egal, er lief weiter, holte die Flöte, kam wieder an der Kurve vorbei, aber *da stand jetzt kein Baum mehr.*

Mein Freund nickt mehrmals mit ernster Miene. Ach ja, das war ein Sasquatch, weißt du. Weiße Menschen glauben nicht daran, aber es gibt sie wirklich. Ich kenne mehrere, die einen gesehen haben.

Später höre ich Geschichten über das Ottervolk, das angeblich auf einer der anderen Inseln haust. Anders als die Sasquatch, die freundlich zu sein scheinen, kann das Ottervolk gefährlich sein. Sie verwandeln sich in einen Menschen und reden mit dir, sie können dich verwirren, dir raten, einen anderen Weg durch den Wald zu nehmen: Wenn du das tust, kannst du dich verirren oder in einen Abgrund stürzen, ums Leben kommen.

Sie sind nicht böse, sagt mein Freund, aber sie neigen zu

gefährlichen Witzen, sie führen Menschen einfach zu gern an der Nase herum.

Man kann das Ottervolk an der Farbe erkennen. Sie haben braune Kleider, braune Haare und einen braunen Bart, wie ein Otter.

Ich erzähle ihm von der *Huldra*, vom Wassermann, von Wichteln und Trollen.

Vor allem von der Waldfee Huldra ist er tief beeindruckt.

Oh là là, sagt er und lächelt breit, fächelt sich Luft zu, als ob er dampfte. Oh là là.

Wir prusten los.

*

Carthy und ich wollen seine Freunde besuchen. Am Tag vor dem Aufbruch streiten wir uns. Er starrt mich aus vom Schnaps glasierten Augen an, mit ausgestrecktem Zeigefinger und wütender Stimme, ruft, ich solle mich zum Teufel scheren. Dann wird er plötzlich ruhig. Sagt: Können wir nicht zu meinen Freunden auf der anderen Insel fahren? Bitte, Kleine. Bitte, komm mit.

Er fängt an, im Wohnwagen aufzuräumen und sauberzumachen. Schaltet das Radio ein und tanzt in dem engen Gang, wie an dem Abend, als wir zu *Monster Mash* und *Electric Avenue* getanzt haben und gelacht und gelacht und ich so lachen musste, dass ich vom Stuhl gefallen bin und dann auf dem glatten Linoleumboden lag und mich vor Lachen krümmte.

Ich lege mich auf sein Bett und schlafe vielleicht zwei Stunden; stehe auf und esse Krustentiersuppe, wir gießen den Rest der Suppe in ein Marmeladenglas und wickeln es in ein Paar von Carthys Wollsocken und nehmen es im Rucksack mit. Es ist sechs, als wir losgehen, der Himmel ist noch immer ein Nachthimmel, schwarz, still, mit Sternenstaub bepinselt. Ein Motor dröhnt, Bremsen kreischen, blendendes Scheinwerferlicht, und Steve hält neben uns auf dem Weg, er ist Carthys Nachbar, ist verantwortlich für den Erhalt der Straße und das Schneeräumen im Winter, obwohl er eigentlich schon in Rente ist. Jetzt kurbelt er das Fenster hinunter und bietet an, uns zum Fähranleger mitzunehmen.

Yes, Sir, danke, sagt Carthy, schön, fahren zu können, aber noch besser, Kumpel: Hast du ein Bier?

Wartet auf dem Hofplatz, sagt Steve und zeigt auf das Nachbargrundstück. Wir spazieren zu Steves Hofplatz hoch und er setzt zurück. Er zeigt uns die Werkstatt, die er in der Garage eingerichtet hat, er hat dort einen Kühlschrank stehen und nimmt eine Dose heraus, die er Carthy zuwirft. Steve kommt aus den USA. Er war in Vietnam. Manchmal besucht er Carthy, wir ziehen einen weiteren Campingstuhl ans Feuer, und er erzählt uns Geschichten über die Tunnelratten, die, die unter die Erde gingen, um den Vietcong zu jagen, was mit ihnen passierte, wie sie starben, in den Fallen aus Stacheldraht, im Hinterhalt, sie fanden keinen Weg hinaus.

Du musst hinten stehen und dich festhalten, Junge, sagt Steve, vorn ist nur Platz für zwei, ich nehme die junge Dame, er zwinkert mir zu und fängt an, mich in das hohe Führerhaus zu lotsen.

Halt dich am Geländer fest, damit du nicht runterfällst,

ruft er nach hinten und Carthy tippt sich an die Mütze, klammert sich mit der einen Hand am Geländer fest und packt mit der anderen die Bierdose.

Ich sitze vorn, wir hören Carthys Jubelrufe von der Ladefläche her, halbwegs ertrinken sie im Motorendröhnen.

Der fängt aber früh mit dem Trinken an, sagt Steve und wirft mir einen Blick zu.

Ja, sage ich und starre meine Knie an.

Wenn du meine Tochter wärst …, sagt er.

Ich schaue aus dem Fenster, die dunklen Bäume verschwinden und lösen sich hinter uns auf, so viel Schwarz, der im Scheinwerferlicht regennass glitzernde Asphalt, Carthys Körper im Seitenspiegel.

Wir schlafen eine Stunde auf der Bank am Anleger, während es draußen hell wird. Essen Salzbrezeln aus einem Automaten an Bord der Fähre.

Meine Freunde werden dir gefallen, sagt Carthy. Er steht an der Reling und starrt hinaus ins blaugraue Meer, die Jackenschöße flattern im Wind wie Flügel. Die sind richtig nett, jeder von ihnen. Blake wirst du mögen. Er ist ein Riese, aber ein freundlicher Riese.

Er dreht sich zu mir um, lacht heiser. Blakes Schwanz ist dicker als mein Unterarm, sagt er. Er hat Glück bei den Frauen, unser Blake. Ich kann schon gar nicht mehr zählen, wie viele Freundinnen er schon hatte.

Er sieht mich mit einem halben Lächeln an, als ob er etwas erwartet, und ich merke, dass ich wütend werde, weil er auf solche Gedanken kommt.

In Campbell River kaufen wir für mich Kaffee und für Carthy einen Sixpack. Er öffnet eine Dose nach der anderen und trinkt, während wir im strömenden Regen die Straße entlanggehen, wir müssen die Kapuzen um unser Gesicht zuziehen, die harten Tropfen stechen wie Hagelkörner. Endlich nimmt uns jemand mit, eine ältere Dame hält, weil sie glaubt, ich sei unter der riesigen roten Daunenjacke schwanger. Carthy sitzt vorn, er hat eine Bierfahne, und sie sagt: Ich merke, dass du getrunken hast, früher hab ich selbst getrunken, ehe ich Jesus begegnet bin. Sie reden den ganzen Weg bis Duncan und noch weiter über Gott.

Blake öffnet die Tür. Sein kräftiger Körper füllt die Öffnung. Er hat Ohrringe und einen rasierten Kopf. Kumpel, donnert er und presst Carthys Hand in seiner riesigen Pranke. Und wen hast du da mitgebracht? Wir begrüßen einander. Blake klopft Carthy auf die Schulter und sagt, ohne Rücksicht darauf, dass ich es höre: Die ist ja klein und niedlich.

Ich werde rot und gehe hinter den beiden her ins Wohnzimmer. Begrüße die anderen dort, Blakes Hund, ein freundlicher Boxer, liegt zusammengerollt auf dem Sofa. Auf dem Tisch sehe ich einen Spiegel und einige Plastikröhrchen, ich weiß, was das ist, habe es im Film gesehen. Ich setze mich mit übereinandergeschlagenen Beinen in einen weichen Sessel, ein gewisser Danny fragt mich über Norwegen aus. Blake fängt an, Pulver mit einer Rasierklinge zu hacken, schiebt es auf dem Spiegel zu geraden Reihen zusammen, fragt, ohne mich oder Carthy anzusehen: Na, wollt ihr?

Aber klar doch, sagt Carthy. Wirft mir einen abwartenden Blick zu. Sie sind so freundlich, im Zimmer herrscht eine friedliche Stimmung, ja, sage ich und nicke, tausend Dank, ich sage: Ich habe das noch nie gemacht, möchte aber gern probieren. Blake verzieht die Lippen zu einem Lächeln, ja, na dann, Süße, schiebt mir alles zu; sie erklären mir, was ich tun soll. Ich spüre nichts, als ich das Pulver ins Nasenloch ziehe, aber dann scheint sich in mir etwas zu lösen, eine Art Druck in der Brust, der verschwindet, ich fühle mich ganz wie sonst, nur ungeheuer entspannt, außerdem scheint alles zu leuchten, wie manchmal dann, wenn ich lange meditiert habe. Ich bleibe im Sessel sitzen und lächele, höre dem Gespräch der anderen zu, über alte Freunde, sie haben sich viel zu erzählen und schwelgen in Erinnerungen. Eine Frau, mit der Carthy früher zusammen war, ist jetzt mit einem gemeinsamen Freund zusammen, sie ist total rührend, sagt Blake, und dabei war sie doch immer steinhart. Du wirst es selbst sehen, sagt er, sie kommt nachher, und er auch.

Carthy hebt eine Augenbraue. Ja, verdammt, sagt er. Das hätte ich nie erwartet. Als sie mit mir zusammen war, war sie jedenfalls eiskalt.

In Blakes Haus kommen ständig neue Leute. Die meisten sind jung, Anfang zwanzig, es wird deutlich, dass sie Blake bewundern und ein wenig fürchten. Viele kennen Carthy, er plaudert und scherzt, lacht laut, ich sehe ihn an, bin froh. Sitze neben Blake auf dem Sofa und streichele seine Hand. Blake mustert mich, raucht, er hat den Überblick über alles, was im Raum geschieht, er begrüßt die neuen Gäste.

Er bläst den Rauch in dünnen Streifen aus der Nase, fährt sich mit der Hand über den rasierten Schädel.

Du liebst meinen Freund, oder?, fragt er plötzlich mit leiser Stimme.

Ja, flüstere ich.

Er lächelt. Dieses Pulver ist das pure Wahrheitsserum, sagt er. Man kann nicht lügen, wenn man es genommen hat.

Dann wird er ernst. Schüttelt den Kopf. Sagt: Ich glaube nicht, dass du weißt, worauf du dich da eingelassen hast. Ich liebe C. auch, das schon, aber er hat seine Probleme. Er hat seine Probleme, mit denen er kämpfen muss. Und Liebe hat er eigentlich nie richtig annehmen können.

Er schnippt eine Zigarette aus der Packung, reicht sie mir und gibt mir Feuer.

Du hast dich für einen düsteren Weg entschieden, flüstert er mit heiserer Stimme, einen düsteren Weg. Was du für C. empfindest – wenn es erwidert wird, gibt es nichts Schöneres auf der Welt. Aber ob es erwidert wird ... Er zuckt mit den Schultern.

Ich will ihn bis ans Ende gehen, sage ich. Diesen Weg. Egal, wie düster und kurvenreich er auch sein mag.

Dann wünsche ich dir Glück, Süße. Aber ich weiß nicht, ob dieser Weg dich glücklich machen wird, egal, wohin er dich führt.

Wir schlafen auf einer schmutzigen alten Matratze in Blakes Keller. Eine Frau hat uns Bettwäsche gegeben, die wir daraufgelegt haben, aber richtig sauber fühlt es sich trotzdem nicht an. Es ist eiskalt. Das Kellergeschoss ist nur ein einziger riesiger Raum, am anderen Ende ist die Garage, wir können Blakes Auto in der Dunkelheit funkeln sehen. Wir liegen dicht aneinander, vollständig angezogen, mit dicken Wollpullovern, und klammern uns aneinander. Aber es macht nichts, dass ich friere, es macht gar nichts.

Am nächsten Tag hält Carthy meine Hand und drückt mich an sich, wir sind mit anderen Freunden von ihm auf einem Fest, und er hält meine Hand vor aller Augen, flüstert mir so laut zu, dass alle es hören, dass er ein Kind von mir will, und nachts liegen wir dicht zusammen und küssen uns lange. Er presst meine Hand an seine Brust, flüstert: Ich liebe dich, habe dich immer schon geliebt, vom ersten Augenblick an, du bist von jetzt an mein Zuhause. Ich will der Einzige sein, der dich umarmen darf. Du bist mein Leben, Kleine.

Ich sinke in seine Arme, im Bus nach Nanaimo schlafe ich mit dem Kopf an seiner breiten Schulter ein. In der Pause sitzen wir vor dem Busbahnhof auf dem Bürgersteig und spielen Karten. Bei der Endstation feiern wir mit einem Besuch eines *smorgasbord* in einem chinesischen Restaurant, es hat nichts mit belegten Broten zu tun, sondern ist eine Art Büfett mit chinesischen Gerichten, sie haben eine sogenannte *Root-Beer*-Fontäne, das bedeutet, dass man so viel Root-Beer trinken kann, wie man will, ich habe das noch nie probiert, aber es schmeckt gut, süß, Carthy sagt: Es ist herrlich, wenn man Vanilleeis hineingibt. Er sagt: Das ist doch die pure Hochzeitsreise, Kleine, lacht und küsst mich über den Tisch hinweg. Als Nachtisch essen wir Nanaimo-Kuchen und trockene *fortune cookies* mit Orakelzetteln. Auf meinem steht: »Du wirst eine bekannte Künstlerin.«

Wir übernachten in einer Lodge am Flussufer. Carthy will unbedingt eine Dokumentation über eine Panzerdivision im Zweiten Weltkrieg sehen, und ich lasse ihn, dusche heiß und gehe hinaus, setze mich auf eine Bank neben dem hohen Totempfahl mit dem geschnitzten Adler, der Fluss strömt hellbraun und träge vorbei, wie Kaffee mit Sahne und Zucker, und eine der Hotelkatzen kommt und setzt sich auf meinen Schoß.

Hallo, Katze, Katze. Ich bin so glücklich, flüstere ich in das weiche Fell. So glücklich, glücklich.

Aber als wir nach Hause kommen, will Carthy nicht, dass ich an den nächsten Tagen bei ihm wohne, und als ich den Wohnwagen betrete, liegt ein Brief auf dem Küchentisch, ein Brief, den er einer Frau in Neuseeland geschrieben hat. Ich will ihn gar nicht lesen, setze mich an den Tisch, um auf Carthy zu warten, und da liegt der Brief genau vor mir.

Ich lese einige Zeilen, fast aus Versehen. Lese sie noch einmal. Gehe nach draußen, mir ist schlecht. Setze mich auf die Bank vor dem Wohnwagen und warte, nach einigen Minuten kommt er. Er wird rot, als er mich sieht, sagt: Bist du gerade gekommen? Ich halte die frisch angezündete Zigarette hoch und nicke.

Ich geh rein und setze Kaffee für uns auf, sagt er. Als er mich hineinwinkt, liegt kein Brief mehr auf dem Küchentisch.

Vielleicht hat er den vor unserer Reise geschrieben, denke ich. Vielleicht hat er ihn zusammengeknüllt und weggeworfen. Ja, so ist das. Er hat ihn vor unserer Reise geschrieben, und jetzt ist alles anders, sonst hätte er doch nicht ... nein, er hätte nicht ...

Carthy steht auf, sagt: Ich muss kurz zur Post. Muss nur

einen Brief an meine Mutter aufgeben. Du weißt ja, wie Mütter sind, meine Fresse, wie die nerven.

Er sieht so ehrlich aus. Das ist fast das Schlimmste. Dass er in diesem Augenblick so ehrlich aussieht. Ich gehe allein durch den dunklen Wald nach Hause. Mein Herz hält mich in der Nacht wach, spricht zu mir mit Carthys Stimme. Sagt: Du hast doch wohl nicht geglaubt, dass du mir wichtig bist, Kleine. Ich hab es doch gesagt, das bist du nicht, verdammt noch mal.

*

Ich kann nicht schlafen. Sitze auf der Bank vor dem Rotkehlchennest, es ist Nacht, das kalte blauweiße Licht von Mond und Sternen. Habe vor der batteriebetriebenen Laterne mehrere Zigaretten gedreht. Gelbbraune Flecken an den Fingern, obwohl ich Pappfetzen von der Blättchenpackung reiße und als Filter benutze. Das Rauchen bringt mir Ruhe. Draußen zu sitzen und die Seehunde im Wasser planschen zu hören, die Wellen zu hören, den Wind. Meine Tränen fließen, ich mache mir nicht die Mühe, sie wegzuwischen, ich lasse sie einfach laufen.

Die Zeit vergeht, Stunden? Bin so müde, dass ich ins Haus taumele und mich aufs Bett fallen lasse, vollständig angezogen. Liege da im Halbschlaf, zucke zusammen, mein Herz hämmert und ich setze mich auf, es hat keinen Zweck, es mit Einschlafen zu versuchen. Ich gieße ein wenig Wasser aus dem Kanister in die Waschschüssel, wasche mich im Gesicht, unter den Achseln, ziehe mich um. Putze mir die Zähne, kämme meine Haare mit den Fingern. Habe keinen Appetit, gehe aber zum Küchenhaus hinunter und koche ein Ei, zwinge mich zum Essen. Das Essen liegt mir wie ein Stein im Magen, und ich kann fast nicht schlucken, weil mein Herz so hämmert und weitergewandert ist, nach oben in meinen Hals. Ich will das nicht. Nein! Nicht jetzt, nicht schon wieder. Hab keine Kraft dafür, keine Kraft, so zu sein, erspar mir das!

Die Sonne scheint, es ist ein schöner Tag. Ich gehe über den Weg, über die glitschigen Felsen, vorbei an der Lavendelinsel und auf eine Landzunge mit Arbutusbäumen, setze mich mit dem Rücken zu einem rot glänzenden Stamm. Lege die Hand auf mein hetzendes Herz, mein Vogelherz, mein Eichhörnchenherz, atme tief durch, ziehe die Mundwinkel zu einem Lächeln hoch, versuche, irgendwo tief in mir Freude zu finden. Wie ein kleiner Splitter, ein Funke Sonnenlicht, ich versuche, sie zu spüren und sie sich ausbreiten und wachsen zu lassen. Es kostet mich alles, was ich habe, ruhig zu sitzen. Meine Gedanken wirbeln durcheinander, sie wollen, dass ich aufspringe, wollen mich ruhelos umhertreiben, aber am Ende finde ich sie, die Freude darüber: das Gefühl der glatten Rinde hinter mir, die Sonne auf den Wellen, die Farbe des Wassers um die Lavendelinsel.

*

Ich wohne einige Tage bei meinen Freundinnen auf der anderen Seite der Insel. Saskyas Arme um mich, sie hält mich lange fest, unsere Herzen schlagen im Takt. Erst dann holt sie tief Luft, lässt die Arme sinken: schaut mir in die Augen und lächelt. Wir sitzen abends draußen, auf der hölzernen Veranda vor der kleinen Hütte. Das Licht der Sterne spiegelt sich im Froschteich wider, wie ein magischer Brunnen mit schimmernden Lichtfunken unten in der Tiefe. Meine Tränen fallen langsam, während ich erzähle, was seit unserer letzten Begegnung geschehen ist.

Und sie nickt, faltet die Hände um die Knie, die sie angezogen hat, sammelt ihre weiten Röcke.

Das ist unsere Kultur, sagt sie, wir sind allem entfremdet: der Natur, unserem eigenen Inneren, davon, die Frau als heilig zu betrachten, als göttlich, so, wie auch die Natur das ist. So, wie wir die Natur behandeln, so behandeln viele Männer ihre Frauen. Ohne tiefen Respekt, ohne wirkliche Liebe: Wir benutzen die Natur, beuten sie aus, nehmen, was wir brauchen, hinterlassen sie so … mit tiefen Wunden. Denn die Natur gibt und gibt einfach nur, und so ist es auch mit der Frau, denn dazu sind wir geschaffen: Leben zu geben. Einige Male geben wir zu viel, ohne etwas zurückzubekommen. Es gibt so vieles, was wir modernen Menschen vergessen haben, die heilige Dimension des Lebens, unsere geistige Reise. Dass wir göttliche Geschöpfe sind, die einander lieben sollen.

Sie nimmt meine Hand, drückt sie. Du weißt, was du tun musst, sagt sie. Lass los, lass ihn in Liebe gehen. Habe dich selbst lieb, heile deine eigenen Wunden.

Ja, sage ich, das weiß ich. Es ist nur gerade schwer …

Wir sitzen in der Dunkelheit da, atmen ruhig; die Sterne über uns, wie kühle Tränen am Nachthimmel.

*

Reggie will nach Jamaica fahren und heiraten, LeRoy heißt er, ein wahrer Riese von Mann, macht Musik für die Touristen. Das kann er doch auch hier, sagt sie, hebt den Kopf, die schweren Dreadlocks sind majestätisch, wie eine Krone aus korngelben Haaren.

Wird er es denn nicht kalt finden, frage ich, und sie grinst: Den werd ich schon wärmen, das wird kein Problem. Aber was ist mit dir, du bist leichenblass und so dünn, bist du Veggie geworden?

Nein, ich hab nur im Moment kaum Appetit, sage ich, stecke mir noch eine Zigarette an, sie schüttelt den Kopf, das hat meine Mutter auch getan, geraucht, statt zu essen.

Sie bringt mir Kaffee und Kuchen, sagt, ich mach dir danach einen Burger, das kann ich doch einfach nicht zulassen.

Und ich kaue mechanisch und zielbewusst, zwinge einen Bissen nach dem anderen hinunter. Nur noch ein bisschen, ein bisschen.

Während Reggie verreist ist, soll ich das Café übernehmen.

Ich kann dich nicht bezahlen, weißt du, sagt sie, aber du darfst hier ja auch nicht arbeiten, da ist das sicher in Ordnung so. Aber du kannst essen, was du willst, Kaffee trinken, ich gehe davon aus, dass du zugenommen hast, wenn ich zurückkomme, das ist ein Befehl, fällt mir gerade ein, du musst wirklich ein bisschen zunehmen, Mädchen, du bist jetzt zu dürr.

Und das stimmt, ich bin zu dünn geworden, so dünn, dass die Knochen in meiner Brust unter der Haut aufragen, Knochen, von deren Existenz ich gar nichts gewusst hatte. Das ist mir peinlich, ich verkrieche mich in dicken Pullovern, ich will nicht, dass jemand das sieht.

Wir feiern vor ihrer Abreise im Waschhaus den Jungge-sellinnenabschied für sie, schenken ihr einen mit winzigen Plastikpenissen dekorierten Brautschleier. Ballons, Kuchen und Tequila, wir kichern, wenn ich zurückkomme, bin ich Mrs. James, sagt sie, Mrs. James. Wir jubeln und klatschen, johlen und pfeifen. *Mrs. James!*

*

Ich kann bei Reggie im Hinterzimmer wohnen, in ihrem eigenen Zimmer, während sie verreist ist. Rastaflagge und Plakate von Reggae-Künstlern an den Wänden, Räucher-stäbchen, ein kleiner Spiegel, auf dem Nachttisch ein Foto von LeRoy, nackt (ich lege es mit der Bildseite nach unten). Ich soll mich um Öffnen, Schließen und Abrechnen küm-mern, es werden noch zwei andere Freiwillige aushelfen, vor allem Lydia, die fast jeden Tag hier sein wird. Ich freue mich über das Vertrauen, das Reggie mir erweist, und bin gerührt, bin froh, weil ich mich nützlich machen kann.

Ich stehe um fünf Uhr auf, um die Kaffeemaschine an-zuwerfen, den Boden zu fegen, den Bush Pilot einzuhei-zen, danach werden Blaubeermuffins gebacken. Ich esse zum Frühstück die Muffins vom Vortag, dazu einen Caffè Latte mit Sojamilch, setze mich auf die Veranda hinter dem Haus. Lydia kommt durch den Wald. Sie bindet Sundance an einen Baum im Garten, lächelt, fährt sich mit der Hand über die glattrasierte Seite ihres Kopfes, über die langen schwarzen Locken auf der anderen Seite. *Bonjour, made-moiselle,* sie küsst mich auf die Wange, verschwindet in der Küche, um die Hash Browns vorzubereiten. Wir zerschnei-den die Kartoffeln und kochen sie, und dann brauchen wir sie nur noch golden zu backen, wenn die Gäste Eier und Speck verlangen. Lydia bringt mir bei, wie Eier pochiert werden: indem man so lange im Kochwasser rührt, bis sich ein kleiner Wirbel bildet, in den lässt man dann das Ei fallen, sie hat einen Winter lang oben am Yukon serviert.

Wir haben die Kasse jetzt im Griff, das Abrechnen geht ziemlich gut, ich rechne alles auf einem Zettel durch und lege den Verdienst in einem Briefumschlag in einen abgeschlossenen Koffer. Bin genau, zähle viermal nach, ich will mich doch Reggie gegenüber vertrauenswürdig erweisen.

Manchmal sehen wir nach Ladenschluss in dem leeren Café einen Film, oder Lydia kommt mit den Armen voller junger Brennnesseln aus dem Wald, kocht für uns, dämpft die Nesseln und brät sie mit Zwiebeln, Pinienkernen und getrockneten Moosbeeren. Es schmeckt wunderbar.

*

Ich sehe Carthy nicht mehr so häufig. Er verhandelt am Telefon mit der Frau, der er geschrieben hat, sie will ihm die Reise nach Neuseeland bezahlen. Sie hat offenbar ziemlich viel Geld, ich sehe alles von außen und begreife jetzt mehr, mehr als vorher. Aber eines Tages mache ich trotzdem dort Halt, nachdem ich im Postamt war. Er hat einige Kumpels aus Copperhead zu Besuch: Jason, Sam. Bierdosen und Kippen, Reste einer Packung Würstchen.

Jason sitzt am Feuer und starrt mich an. Nimmt sich eine Zigarette, trinkt noch ein Lucky Lager. Er beugt sich mit schwimmenden Augen vor, sagt: Scheiße, Carthy, die ist ja verdammt toll, was? Verdammt toll, erinnert mich an Mary, weißt du noch, in White Horse?

Carthy bellt vor Lachen. Ja, meine Fresse. Klar weiß ich das noch. Die haben wirklich ein bisschen Ähnlichkeit, jetzt, wo du das sagst.

Du bist zu gut für das hier, sagt Carthy heiser und weist auf das Feuer, auf die Flaschen und Bierdosen, die überall herumliegen, zu gut für mich. Genau wie Mary. Die hat in White Horse in einer Bar gearbeitet, aber da passte sie irgendwie nicht hin, war nicht wie die anderen. Sie stand sozusagen am Rand und beobachtete, ich werde ihre Augen nie vergessen, sie war so still, aber sie sah alles. Und sie war lieb, sogar zu einem Säufer wie mir. Sie hatte etwas Trauriges an sich, in ihren Augen, als ob sie woandershin gehörte, an einen besseren Ort, glaube ich, an einen besseren Ort. Aber hör mal, Kleine, ich geb dir was, ein richtig tolles Geschenk. Ein Bärenfell. Willst du das haben?

Ich deute ein Nicken an, lächele zaghaft. Freue mich, will aber nichts annehmen, das er vielleicht nicht hergeben würde, wenn er nüchtern wäre.

Aber Carthy wird sauer. Was zum Teufel, Jason. Hast du das denn fertig gemacht, oder was? Das ist doch eine Scheißarbeit.

Nein, nein, das liegt in der Tiefkühltruhe, klar? Hab es dem Teddy vom Leib geschält, es zusammengerollt und in die Tiefkühltruhe gestopft. Aber das ist doch nicht der Rede wert, wirklich nicht. Sie kann es einfach auf den Boden legen und in der Sonne liegen lassen. Daraufpissen und es liegen lassen. Der Rest geht dann von allein.

Carthy und Sam, Jasons Kumpel aus Copperhead, schütteln den Kopf. Du bist einfach unmöglich, Jason. Mach du das doch. Piss *du* darauf. Das ist eine ziemlich harte Arbeit.

Carthy dreht sich zu mir um. Wenn du einen guten Rat annehmen magst, Kleine, dann sagst du nein. Man muss kratzen und kratzen und die Rückseite des Fells mit einem bestimmten Pulver einreiben, sonst wird das Fell knochenhart. Wenn du nicht weißt, wie das geht, dann ist es fast unmöglich, es richtig zu machen.

Am nächsten Tag kommt Jason schon vor dem Öffnen ins Café, um Kaffee zu trinken. Er sitzt draußen auf der Veranda, beobachtet mich, als ich die Kaffeemaschine einschalte, die ersten Blaubeermuffins unter Glas auf den Tresen lege. Lydia kommt, bindet Sundance an einen Baum im Garten, wir setzen uns auf die Veranda und trinken den Morgenkaffee zusammen. Sie erzählt, dass sie sich verschiedene Wohnwagen und Tipis angesehen hat, in denen sie vielleicht im nächsten Winter wohnen könnte, dass aber nichts Passendes dabei war. Jason starrt sie an, beugt sich vor und sagt: Ich kann dir einen alten Bus besorgen, Kleine, kann ihn dir sicher richtig billig beschaffen. Der ehemalige Besitzer hat ihn von innen getäfelt und einen Holzofen installiert, alles ist tipp topp, der Motor läuft wie ein Uhrwerk, du kannst ihn einfach von Copperhead herfahren, ich schwöre, er ist wunderbar, einfach wunderbar.

Als sie in die Küche geht, um für die Hash Browns Kartoffeln zu kochen, schaut er ihr hinterher, sagt, ohne mich anzusehen: Oh, verdammt, deine Freundin ist toll. Verdammt toll.

Er drückt seine Zigarette aus, hebt die Hand zu einer Art Gruß an seinen Pony, grinst. Legt einige Münzen auf den Tisch. Danke für den Kaffee, Kleines. Bis später irgendwann.

Er pfeift auf dem Weg zu seinem Pick-up, geht ein wenig unsicher. Ich wische den Tisch ab und räume die Tassen weg. Ich habe von Jason nie ein Bärenfell bekommen.

*

Jeden Tag kommen die Rehe, um sich Äpfel zu holen. Das Kitz ist klein, steht oft ein Stück an der Seite, ich muss ihm die Apfelstücke zuwerfen, sonst frisst ihm die Mutter alles weg. Sie kommt zur Veranda hinter dem Café, wo Lydia und ich jeden Morgen vor dem Öffnen Kaffee trinken. Reggie hat uns genaue Anweisungen hinterlassen, zwei Äpfel pro Tag, mehr nicht, ich zerschneide das Obst mit einem scharfen Messer, damit sie es problemlos verzehren können. Ich sehe sie lange an, ihre Augen sind tiefbraun wie Karamell.

Ich gehe allein oben durch den Wald, gehe und gehe; der Frühling ist gekommen, langsam, aber sicher. Es ist grün, kleine Bäche gluckern, ich lehne mich mit dem Rücken an eine der hohen Zedern, schließe die Augen, atme den Geruch von Moos, von Baum, von Sonne im Gras ein. Die Stille im Wald; es gibt hier keinen Zorn, keine Trauer, nur den Wind in den Blättern und die Vögel über mir; das Geräusch ihrer Flügel.

*

Allein, nachts: Jemand geht im Café hin und her, immer wieder hin und her. Ein Stuhl wird verschoben, ich höre ihn über den Bretterboden kratzen. Erstarre, mein Herz hämmert in meinem Hals, ich muss mich zwingen, aufzustehen und vorsichtig die Tür zu öffnen: Ist da jemand?

Kein Geräusch, alles ist dunkel. Der Boden ist kalt

unter meinen nackten Füßen, ich mache einige zögernde Schritte und strecke die Hand nach dem Lichtschalter aus. Im Gang ist niemand.

Hallo? Hallo...?

Auch das Café ist leer, ehe ich in die Küche gehe, packe ich zuerst den Schürhaken. Aber auch dort ist niemand. Ich überprüfe alle Türen, die sind abgeschlossen, kein Stuhl ist verschoben worden, alles ist in schönster Ordnung.

Ich schließe die Schlafzimmertür hinter mir zu. Kaum habe ich mich wieder hingelegt, da höre ich im Gang Schritte, im Café werden Möbel verschoben, es hört sich an, als ob jemand das ganze Sofa verrückt. Ich bleibe wach liegen, schlafe dann irgendwann ein, noch immer mit dem Schürhaken in der Hand. Als ich vorsichtig aufstehe und nachsehe, ist alles in Ordnung.

Einige Abende sitze ich allein am Personaltisch und lese. Kaffee mit Vanillesoja, vielleicht ein Brownie oder ein Muffin, ein guter historischer Roman über die Pionierzeit in den USA, in diesen Augenblicken verspüre ich einen brüchigen inneren Frieden, eine vorsichtige Freude. Die Lampe auf dem Tisch gibt ein schwaches goldenes Licht, malt einen Kreis um mich und den Tisch, das restliche Lokal liegt im Dunkeln. In meinem Augenwinkel bewegt sich etwas, aber als ich mich umdrehe, ist es verschwunden. Ich sehe mich und die Küchentür in dem großen Fenster vor mir, und dann sehe ich auch eine dunkle Gestalt in die Küche gehen, *aber hier ist doch niemand, niemand geht in die Küche.* Die Angst schießt mir durch die Adern, hindert mich daran, richtig zu atmen.

Das passiert mehrere Male. Das gleiche Spiegelbild, die gleiche Bewegung. Die Geräusche in der Nacht, das Verschieben der Möbel, die am Morgen dann doch nicht verschoben worden sind. Ich schaue abends nicht mehr das Fenster an, halte meinen Blick in einer anderen Richtung. Habe Angst, plötzlich die Person zu sehen, die die ganze Zeit in die Küche geht, will sie nicht sehen. Schließe immer die Schlafzimmertür ab und schlafe mit dem Schürhaken neben mir.

Reggie ist wieder da, sitzt mir gegenüber am Personaltisch, lässt sich den Stand der Dinge berichten. Gut, schön, sie nickt, wird herumgeführt, Abrechnungen, Geldkoffer, Waren, gut, spitze. Gute Arbeit, ihr habt gute Arbeit geleistet.

Und ansonsten ist alles gut gegangen? Wirklich alles…? Nichts Auffälliges, Ungewöhnliches, oder?

Reggie, sage ich unsicher. Hier passiert etwas Seltsames. Zögernd berichte ich von den nächtlichen Geräuschen, von dem Schatten, dessen Spiegelbild ich in der Fensterscheibe gesehen habe.

Reggie sieht mich an. Beugt sich vor. Wo im Fenster siehst du diese Gestalt?, fragt sie.

Ich sehe sie da, in der Ecke, sage ich, zeige darauf. Er geht immer denselben Weg, hinter den Tresen und in die Küche.

Sie lächelt auf seltsame Weise, reibt sich das Kinn.

Da sehe ich ihn auch, sagt sie. Genau an derselben Stelle. Ich wollte es dir nicht sagen, damit du dich nicht unnötig ängstigst, dachte, vielleicht würdest du ihn nicht sehen. Aber ich sehe ihn oft. Er tut immer dasselbe. Die,

die vor mir hier gewohnt haben, haben es auch gesehen, es ist ein altes Haus, ich weiß nicht so genau, wie lange es schon so geht, eine ganze Weile jedenfalls.

Ich lasse mich im Sessel zurücksinken, atme erleichtert auf. Dann lag es also nicht an mir.

*

Abends sitze ich oft draußen. Halte mir die Hände aufs Herz, atme tief durch. Lasse los.

In Gedanken gehe ich zurück und tue das, was ich in Wirklichkeit nie getan habe: klopfe an Carthys Tür und klettere die Stahlstufen zu seinem Wohnwagen hoch. Es ist Abend, Carthy trinkt, raucht, der Aschenbecher aus Austernschalen, der Hirschschädel mit Geweih, den er mit schwarzen Aufklebern verziert und mit seiner Hundemarke vom Militär behängt hat; alles so, wie es in meiner Erinnerung aussieht. Seine Augen schwimmen, er hat diesen boshaften Glanz, den ich so gut kenne, wenn er verletzen will, geleitet von seiner eigenen Finsternis.

Du bist nur ein Dreck, sagt er. Du bist verdammt noch mal nichts. Unbrauchbar, schwach, nichts wert. Du bist nichts, rein gar nichts.

Ich stehe auf. Schaue ihm in die Augen, sage: Ich brauche nicht böse auf dich zu sein, dich anzuschreien oder dich meinerseits zu beschimpfen. Aber so, wie du mich behandelst, das ist nicht richtig. Das ist nicht richtig, Carthy. Und egal, wie sehr ich dich liebe und wie gut ich dich verstehe, so gern ich dir auch helfen würde, das kann ich nicht hinnehmen, meinetwegen nicht. Ich wünsche dir alles Gute, wirklich alles Gute, Carthy. Aber jetzt gehe ich, und ich komme nicht zurück. Danke, danke dafür, dass du mich das gelehrt hast.

Denn eigentlich ist es nicht Carthys Schuld: Etwas ist einmal vor langer Zeit in mir zerbrochen, und ich, ich allein muss es wieder ganz machen, ich darf nicht zulassen, dass jemand dieselben alten Wunden immer wieder aufreißt. Ich muss stark sein und lernen, auf mich selbst aufzupassen.

Ja, ich lasse los. Lege den Tabak auf den Tisch, den kann er haben. Dann verlasse ich den Wohnwagen und ziehe die Tür hinter mir zu. Hinaus in die helle Nacht, der Mond ist ein Diamantknopf auf einem tiefblauen Samtmantel, bestreut mit leuchtenden Pailletten, und ich gehe zwischen den Zedern, den hohen Farnwedeln hinunter zum Meer, wo die Wellen leise gegen den Strand schlagen. Und ich habe Frieden, endlich habe ich Frieden.

*

Ich suche die Gebetskette hervor, die ich zum Meditieren benutze, die Texthefte mit den bunten Titelbildern von tibetischen Buddhafiguren. Warum habe ich eine Pause eingelegt, denke ich, wo ich doch weiß, wie gut es mir tut? Frieden finden, ein wenig Distanz zu meinen starken Gefühlen. Ein anderes Verständnis dafür, was im Leben wichtig ist, einen Wunsch, nützlich zu sein. Sitze unter einem hohen Baum, einem mit vielen Metern Durchmesser, lehne mich an den dicken Stamm, schlage die Beine übereinander, die Perlen klicken gegeneinander, Runde um Runde.

*

Frühling! Der Garten hier ist voll von Krokussen und roten und gelben Tulpen. Die Rotkehlchen mit ihrer brennenden Brust, Tausende von ihnen, sind auf die Insel gekommen. Bald wird es Zeit für die Kolibris. Hier auf dem Grundstück wird nun keine Hausmeisterin mehr gebraucht, bald kommen die Sommergäste. Und meine Zeit ist zu Ende; fast sechs Monate hatte ich hier. Ich habe keine Lust, nach Norwegen zurückzufahren. Nicht jetzt, wo die Luft voller Vogelgesang ist und die Wiesenblumen über dem grünen Waldboden einen Teppich bilden. Nicht jetzt, wo ich mich endlich zu Hause fühle, Freunde gefunden habe, einen Platz gefunden habe, einen Platz, an dem ich mich wirklich wohlfühle. Wo es jetzt langsam lichter in mir wird.

Aber das Konto ist leer, und zu Hause wartet die Steuererklärung. Mein Touristenvisum läuft bald ab.

Du kannst doch einfach kurz über die Grenze fahren und dann zurückkommen, sagt Reggie, du kannst in meinem Garten wohnen, du kannst mir helfen, weiterhin freiwillig, und wir werden dich schon satt kriegen, das wirst du sehen, und ich würde zu gern ja sagen. Aber ich bin so vernünftig, viel zu vernünftig, und obwohl mein Herz schwer wird, sage ich: Ich muss nach Hause, Reggie, Geld verdienen, mein Buch fertig schreiben und den Führerschein machen. Sie streckt die Hand aus, gegenseitiger Respekt, dann umarmen wir uns ganz fest.

*

Am Morgen, unmittelbar vor meinem Aufbruch: Ein Reh äst vor meinem Fenster, vom Morgenlicht in Gold gegossen. Auf der Fähre stehe ich an der Reling und schaue zurück. Es gibt nichts, was ich lieber täte, als weiter hier zu sein, ein Zelt am Strand aufzuschlagen und die Adler über mir kreisen zu sehen, die Füße in den warmen Sand zu bohren, barfuß durch den Wald zu laufen und Wasser aus den eiskalten Bächen zu trinken. Der schäumende Kielstreifen wie ein verblassender Faden: Langsam verschwindet die Insel. Das Letzte, was ich sehe, ist die Wolfsinsel, aber ich kann die Wölfe nicht mehr hören, nur das Dröhnen der Fähre, die mich immer weiter fortbringt.

Wege

Das Sicherheitspersonal streikt, ich bin fünf Stunden vor Abflug am Flughafen. Stehe um Mitternacht auf und fahre um halb eins nach Gardermoen. Es regnet und die Scheinwerfer am Auto meiner Mutter sind trüb, ihr Licht wird von dem dunklen Asphalt fast vollständig verschluckt und ich sehe fast nichts, wenn ich für die mir entgegenkommenden Autos das Fernlicht herunterschalte.

Meine Mutter und ich steigen aus, bleiben einen Moment im Regen stehen. Die glitzernden Tropfen legen sich auf Augenbrauen und Wimpern.

Mach's gut, Mama, sage ich.

Sie drückt mich an sich.

Mach du es auch gut, meine Kleine.

Im Flughafen wimmelt es schon von Menschen, aber die Sicherheitskontrolle geht schnell, anders als ich befürchtet hatte, denn ich hatte Angst, ich würde nicht durchkommen oder mein Flug könnte gestrichen worden sein, hatte eine Sterbensangst, dass ich nicht zurückfliegen könnte. Im Transitbereich warten viele auf ihren Flug, ich muss lange um Kaffee und ein Baguette anstehen. Ich trinke Kaffee und lese in »Game of Thrones«, während ich darauf warte, dass wir an Bord können. Im Flugzeug sitze ich neben Ölarbeitern aus Neufundland und Nova Scotia. In London laden sie mich in die Lounge von Servisair ein. Alles ist gratis. Ich trinke frisch gepressten Apfelsinensaft und Kräutertee und esse Salat. Das tut gut nach dem Flug. Sie erzählen mir vom Leben in Nova Scotia und Neufundland und vom Leben auf der Bohrinsel. Der Jüngste, eine Art Seismologe, sagt, dass den Walen die Knallerei von den *guns* egal ist, dass es auf den Bohrinseln Leute gibt, die Wale und andere Tiere zählen, das ist ihre Aufgabe. Aber meistens handeln seine Geschichten vom Koch auf der Bohrinsel, der das abscheulichste Essen kocht, das man sich nur vorstellen kann, fast jede Mahlzeit schmeckt nach billigen Spaghetti Bolognese, mit einer dicken Fettschicht oben. Sie sind sehr freundlich, geben mir viele gute Ratschläge und Tipps für die Reise, und wenn du je an die Ostküste kommst, musst du vorbeischauen!

Das Flugzeug von London nach Vancouver ist fast leer. Ich habe vier Sitze für mich, kann mich ausstrecken und in eine Decke wickeln, und ich genieße. Ich genieße es einfach, unterwegs zu sein.

Es war ein langes Jahr, ein langer Winter. Im Mai des vorigen Jahres war ich von der Insel nach Hause gekommen, und jetzt ist Juni. Ich habe mit dem Rauchen aufgehört, als ich die Insel verlassen hatte. Ich brauchte mehrere Monate, um die Schulden zurückzuzahlen, die ich mit meiner Mastercard unterwegs gemacht hatte, das meiste hatte ich für Essen ausgegeben.

Noch ein Sommer zu Hause in Norwegen, während ich jeden Tag Heimweh nach Kanada hatte.

Ich wurde endlich fertig mit »Schwarze Sonne«, dem Nachfolger von »Der Nekronaut«, das war im Herbst. Ich wollte die Rückreise von meinem Honorar finanzieren, von dem Mindesthonorar von 80 000 Kronen würde ich bestimmt ein Jahr leben können. Ich fand es schrecklich anstrengend, fertig zu werden, aber endlich konnte ich mein Manuskript losschicken und war ungeheuer erleichtert.

Eine Woche darauf kam eine E-Mail von meiner Lektorin.

Liebe Lajla, schrieb sie. *Es kann gar keinen Zweifel daran geben, dass du das Genre beherrschst. Doch trotz aller guten Dinge, die ich über dein Manuskript sagen kann, bin ich mir sehr unsicher.* Dann ging sie Stärken und Schwächen des Manuskriptes ausführlich durch, so gründlich und gewissenhaft wie immer, und sie fügte allerlei Betrachtungen über den Markt für Steampunk-Romane in Norwegen hinzu, einen bisher überaus begrenzten Markt.

Die E-Mail ging so weiter: *Den* Nekronauten *konnten wir nicht zu einem Verkaufserfolg machen, und ich kann mir nicht vorstellen, dass es bei Buch Nr. 2 sehr viel anders gehen würde. Das eine sind nun die verlagsmäßigen Überlegungen, die natürlich sehr wichtig sind und die zu meiner Verantwortung als Lektorin gehören. Das andere ist die Frage, was dir als Autorin nützen kann, und was sich in Bezug auf dein schriftstellerisches Werk empfiehlt. Eins möchte ich hier ganz deutlich sagen: Ich glaube wirklich an dich als Autorin, Lajla. Und ich glaube, dass du auch in einem anderen Genre überaus spannend schreiben könntest, in einem anderen Sprachstil. Schick mir bitte eine Mail,*

wenn du dir die Sache ein bisschen überlegt hast, ich wüsste
gern, wie du das alles siehst.

Liebe Grüße,
T.

Es war natürlich schrecklich enttäuschend. Zugleich wurde ich nachdenklich. Schrieb dann irgendwann zurück, bedankte mich für die gründlichen Erörterungen und sagte, ich könne ihre Einwände verstehen, auch wenn ich enttäuscht sei. *Ich könnte mir durchaus vorstellen, über meine Reisen zu berichten*, schrieb ich. *Darüber, was ich als Hausmeisterin auf einer kanadischen Insel erlebt habe. Über das Leben näher an der Natur und über meine Begegnung mit Menschen, die einfacher leben, als es hier bei uns üblich ist. Ich würde gern mehr durch Kanada und auch durch die USA reisen, wollte das von meinem Honorar finanzieren, aber das ist ja jetzt nicht so einfach.*

Eine blitzschnelle Antwortmail: *Ich werde hier mit den Chefs sprechen und fragen, ob wir dir einen Vorschuss anbieten können*, schrieb T.

Tausend Dank, antwortete ich gerührt.

Ich saß also zu Hause bei meinem Vater im Wohnzimmer, mein Konto war leer, ich überlegte: Was mach ich jetzt? Ich reichte bei der Gemeindeverwaltung meine Bewerbung ein, kurz vor Weihnachten fing ich an, im Kindergarten zu arbeiten, im Frühling war ich Vertretungslehrerin an der Grundschule. Es kostete mich viel, zu glauben, dass ich das schaffen könnte. Vor der Klasse zu stehen, alle Augen auf mich gerichtet. In der ersten Woche war ich so nervös, dass mir regelmäßig schlecht wurde. Aber dann ging es überraschend gut, und als ich dann aufhörte, fehlten mir die Kinder und die Kollegen.

Fast jeden Tag fuhr ich mit meinem Vater Auto. Er war geduldig, obwohl ich eine ängstliche und nicht sonderlich geschickte Fahrschülerin war. Eines Tages überfuhr ich ein Eichhörnchen, das zappelnd am Straßenrand liegenblieb. Das machte mir furchtbar zu schaffen, und ich hatte eigentlich das Gefühl, dass ich mich nie wieder hinters Steuer setzen könnte, aber ich wusste, dass es sein musste, um mir die Freiheit zu verschaffen, die ich mir wünschte. Beim zweiten Versuch schaffte ich die Fahrprüfung. Mir wurde der Führerschein in die Hand gedrückt, und da stand ich dann und sah ihn an und hatte das Gefühl, es geschafft zu haben, nun hatte ich den Lappen und Geld auf der Bank, sogar einen kleinen Vorschuss vom Verlag, um etwas Neues schreiben zu können. Ich konnte zurück.

In Vancouver wird alles grün und üppig sein, auch wenn ich schon wieder die schönste Zeit verpasst habe, in der an den Straßen die Kirschbäume blühen. Diese Zeit ist seit einigen Wochen vorbei. Es hat mir leidgetan, sie wieder zu versäumen, aber ich konnte nichts daran ändern, ich musste hier ja erst mit allem fertigwerden. Wenn ich jetzt und nach einer Wartezeit von einem ganzen Jahr auf dem Weg zurück bin, habe ich das Gefühl, dass nichts schiefgehen kann: Ich bin so glücklich, dass ich denke, alle im Flugzeug müssten es sehen können, ich leuchte im Dunkeln, wie ich so total entspannt und mit geschlossenen Augen daliege, während ein Säugling

wütend schreit und der Mann hinter mir laut und stoß-
weise schnarcht.

*

Saskya wartet in der Wohnung im Westend von Vancouver
auf mich, wo sie jetzt zusammen mit ihrer Schwester wohnt.
Es tut gut, sie zu berühren, und ist rührend. Wir umarmen
einander; seit wir uns zuletzt gesehen haben, ist über ein
Jahr vergangen. Sie trägt jetzt nur noch Weiß. Als sie auf
der Insel gelebt hat, war sie immer schwarz gekleidet gewesen. Der Turban, den sie sich um den Kopf gewickelt hat,
ist weiß, der Schal, sogar ihre Tasche, alles. Sie hat mit einer
besonderen Art von Yoga angefangen, bei der es eher um
geistiges Wachstum und Meditation geht als um körper-
liches Training. Viele von denen, die das ernsthaft betrei-
ben, binden sich die Haare auf diese Weise hoch. Sie sagen,
das erleichtere die Konzentration, die geistige Klarheit, und
es helfe ebenfalls, Kleider in hellen Farben zu tragen, am
besten Weiß. Schon in der ersten Nacht gehe ich mit zum
Sadhana, einer Art Morgenyoga, das um vier beginnt.

Wir sind zum Frühstück wieder zu Hause, essen Pud-
ding aus fein gemahlenen Kakaobohnen, frische Kokos-
nuss und Mango, eine Creme aus Mandeln und Mango,
trinken kalten Kokosnusssaft mit einigen Tropfen Rosen-
wasser. Mittags gibt es Avocadomus mit Saskyas selbst-
gemachtem Senf und einem besonderen indischen Salz,
das nach Schwefel riecht. Das klingt nicht gerade lecker,
ist es aber. Wir trinken jeden Tag grünen Saft. Pressen
ihn selbst, aus Spinat, Grünkohl, Petersilie, Ingwer, Sellerie, mit Zitrone und einer Prise Cayennepfeffer. Saskya

isst kein Fleisch und auch nichts Gekochtes. Sie schließt sich stundenlang in ihrem Zimmer ein und meditiert auf einem weichen Schaffell. Wir sitzen zusammen auf ihrer winzigen Veranda, sehen die Laubbäume, die sich im Wind bewegen, sehen den Regen von den Blättern tropfen, während wir uns gegenseitig alles erzählen, was im vergangenen Jahr geschehen ist.

*

Hab mir eine Mandoline gekauft und fange an, aus einem Heft einige Akkorde zu lernen. Ich sitze im Wohnzimmer von Saskya und ihrer Schwester, wenn sie für den Tag weggegangen sind und der Regen draußen herunterprasselt. Wenn ich die beiden im Treppenhaus höre, packe ich die Mandoline sofort weg. Bringe es nicht über mich, vor anderen zu singen oder zu spielen.

*

Am Dienstag treffe ich mich mit Jay. Ich habe ihn lange nicht mehr gesehen – wir waren zusammen, stürmische Höhen, das ist jetzt eine ganze Weile her. Ich bin ihm bei meinem allerersten Mal in Kanada begegnet, auf einer Tour durch die Wildnis, bei der er der Führer war. Das war zwei Jahre, bevor ich als Hausmeisterin auf die Insel kam. Jay kommt auf einem Motorrad angefahren, einer schwarzen Honda *Shadow*. Fährt an den Bordstein, kommt auf mich zu, nimmt die Sonnenbrille ab. Er ist braun, sieht anders aus als in meiner Erinnerung. Wir gehen wortlos aufeinander zu. Umarmen uns, ich spüre seinen Herzschlag. Dann fange ich an zu weinen.

Er drückt mich fester an sich, fängt an zu zittern, auch er weint.

Wir essen im *East is East* afghanisch, *Roti* mit gewürztem Lamm und Gemüsecurry. Jay trägt ein weißes T-Shirt unter seiner Lederjacke und um den linken Arm einen Verband, vom Oberarm bis zum Handgelenk.

Ich bin mit kochendem Benzin übergossen worden, als ich das Auto eines Kumpels reparieren wollte, sagt er, aber das ist nicht schlimm, es verheilt sehr gut.

Jay geht mit mir zum Jericho Beach, wo auf der anderen Seite der Bucht die verschneiten Berge aufragen. Weißer Sand, weiße Gipfel. Die großen Boote liegen still im Sund. Wir sitzen auf dem feuchten Sand beim Hochsitz des Rettungsschwimmers, jetzt sind keine Rettungsschwimmer im Dienst. Der Anblick erinnert mich an den Anleger in Victoria, wo ich einen Seehund mit toten Augen gesehen habe, der gleich unter der Wasseroberfläche zu mir heraufzustarren schien, aber ich will nicht an Victoria denken, an den blinden Seehund, das kalte Wasser, jetzt nicht.

Was ist eigentlich passiert?, fragt Jay. Wir waren zusammen an so vielen Orten. Haben in dem Anhänger gewohnt, weißt du noch, und hinten auf meinem Pick-up. Sind die Sunshine Coast entlanggefahren, zu den Golfinseln und in die Berge. Aber ich kann mich fast an nichts davon erinnern. Warum war unsere Zeit zusammen nicht nur schön?

Ich schüttele den Kopf, kann nicht antworten.

Und jetzt, wo so viel Zeit vergangen ist, ist er so schön, wie er vor mir sitzt. Jay hat mich gelehrt, Tabak zu opfern, er hat mich gelehrt, *smudge* zu benutzen, wie sie das nennen, mich mit dem Rauch von brennenden Kräutern, Salbei und *Sweetgrass* zu läutern, oder dem duftenden Holz, dem *Palo Santo*. Wir haben zusammen Pfeife geraucht, der scharfe Rauch brannte in meinem Mund, wir sahen die weißen Bohnen aufsteigen und in den Wolken verschwinden.

Denn obwohl Jay nicht von den First Nations ist, ist er mehr oder weniger in einem Reservat aufgewachsen.

Du hast dich verändert, sagt Jay.

Und du, du hast dich auch verändert, sage ich.

Wir lächeln einander vorsichtig an.

*

Einige Tage später gehen Jay und ich den Commercial Drive entlang und treffen dort einen seiner Freunde, der auf der Straße wohnt. Duncan heißt dieser Freund, ist First Nations oder Indianer, wie sie sich oft selbst noch nennen. Aber ich habe gelernt, dass ich als Weiße »Native« sagen soll, einheimisch. Wenn ich als Europäerin das Wort »Indianer« benutze, wird das als Kränkung aufgefasst.

Duncan sitzt auf einer zusammengefalteten Zeitung auf dem Bürgersteig und feilt aus einem Stück Speckstein Inukshuks zurecht, kleine Menschenfiguren. Er begrüßt Jay mit lauter Stimme, begrüßt mich, etwas ist mit seinen Augen.

Yes, bro, ich sitze nur hier und rede mit den Leuten, die vorüberkommen, hier gibt es so viele unterschiedliche Typen, viele seltsame Menschen kann man sehen. Ich höre alles, einige kommen, um mich zu umarmen, andere sind wütend und sagen, ich sollte mir Arbeit suchen, aber ich habe doch Arbeit, ich sage, meine Arbeit sei es, Leuten wie ihnen auf die Nerven zu gehen, haha, ich bettle nicht, ich stehle nicht, ich verkaufe Steinfiguren, einige Freunde helfen mir zwar, und ich bin auch froh darüber, wirklich froh darüber, Bro, aber ich arbeite, ich bin kein Bettler. Ich verkaufe genug Inukshuks, um zu essen und für Alk. Ich trinke, weißt du, ich sage es ganz offen, warum sollte ich meine Freunde anlügen? Das Essen ist auch nicht so schlecht, aber ich habe schon lange keinen Braten mehr gegessen, davon träume ich, von einem großen, saftigen Braten. Eines Tages, was? Eines Tages.

Duncan richtet die trägen Augen auf mich, etwas Schönes wacht unter der Oberfläche auf, sein Mund öffnet sich zu einem breiteren Lächeln.

Gibt es einen Himmel oder eine Hölle?, fragt er plötzlich. Einmal war ich in einem der reichsten Stadtteile von Van und habe eine Straße voller riesiger Mercedes gesehen, das war für mich eine Hölle. Er lacht lärmend und sein ganzer Körper bebt. Wer will denn so wohnen? Ha? Ist es nicht unglaublich, was für ein Leben manche Leute ertragen? Er schüttelt verständnislos den Kopf. Sucht unter seinen Sachen und zeigt mir ein Stück Stein.

Ich habe mit einem schlafenden Bären angefangen, sagt er, aber Norm, der mir die Arbeit mit dem Stein beigebracht hat, ist tot, seine Leber hat aufgegeben, ehe er mir zeigen konnte, wie man einen Bären zurechtschnitzt.

Er schaut mich an, sagt: Ich werde dir einen Witz erzählen, einen richtig guten. *Was ist der Unterschied zwischen Jack Daniels und John Wayne?* Er starrt mich erwartungsvoll an, seine Mundwinkel zittern, als ob er das Lachen fast nicht unterdrücken könnte.

Ich weiß nicht, sage ich.

Jack Daniels tötet noch heute Indianer. Er lacht fast Tränen. Jay verzieht schmerzlich berührt das Gesicht, hör doch auf, Bro, sagt Duncan grinsend, du kannst lachen, ich hab den Witz doch erzählt, da darfst du lachen. Du bist mein Bruder, Jay, und du, du bist meine Schwester, denn wir sind alle eine Familie, wir können lachen, oder was, das ist witzig, das ist ein komischer Witz.

Er hält Jay die kleine Steinfigur hin. Möchtest du einen kaufen, Bro? Zwanzig Dollar, weil du mein Freund bist.

Ich weiß, dass Jay kein Geld hat, deshalb kaufe ich zwei Inukshuks von Duncan, einen für Saskyas Schwester und einen für mich.

Der ist für dich, sagt er, der ist etwas Besonderes, hat Haltung. Ich habe den auf andere Weise gemacht, habe mit der Feile gespielt, sieh nur, wie er dasteht, er ist mutig.

Duncan ritzt seinen Namen in die Unterseite der flachen Steinfüße. Er will mir zehn Dollar zurückgeben, weil ich zwei Figuren gekauft habe, aber er kann nicht wechseln, und ich will das Geld ja auch gar nicht, ich hoffe, er kann sich dafür einen Braten kaufen, aber ich weiß nicht, ich glaube eigentlich nicht, dass er das tun wird. Er steht auf, umarmt uns beide.

Duncan ist ein feiner Kerl, sagt Jay, eigentlich ist er zum Arbeiten hergekommen, es ist noch nicht so lange her, dass er auf der Straße gelandet ist. Aber ich weiß nicht, was aus ihm werden soll, sein Bruder hat sich im vorigen Jahr erschossen, und sein bester Freund ist bei einem Motorradunfall umgekommen. Manchmal sitze ich eine Stunde da, weißt du, auf dem Bürgersteig, er bringt mich so zum Lachen. Aber jetzt ist es nicht nur Alkohol.

Ja, sage ich und denke an den fernen Ausdruck in seinen Augen. Ja, jetzt ist es mehr als nur das Trinken.

*

Ich sitze hinten auf Jays Motorrad, und wir fahren vorbei an Point Grey in Richtung Spanish Banks, drehen, sausen vorbei an Jericho Beach, Kitsilano Beach, über die 4th Avenue, die hier Rainbow Street genannt wird, über die Burrard Bridge, zum Commercial Drive, nach East Van. Der schmale Motorradsitz, ich muss mich vorbeugen und die Arme um Jay legen, und anfangs, wenn er schaltet, werde ich nach vorn geschleudert und unsere Helme stoßen gegeneinander, aber schließlich lerne ich es. Nicht zur anderen Seite beugen, beweg dich mit mir zusammen, verteil dein Gewicht gleichmäßig, wenn du nach hinten rutschen willst, dann drück dich mit beiden Beinen gleichzeitig ab, und vor allem, wenn wir einen *wipe-out* haben, dann musst du dich einfach über den Boden rollen, verstehst du, weg von der Karre, denk dann nicht an mich.

Wir kochen bei einer Freundin von Jay, sie ist verreist, er wohnt solange dort, hat gerade keine eigene Wohnung. Quinoa mit gebratenem Gemüse und Bohnensuppe aus dem Karton, die ganze Mahlzeit kostet für uns beide gerade einmal zwei Dollar. Als wir wieder nach draußen gehen, klatschen die Regentropfen auf den Motorradsattel, der Asphalt funkelt. Wir schlüpfen zwischen den Fahrspuren hin und her. Jay redet beim Fahren mit mir, erzählt, dass man in Kalifornien mit dem Motorrad *white linen* kann, das bedeutet, man darf auf den weißen Linien zwischen den Fahrspuren fahren.

Man erregt immer Aufmerksamkeit, wenn man mit dem Motorrad unterwegs ist, sagt er, alle wollen dich kennenlernen, weißt du, die sehen dem Nummernschild an, dass du fünftausend, vielleicht zehntausend Kilometer weit von zu Hause weg bist, sie kommen und fragen, was machst du hier, laden dich ein, bei ihnen zu wohnen, es ist *fucking great,* ich war zwei Monate in Cali und hab nur zweihundert Dollar verbraucht.

Bisher ist er ruhig und ordentlich gefahren, und als wir vor einer roten Ampel halten, dreht er sich zu mir um und sagt: Du scheinst das gut zu schaffen, du hast doch keine Angst, oder was? Ich schüttele den Kopf, und er sagt: Okay, dann wollen wir die Mühle mal brummen lassen, halt dich fest, und die Ampel springt um, und er zieht den Gashebel durch. Das Motorrad macht einen Sprung nach vorn, der Asphalt leuchtet schwarz und die Neonlichter jagen vorüber, es ist so schön, ich bin nur ein schwereloser kleiner Körper hinten auf Jays Motorrad, für einen Moment habe ich das Gefühl zu fliegen, die ganze Zeit weiß ich, was passieren kann, wenn wir umkippen, aber das scheint nichts zu bedeuten, weil ich Jay vertraue, weil ich auf etwas vertraue, das ich nicht vertragen kann, mein Herz klopft und ich beuge mich in die Kurven, sehe die Häuser vorübersausen, den Turm mit dem Restaurant, das sich dreht, die Konzerthalle, die Bibliothek, wir halten in der Nähe der Granville Street. Ich nehme den Helm ab, meine Haare fluten heraus, und Jay sieht mich an und sagt: Komm, wir trinken ein Bier. Wir enden in irgendeinem Club, Jay kauft zwei Flaschen India Pale Ale, und wir tanzen. Ich lache, reiße Witze, und als wir hinausgehen, fragt

Jay: Warum haben wir so was nicht öfter gemacht, als wir zusammen waren?

Ich schüttele den Kopf, will lieber nicht antworten.

Er nimmt meine Hand und sagt ernst: Ich werde dir jedenfalls beim Autokauf helfen. Wenn wir aus der Stadt hinausmüssen, um uns irgendwelche Karren anzusehen, kann ich dich fahren – ich brauche auch ein Auto, ich kann nicht immer mit dem Motorrad fahren, das ist ja klar.

Denn Jay hat zwei Söhne, und es kann ja immer nur einer hinten auf dem Motorrad sitzen.

Und ich werde dir Fahren beibringen, fügt er hinzu. Wir können für zwei Tage einen Wagen mieten, dann fährst du, und du kannst dich an die Straßen hier gewöhnen. Okay? Es ist nicht so schwer, wenn du erst aus Van rauskommst, aber Van ist für seinen irrsinnigen Verkehr berühmt, der Verkehr ist verdammt chaotisch, und es gibt so viele miese Fahrer, man könnte meinen, die hätten ihren Führerschein an einer Losbude gewonnen. Nicht wie du, du hast ja in Norwegen den Führerschein gemacht, das klingt ganz schön umständlich, wenn du mich fragst, und scheißteuer. Ich hab den Lappen mit sechzehn bekommen, das hat mich an die fünfzig Dollar gekostet. Ein angemessener Preis! Und er lacht und schüttelt den Kopf.

*

Jay will mir heiße Quellen zeigen, wir machen also einen Ausflug. Der Mietwagen dröhnt über den Kiesweg und Jay sagt, ich führe wie ein *res bomber,* er sagt, so werde im Reservat gefahren, das er *the res* nennt.

Ich habe schon Schnellfahren geübt, auf der Autobahn.

Du musst den Verkehr im Auge behalten, sagt Jay, außerhalb von Van ist es gefährlicher, die Tempogrenze einzuhalten, als es nicht zu tun, die Leute hinter dir werden ungeduldig, so ist das.

Ich liege auf dem ganzen Weg zehn, manchmal zwanzig Stundenkilometer über der Tempogrenze, dennoch findet er mich langsam, die Straße ist ganz trocken, nur ab und zu taucht Nebel auf.

Als wir die heißen Quellen erreichen, haben dort in der Nähe noch andere ihre Zelte aufgeschlagen. Es ist Wochenende, und Vancouver ist nur ein paar Stunden weit weg, obwohl der Weg unter aller Kanone ist. Die von der anderen Seite haben eine Stunde für vier *clicks* gebraucht, also vier Kilometer, durch das Flussbett, das tiefe Rinnen in die Straße gespült hat, wir treffen jemanden, der an einem gestrandeten Mustang vorbeigekommen ist, ein Teil des Untergestells, vielleicht die Ölwanne, war herausgefallen.

Die Quelle hier ist nicht ausgebaut, sie fließt direkt aus dem Berghang und dann in den vorüberströmenden Fluss, auf dem Weg nach unten füllt sie mehrere natürliche Becken, die unterschiedliche Temperaturen haben. Im wärmsten, dicht vor der bemoosten Felswand, wo jemand kleine schmiedeeiserne Laternen befestigt hat, in denen man abends flackernde Teelichte anzünden kann, stoßen wir auf einen Holzfäller, der an der Küste jobbt.

Einer seiner Arbeitskollegen ist am Vortag gestorben, ein junger Mann, erst fünfunddreißig, sie arbeiteten an einem steilen Hang, und der andere wurde von einem fallenden Baum getroffen, was eigentlich gar nicht passieren kann. Deshalb hat der Holzfäller heute frei, sie machen zwei Tage Pause, während die Sicherheitsinspektoren herauszufinden versuchen, was schiefgegangen ist.

Das Schlimmste war, dass der Tote nicht dort hätte sein müssen, sagt der Holzfäller, seine Frau hat eine gute Stelle, verdient genug für sie beide, aber sie hatten ein neues Auto, ein großes Haus, einen neuen Dodge Ram, das volle Programm.

Er spuckt durch die Lücken in seinem Oberkiefer, ihm fehlen vielleicht vier Zähne, er kratzt sich die tätowierte Hand. Ich arbeite immer mehrere Monate am Stück, bin seit über dreißig Jahren hier an der Küste Holzfäller, es ist traurig, aber jedes Jahr verlieren wir einen oder zwei, so ist es einfach. Dann fahre ich nach Hause, nach Alberta zu meinen Pferden. Manchmal gehe ich im Winter auf Pelzjagd. Ich war sechs Monate in den Rockies, nur mit meinem Hund. Versteht mich nicht falsch, es ist kein fettes Leben, im Moment habe ich einen Kasten Bier und zwanzig Tacken im Auto, aber ich bin frei. Bin Junggeselle, niemand sagt mir, was ich zu tun habe.

Ich lächele ihn an, lasse mich im warmen Wasser tiefer sinken.

Du weißt schon, als Pelzjäger kann man gut verdienen, wenn man Glück hat, sagt er nun. Wölfe bringen fünfhundert Dollar das Stück, in einer sehr guten Saison kann ich über hundert kriegen. Im vorigen Jahr hab ich eine Menge Marder erwischt, mehrere Hundert, zwölf Luchse, vierzehn Vielfraße. Ein Kumpel von mir hat Fußschlingen für Wölfe gelegt, eigentlich nimmt man Nackenschlingen, dann ist die Arbeit erledigt, wenn man kommt, aber ihm gingen zu viele andere Tiere in die Falle. Der Wolf bleckte die Zähne, als mein Kumpel kam, aber er wollte ihn nicht erschießen, denn man verliert hundert Dollar, wenn im Fell Löcher sind, ganz zu schweigen von der Arbeit, die es macht, das Blut auszuwaschen und das Loch zuzunähen. Also wollte er den Wolf mit so einer Stange mit Schlinge dran erwürgen. Er trug Schneeteller, geriet aus dem Gleichgewicht und fiel vornüber. Der Wolf schlug mit den Krallen nach ihm, mein Kumpel konnte sich auf die Seite drehen und das Vieh dann doch noch erwürgen, aber verdammt, das hätte ich nie gemacht. Sie gehört den Tieren, weißt du, die Wildnis, das ist ihr Revier, ich hab da mehr Respekt vor, die sind klug, die wissen, was abgeht.

Er ist ein gutaussehender Mann, klein und sehnig, mit langen Muskeln, das hübsche Gesicht spricht von einem harten Leben, ein Netzwerk aus geplatzten Adern zieht sich über Nase und Wangen, die Haut ist von Wetter und Wind gegerbt, vielleicht auch von allerlei Feierei.

Du weißt, diese Burschen sind die stärksten, die man finden kann, sagt Jay mit Respekt in der Stimme, als wir den Hang zum Zelt hochgehen. Es gibt Geschichten über Holzfäller, die allein eine Schlägerei gegen ganze Banden aus Riesenkerlen gewonnen haben, niemand kriegt sie unter, die greifen immer weiter an. Er erinnert mich an den, von dem wir mal ein Grundstück kaufen wollten, Will Mayer, weißt du noch?

Und ich erinnere mich an die Geschichten über Will, einmal hat er einem Vielfraß eine Falle gestellt, der lebte noch, als Will dazukam, und er wollte ihn nicht erschießen, hatte nur ein kleines Handbeil bei sich, rannte wie ein Wilder um das Tier herum und versuchte, ihn mit dem

Beil am Kopf zu treffen. So ein Vielfraß hat ebenso lange Krallen wie ein Grizzly, er hätte Will die Hand abreißen können, er hat es immer wieder versucht und am Ende dann doch mit dem Beil getroffen.

Von der Sorte gibt es nicht mehr viele, sagt Jay. *Old Timers,* weißt du. Viele von ihnen sind auf ihre Weise sehr sanft unter der rauen Schale. Na ja, Will nicht, der war total verrückt.

*

Als wir wieder in der Stadt sind, fahren wir auf dem Motorrad über die Route 1 nach Langley hinunter. Fahren mit hundert Stundenkilometern, ich halte mich an Jays Taille fest, schaue über seine Schulter auf die Straße, stemme mich mit den Füßen ab, wo die Straße Schlaglöcher hat oder uneben ist. Das Motorrad hebt fast ab, ich finde das nicht gut, wenn wir uns im toten Winkel der riesigen Lastwagen befinden, aber Jay ist ein geschickter Fahrer, er zieht den Gashebel durch und schießt an ihnen vorbei. Auf diese Weise passieren viele Unfälle. Das Motorrad befindet sich im toten Winkel, wenn ein Wagen die Fahrspur wechselt, und wird gegen die Leitplanke gepresst oder kommt unter einen Lastwagen. Im schlimmsten Fall wird der Motorradfahrer von allen Rädern überrollt. Der Wind hämmert gegen meinen Helm und es fällt mir schwer, mich festzuhalten. Jay hat vergessen, seine Lederjacke zu schließen, und ihre Enden werden vom Luftstrom nach hinten gedrückt, so dass meine Hände immer wieder abrutschen, meine Arme tun mir weh, aber ich schaffe es, mich festzuhalten.Es ist nicht wie wenn ich mit Saskya zusammen Yoga mache und die Arme über den Kopf strecke, bis ich mich frage, ob ich das noch länger aushalten kann. Ich frage mich das jetzt nicht, ich klammere mich einfach an ihn. Weiß, was passiert, wenn ich bei diesem Tempo herunterfalle, wie ein zerbrechliches Vogelei, das aus dem Nest fällt, die hellblauen Scherben eines Rotkehlcheneis, das ich im Wald gefunden habe, dieser Blauton wird *robin's blue* genannt. Jays Mutter hatte einen Toyota Pick-up in dieser Farbe.

Ich beuge mich vor und rufe Jay zu, dass er eine Ausfahrt finden muss, endlich findet er eine, kann anhalten und seine Lederjacke schließen. Er fährt schnell, aggressiv, wechselt dauernd die Fahrspur, lässt den Motor aufheulen, um die Autofahrer darauf aufmerksam zu machen, dass er da ist, überschreitet die ganze Zeit das Tempolimit um zwanzig, dreißig *Clicks*. Ein Teil meines Gehirns ist die ganze Zeit aufmerksam darauf, wie wenig beschützt ich bin: Ich bin nicht angeschnallt, trage nur eine abgewetzte Jeans, Lederjacke und Helm, Jays Handschuhe, Turnschuhe. Ich spüre, wie mein Herz hämmert und wie das Blut in meinen Ohren saust, und am Ende weiß ich nicht mehr, ob ich Angst oder Spannung empfinde, beides gleitet ineinander über, wird zu einer Art wilder Freude, einem Gefühl, da zu sein, dass ich hier in diesem Moment vorhanden bin, ohne an etwas anderes zu denken, intensiv aufmerksam auf jedes kleine Detail, jeden kleinen Buckel im Asphalt, und ich hätte wohl nie geglaubt, dass ich so gern Motorrad fahren würde, aber das tue ich jetzt, ich liebe meinen Platz hinten auf dem Sitz.

Wir fahren auf einen Hofplatz, der ein Stück außerhalb von Vancouvers vielen Satellitenstädten liegt. Ein großes

Lagerfeuer, die Flammen flackern vor der Wäsche auf der Leine. Bei dem offenen Schuppen, in dem alles Werkzeug sorgfältig aufgehängt ist, stehen eine Menge Autos, unter anderem der Isuzu Trooper, für den Jay sich interessiert. Wir fahren mit dem Trooper zur nächsten Chevron, tanken für acht Dollar, die der Verkäufer uns gegeben hat. Jay lässt mich das Lenkrad hin- und herdrehen, während er unter die Motorhaube schaut, er steht auf der Stoßstange und wippt heftig auf und ab, auf diese Weise kann man die Stoßdämpfer testen, er fährt mit einem Finger über die Innenseite des Auspuffrohrs, wenn die nach dem Fahren feucht ist, kann das ein schlechtes Zeichen sein. Ich bin zu müde, um mit ihm unter den Wagen zu kriechen, aber dort scheint alles gut auszusehen. Wir finden den Namen des früheren Besitzers in irgendwelchen Papieren im Handschuhfach. Jay macht mit dem Mobiltelefon ein Foto. Sieht sich die VIN an, die Fahrzeug-Identifizierungsnummer, die der jetzige Besitzer ihm genannt hat, sie stimmt. Eigentlich wollte Jay den Isuzu Trooper für sich selbst durchchecken, jetzt schlägt er vor, dass ich ihn kaufe.

Der Isuzu ist ein guter Truck, sagt Jay, und er ist groß, du kannst hintendrin wohnen.

Aber ich bin skeptisch, habe über Autos gelesen und versucht, ein bisschen zu lernen, ich möchte am liebsten einen Toyota, Nissan oder Subaru. Einige von den alten Autos, die Jay gefallen, kommen mir unzuverlässig vor, und außerdem verschlingen sie Unmengen an Treibstoff. Am liebsten hätte ich ein Auto mit Dieselmotor, denn die kann man auch mit altem Frittieröl fahren, wenn man einen Extratank anbringt und ein wenig herumbastelt. Jay ist mit

Frittieröl gefahren, als wir zusammen waren. Es roch im Auto immer nach chinesischem Imbiss oder Würstchenbude, je nachdem, woher wir das gebrauchte Öl hatten. Ich half Jay immer dabei, große Plastikbecher in Container voller Bratöl zu tunken, dann haben wir sie durch drei verschiedene Kissenbezüge gesiebt, um alte Essensreste zu entfernen, und das mehr oder weniger klare Öl, das dann übrig blieb, funktionierte gut als Treibstoff. Damals fuhren noch nicht so viele mit Bratöl, und die Restaurants waren nur froh, wenn sie es an den Mann brachten. Aber Dieselmotoren sind hier nicht so üblich wie in Europa. Und ich bin auch keine besonders gute Autobastlerin.

Wir fahren über die Autobahn nach Hause, und es ist stockfinster, als wir die Stadt erreichen. Jay lässt das Steuer los und breitet die Arme aus wie ein Adler, ruft laut und heiser, ich klammere mich an ihn, und er schaut sich um und grinst, sagt. Hast du jetzt Angst gekriegt, du kannst dich doch auch amüsieren, komm schon, lass mal los, *sweetie,* und ich lasse ihn los und strecke die Arme aus, spüre, wie der Wind sie erfasst, spüre, wie sie zittern, halte mich mit den Knien an Jay fest, der Luftstrom presst in harten Stößen gegen meinen Helm, und das Bike ruckt jedes Mal, wenn Jay schaltet, und es ist Nacht in Vancouver, nur die Neonlampen leuchten, und wir können die Berge nicht mehr sehen, es ist still in den Straßen, irgendwo sind die illegalen Wettrennen im Gange, aber nicht hier. Jay biegt vom West Broadway in die Collingwood Street ein und bringt mich unversehrt nach Hause.

*

Die Autosuche dauert lange, aber an mehreren Morgen stehe ich so früh auf, dass es noch Nacht ist, und gehe mit Saskya zum Sadhana. Wir gehen schweigend durch die Straßen, wo der Asphalt feucht im Laternenlicht schimmert, manchmal hängt der Mond über uns in den Zweigen. Denn viele der Straßen hier sind Alleen mit hohen Bäumen und laubreichen Kronen, und wir gehen mitten auf der Straße, hier sind so spätnachts keine Autos unterwegs, wir sind allein im Licht von Sternen und Mond, und die Bäume strecken ihre Arme über uns aus.

An diesem Morgen sind nur wenige im Yoga-Zentrum. Wir holen uns Matten und Decken. Zuerst wird aus einem Dharma-Buch vorgelesen, danach kommen Yogaübungen, und als wir fertig sind, hüllen wir uns in die Decken und singen Mantras auf Sanskrit.

Nach dem Sadhana fühle ich mich immer leicht und gut aufgelegt, und dieses Gefühl hält den Tag über an. Nach und nach lerne ich mehrere von Saskyas Freunden kennen, Yogis mit langen Haaren und Bart, mehrere stecken sich die Haare wie Saskya unter einer Art Turban hoch. Wir lachen oft, obwohl wir nur Tee und grünen Saft trinken, und ich fühle mich sofort willkommen.

Ansonsten bin ich manchmal mit Saskyas Schwester, deren Freund und ihren Freunden zusammen. In der Stadt findet ein Folkfestival statt, und wir gehen zusammen hin. Sitzen im Gras und sehen den vielen Menschen zu, die sich zusammendrängen, lachen und tanzen. Ein umherreisender Junge sitzt im Schatten unter einer Zeder und spielt *hurdy gurdy*, Drehleier, ein seltsames Kasteninstrument, das ein bisschen wie ein Dudelsack klingt. Er trägt einen Filzhut mit einer Feder und am Oberkörper nur eine schmutzige offene Lederweste. Seine Freundin sitzt neben ihm und spielt auf Löffeln, sie hat sich auf der einen Seite des Kopfes die Haare abrasiert, auf der anderen sind sie lang und verfilzt. Ein Mädchen, das sich *Moon Child* nennt, verkauft Zeichnungen und Tarotdeutungen, sie hat wilde rote Haare und eine offene Weste, so dass man ihre kleinen spitzen Brüste sehen kann. Viele der jungen Festivalgäste sehen aus wie Feen oder Elfen mit spitzen Hüten, Blättern und Federn in den Haaren, sonnenbraunen Gesichtern. Sie haben ihre Kleider selbstgemacht oder auf dem Flohmarkt gefunden, Lederwesten, Filzmützen und Hüte mit gehäkelten Schmetterlingen, Fellwesten, geformt wie riesige grüne Blätter, sie sind Blumenkinder und vielleicht auch Kinder von Blumenkindern, und ich kann mich an ihnen gar nicht sattsehen, ich sitze im Schneidersitz im Gras und schaue mich um und lächele. Die meisten, mit denen ich rede, sind überaus idealistisch, viele wohnen in Co-ops außerhalb der Stadt, wo sie ihr eigenes Gemüse anbauen, sie haben Hühner, Solarzellenanlagen, sie experimentieren mit alternativem Treibstoff für ihre Autos, wenn sie überhaupt Autos haben – viele fahren per Anhalter oder finden im Internet *rideshares.* Die meisten versuchen, sich so weit wie möglich selbst zu versorgen, und treiben lieber Tauschhandel miteinander, statt Geld zu benutzen. Sie machen *dumpster diving,* wenn sie in der Stadt sind, durchsuchen Abfallcontainer vor Läden und Wohnhäusern, denn die Leute werfen alles Mögliche weg, sagen sie, sogar Dinge, die man noch gut verwenden kann, es wird wahnsinnig viel vergeudet. Ein Junge hat in einem

Container nagelneue Bergstiefel gefunden, der Preiszettel hing noch daran, es war genau seine Größe. Ein andermal fand er einen Hirschbraten, noch immer tiefgefroren. Ein Bekannter von Jay lebt nur vom Containern, aber das liegt vielleicht auch daran, dass er nicht mehr so leicht Arbeit findet, seit er sich ein Marihuanablatt mitten auf die Stirn tätowieren hat lassen.

Viele von ihnen halten es für eine bloße Frage der Zeit, bis die Gesellschaft zusammenbricht, und sie versuchen, bis dahin so viel wie möglich zu lernen, denn wie soll man sich Essen und alles andere besorgen, was man braucht, wenn es keine Läden mehr dafür gibt? Und was passiert, wenn die Elektrizitätswerke keinen Strom mehr liefern?

Inzwischen kenne ich viele junge Leute, die so sind, die Jagen und Fischen lernen, die die essbaren Pflanzen in der Natur erkennen lernen, die sich auf die Katastrophe vorbereiten, auf den möglichen Zusammenbruch der Gesellschaft.

Wir sind Pfadfinder, sagen sie, wir versuchen, so viel wie möglich zu lernen, damit wir den Weg durch das kommende Chaos zeigen können.

Abends wickeln sie sich in eine Decke oder einen Schlafsack und schlafen im Gras oder am Strand: zum Geräusch der Wellen.

*

Eines Tages suche ich zwei Gebrauchtwagenhändler auf, bei dem einen sehe ich einen schönen Subaru Forester. Der Besitzer ist betrunken, rot im Gesicht, er taumelt über die Zementplattform vor seinem Bürogebäude. Er hat einen

Prozess laufen, eine Vaterschaftsklage, auf seiner Website steht die ganze Geschichte, samt der Namen von Anwälten und Richtern, wenn man einen Solidaritätsaufruf für ihn unterschreibt, bekommt man das Auto hundert Dollar billiger.

Miese Kuh!, brüllt er mit dröhnender Stimme. Ja, nicht Sie meine ich, sondern meine Ex, Scheiße, was für eine miese Kuh! Er kippt von der Plattform, sagt, dass ich hundert Dollar hinterlegen muss, ehe ich eine Probefahrt mit dem Auto machen kann.

Nur, damit ich weiß, dass Sie wirklich Interesse haben. So im Laufe eines Tages kommt hier ganz schön viel Seltsames vorbei, wissen Sie. No offence, junge Dame.

Ich werfe einen Blick in einige Autos, darin liegen Blätter, Tannenzweige und leere Kaffeebecher, einige sind zerkratzt oder vorn heftig eingebeult.

Danke, sage ich, aber nein danke.

Am Ende kaufe ich ein fast identisches Auto von einem kleinen, feurigen Italiener, der als Mechaniker arbeitet.

Ich glaube, Sie werden mit der Karre zufrieden sein, sagt er. Die ist tadellos, hab noch nie so einen sauberen Motor gesehen, und ich hab ein bisschen daran rumgebastelt, hab die Zylinderkopfdichtung ausgewechselt und noch ein bisschen anderen Kleinkram erneuert.

Es ist mein erstes Auto. Der Vorschuss meines norwegischen Verlags reicht gerade für den Kauf und einige Monate Autoversicherung. Ich habe meinen Führerschein seit fast genau drei Monaten. Trau mich erst am späten Abend, den Wagen von seinem Hofplatz zu fahren, die vielen Fahrspuren machen mir eine Höllenangst, diese ganze riesige, chaotische Verkehrsmaschine, mir kommen die Tränen. Wenn Jay mich nicht unterrichtet hätte, würde ich mich total verloren fühlen. Ich wische mir die Tränen mit dem Handrücken ab und packe erneut das Lenkrad, atme tief durch, lasse den Motor abermals an.

Am nächsten Tag hänge ich einen Traumfänger und einen handgenähten kleinen Medizinbeutel aus Hirschleder an den Rückspiegel, und ich reinige das ganze Auto mit einem chemischen Reiniger. Klappe die Rücksitze um und mache mir ein kleines Nest zum Schlafen. Dann bin ich so weit. Jetzt werde ich losfahren, ohne zu wissen, wohin der Weg mich führt.

*

Zuerst fahre ich nach Squeamish. Das ist ein kleiner Ort, nur eine halbe Stunde von Vancouver entfernt. Hier lerne ich Travis kennen, einen professionellen Bergsteiger und Führer. Wir sitzen am frühen Morgen in einem Café zufällig nebeneinander. Ich warte auf einen anderen Mann, den ich noch nie gesehen habe, den Kumpel von dem, der an der Hauptstraße die Blumen gießt, ein freundlicher Mann, der mich ansprach, als ich am Vortag an ihm vorüberging; als ich sagte, ich könnte mir Bergsteigen vorstellen, gab er mir die Nummer seines Kumpels und sagte: Der ist Bergsteiger und würde dich bestimmt gern mitnehmen, brauchst ihn bloß anzurufen.

Ich schickte eine SMS, und wir verabredeten eine Klettertour, er wollte mich heute früh anrufen, um den genauen Zeitpunkt abzumachen. Aber ich höre an diesem Morgen nichts von ihm. Travis sieht dauernd auf seinem

Mobiltelefon nach. Wir haben einige Höflichkeiten gewechselt, da wir dicht nebeneinander in dem überfüllten Café sitzen. Ich zeige auf mein eigenes stummes Telefon. Ich wollte klettern, sage ich, hab es noch nie gemacht, aber der Typ, der mich mitnehmen wollte, hat sich die Sache offenbar anders überlegt.

Ha!, sagt Travis, geht mir genauso. Ich wollte auch klettern und mein Partner hat verschlafen.

Wir sehen einander an, Travis kneift die Augen zusammen, mustert mich abschätzend, sagt: eine interessante Situation. Wie wäre es, wenn du stattdessen mit mir kommst?

So haben wir uns kennengelernt, Travis und ich. Und Matti, sein Kletterpartner, taucht am späteren Vormittag auf. Wir machen eine kurze Tour zusammen, gehen dann Sushi essen, danach beschließen wir, zu Matti nach Hause zu fahren. Die beiden haben gesehen, mit welcher Mühe ich vor dem Sushirestaurant geparkt habe, und Matti räuspert sich und sagt, wenn ich ihm die Wagenschlüssel gebe, kann er den Wagen für mich im Parkhaus neben seinem Haus abstellen.

Danke, sage ich, und gebe ihm die Schlüssel. Er fährt los, Travis und ich gehen zu Fuß.

Als wir ankommen, steht Matti auf dem Bürgersteig und grinst.

Mein Gott, sagt er, ich hatte gar nicht daran gedacht, aber liegt denn alles, was du besitzt, in dem Wagen? Du hast ja sogar deine Tasche auf dem Rücksitz stehen lassen. Brieftasche, Pass, einfach alles?

Ja, sage ich. Wieso?

Travis und Matti brechen in ungläubiges Lachen aus, sie schütteln den Kopf.

Du darfst nicht so gutgläubig sein, sagen sie. Was wäre, wenn Matti einfach mit allem abgehauen wäre?

Aber das hätte er doch sicher nie getan, sage ich.

Nein, nein, wir wissen das ja. Aber woher konntest du das wissen?

Jetzt lache ich auch los. Das ist doch Matti, sage ich.

An den nächsten Tagen sind wir drei unzertrennlich. Es stellt sich heraus, dass Travis schon oft total unerfahrenen Leuten Bergsteigen beigebracht hat, jetzt unterrichtet er mich, in Privatstunden. Er ist tüchtig und geduldig, und ich überrasche mich damit, dass ich schnell lerne und mutig bin, denn ich hatte immer Angst vor Höhen, aber jetzt merke ich nichts mehr davon. Wir klettern auf das Granitgesicht, das sie den *chief* nennen, den Häuptling, wir *bouldern*, das heißt, wir klettern ohne Seil an großen Steinen, an Findlingen am Fuße des Berges, und gehen dann nach Norden auf eine Route namens Star Trek. Über den tosenden Fluss, den engen Canyon. Wir klettern als Seilschaft, Travis zuerst, ich in der Mitte. Matti ist an mich gebunden, er muss hinter mir herklettern und darauf achten, dass das Seil nicht zu straff und nicht zu schlaff ist, für den Fall, dass er abstürzt, dann wäre der Ruck sehr schmerzhaft für mich. Travis ist schon oben angekommen, und ich bin fast an einem kritischen Punkt vorbei, als ich spüre, wie das Seil unter mir gestrafft wird, so dass ich mich nicht weiter aufwärtsbewegen kann. Matti ist zu weit hinter mir, hat auf dem letzten Stück nicht richtig Schritt gehalten. Das Seil ist zwischen uns straff gespannt, und ich klammere mich verzweifelt an die steile Felswand, indem ich das Gummi meiner Schuhe benutze, es gibt nichts, woran ich mich festhalten könnte, meine Finger suchen verzweifelt nach einem winzigen Spalt oder einer unebenen Stelle, ohne etwas zu finden, und die Gummisohlen, die an der Felswand haften sollten, fangen an, langsam aber sicher nachzugeben.

Matti, jammere ich. *Matti!* Er schaut auf, sieht mich dort hängen, sieht, dass meine Schuhe jetzt abrutschen, und er zieht sich auf ein kleines Felssims, lässt das Tau locker, und ich kann mich zu einem Spalt retten, der groß genug ist, um die Zehen hineinzuschieben. Ich bleibe dort stehen, hole Atem. Habe den nächsten Bolzen erreicht. Ich rufe *slack,* Travis gibt Seil, damit ich es vom Bolzen lösen kann, ruft *tension,* ich verspüre das vertraute Gefühl des straffen Seils, als er es wieder anzieht. Wir kommen oben an. Matti und ich prusten los, wir lachen und lachen, machen miteinander *high five* und umarmen uns, ich wäre fast gefallen, sage ich, und er sagt: Großer Gott, ich war ja so was von gestresst, als ich dich da hängen sah, das war meine Schuld, sagt er, ich habe nicht genau genug hingesehen.

Travis grinst über uns, denn wir lachen und jubeln, weil wir es geschafft haben, und er sagt: Ich hatte euch beide im Griff, es wäre kein bisschen gefährlich gewesen, aber es ist schön, dass wir es geschafft haben, ohne zu stürzen, ohne das Seil benutzen zu müssen.

Du hast dich freigeklettert, sagt er zu mir, du hast es ganz allein nach oben geschafft. Du bist ein Star, sagt er, ein *rock star,* und er lächelt mich an.

Ich fühle mich sicher bei Travis und Matti. Travis' große Hände, die das Seil an meinem Gurt befestigen, sein kleiner Finger ist größer als mein Daumen, seine Oberarme dicker als meine Oberschenkel.

Du bist so klein, sagt er. Nimmt meine Hände, sagt, he, Matti, sieh mal her, so klein ist sie. So kleine Hände, kleine Finger. Gut für kleine dünne Spalten, aber nicht so gut zum Schlossmachen.

Schloss macht man, wenn man die Hand in einen Felsspalt schiebt und die Faust ballt, um sich festzuhalten. Einige wickeln sich Klebeband um die Hand, um sich nicht die Haut aufzuscheuern, aber das ist Pfusch, findet Travis. Wir sehen andere, die klettern und das Seil benutzen müssen, um nach oben zu kommen, er beugt sich vor und flüstert mir zu: Das hast du nicht getan, du hast es selbst geschafft, so soll es sein, eigentlich.

Nach drei Tagen habe ich riesige blaue Flecken auf den Knien und Schürfwunden an Händen und Armen, und ich bin braun wie eine Nuss, weil ich in der sengenden Sonne vor der Felswand gehangen habe, und nicht zuletzt: Ich bin glücklich und frei, und ich fühle mich stark und unabhängig, auch wenn mein Auto mitten auf der Kreuzung stehen bleibt, auch, wenn es manchmal nach vorn hüpft, statt stillzustehen, auch wenn ich zehn Minuten brauche, um innerhalb der Markierungslinien eines Parkplatzes zu parken.

Matti hat First-Nations-Blut, aber es reicht nicht für den Status als Native. Er arbeitet in der Forstindustrie, bringt gefällte Bäume mit dem Hubschrauber weg von unzugänglichen Felshängen. Ich frage, ob er den Holzfäller kennt, den Jay und ich bei den warmen Quellen getroffen haben, aber Matti lacht: In BC gibt es so viele Holzfäller, sagt er.

Ich übernachte bei Matti, er hat ein Gästezimmer, und

abends sind wir oft nur zu zweit. Wir sehen uns miese Filme an, reden und essen Kartoffelchips, aber tagsüber sind wir mit Travis und einigen anderen Bergsteigern zusammen, die ich nach und nach kennenlerne, einer Clique, die sich am frühen Morgen im Café trifft und dann zusammen klettern geht. Wir baden bei Sonnenuntergang im Gurr Lake, machen Ausflüge, versuchen es unten am Strand mit Slacklining, sitzen in der Sonne vor dem *Zephyr Café* und trinken kanadisches Bier aus dem Gebirge, das *Kootenays* genannt wird. Alle sagen, ich müsste hinfahren, es sei dort wunderschön.

Nur ein einziges Mal bin ich mit Travis allein. Wir fahren mit Travis' großem Pick-up zum *Chief*, mein Auto steht vor Mattis Wohnung. Wir essen unser Mittagessen auf einigen bemoosten Felsblöcken, ein Stück vom Parkplatz entfernt, wo sich die Bergsteiger treffen; Salat, Samosas mit gewürztem Dip, Saft. Er hat mir einige Zeltstellen gezeigt, denn Matti ist zwar überaus gastfreundlich und hat gesagt, ich könnte so lange bei ihm wohnen, wie ich will, aber ich möchte jetzt im Sommer doch lieber draußen schlafen. Das kommt mir viel richtiger vor, als mich in einem warmen Haus einzusperren. Ich habe einen Gaskocher und eine kleine Bratpfanne und einen Kochtopf und alles, was ich brauche, und ich liebe das Gefühl, aufzuwachen und auf die Bäume schauen zu können, die im Morgenlicht golden sind. Außerdem genieße ich es einfach, allein zu sein, das muss ich zugeben. Ich habe ein ganzes Jahr bei meinen Eltern zu Hause gewohnt, um Geld für die Reise zu sparen, und das war auch gut so, aber es ist doch schön, nicht die ganze Zeit mit anderen Menschen zusammen zu sein, Platz zu haben, etwas Eigenes, und sei es nur ein Zelt.

Wir schauen mit dem *Chief* im Rücken aufs Meer hinaus, und wie es dazu kommt, weiß ich nicht mehr, aber Travis fragt mich, woran ich glaube, und nun reden wir über alle möglichen seltsamen Dinge.

Ich glaube nicht an Gott, sagt Travis. Mein Vater, der war nicht treu, war kein guter Mann. Das hat mir die Religion fürs Leben verleidet, also, seine Heuchelei zu sehen. Ich bin jetzt seit acht Jahren mit derselben Frau zusammen, wir sind beide nicht glücklich, ich weiß, dass Schluss ist, aber ich schaffe es nicht, sie zu verlassen. Meine Freunde sagen, ich müsste mich zusammenreißen, sagen, du musst die Eier zusammenkneifen, Trav, aber das schaffe ich nicht. Sie hat auch viele gute Seiten, weißt du, ist eigentlich eine tolle Frau. Aber wir sind so verschieden, sie geht nie aus dem Haus, immer läuft der Fernseher, ich kann mich nicht erinnern, wann sie zuletzt mit mir klettern wollte. Im tiefsten Herzen weiß ich, dass es nicht richtig ist, mit ihr zusammen zu sein, aber es ist so schwer, ich habe Angst, dass sie etwas Drastisches tun wird, wenn ich gehe.

Das ist schwer, sage ich, aber du musst deinem Herzen folgen, ob du nun bleibst oder gehst.

Zwischen uns besteht eine seltsame stille Intimität, als wir nach dem Mittagessen zusammenpacken, Teller und Besteck in eine Plastiktüte stecken, den Rest des Essens in einer Plastikdose verstauen. Wir reden nicht viel, lächeln einander an, es ist ein gutes Gefühl, wie eine Verwandtschaft, und ich habe Respekt vor Trav, er ist ein guter Mann, er hat seine Probleme, aber die haben wir alle.

Als wir uns dem Parkplatz nähern, sehen wir eine Frau mit verschränkten Armen vor seinem Auto stehen.

Oh, nein, das ist meine Freundin! Und sie ist wütend!, stöhnt er. Komm jetzt nicht mit, bitte, lass mich allein mit ihr sprechen.

Er geht schneller und läuft los, ich trödele herum, setze mich ins Gras. Sie stehen da und reden, ich sehe die Frau gestikulieren, plötzlich kommt sie auf mich zu. Sie ist wütend, ihr Gesicht ist weiß und hart, sie sagt: Ich weiß nicht, was er dir erzählt hat, aber wir sind seit acht Jahren zusammen, das hier ist überhaupt nicht komisch, kapierst du das, kannst du das verstehen, wenn du mit einem Typen seit acht Jahren zusammen bist und dann erfährst, dass er die letzten Tage mit einer anderen verbracht hat?

Es ist nichts passiert, sage ich. Das kommt mir vor wie ein schwacher, idiotischer Spruch, denn ich war doch nur zwei Stunden mit Travis allein, gerade eben, als wir gegessen haben, ich würde ihr das alles gern erklären, dass hier gar nichts läuft, dass sie keinerlei Grund hat, wütend zu sein, aber ich bringe nur das eine heraus: Es ist nichts passiert.

Ich glaube, dass sie mich schlagen will, sie ruft: Was sagst du da, *dass es einfach so passiert ist?*

Nein, nein, *nichts* ist passiert, wiederhole ich, etwas lauter.

Plötzlich ist Travis da und sagt: Wir waren die ganze Zeit mit anderen zusammen, Janet, wir sind mit Matti und Pete und den anderen Jungs geklettert, ich habe dich nicht betrogen, das würde ich niemals tun.

Aber sie starrt mich an und sagt: Oh, verdammt, ich hoffe, dir ist klar, was du angerichtet hast, und ich hoffe, dir ist auch klar, dass Travis dich nicht nach Hause fahren wird, du musst schon eine andere Mitfahrgelegenheit finden.

Ich sage, das sei in Ordnung, ich will keinen Streit, gehe weg von den beiden und überquere den Parkplatz, hier ist niemand, der mich mitnehmen könnte, also setze ich mich ins Gras unterhalb des *Chief*, die glatten Granitwände spiegeln das Sonnenlicht wider, die Vögel singen, und eine kleine Brise bewegt die Grashalme. Ich merke, dass ich traurig bin, wirklich traurig, die Freude, die ich in den vergangenen Tagen verspürt habe, ist spurlos verschwunden. Ich schließe die Augen und versuche ruhig zu atmen, bete um Frieden, für mich, für Travis, für Janet, für uns alle, die Wanderfalken bauen hoch über mir ihre Nester, schweben langsam über den Himmel, und das Sonnenlicht wärmt meine Wangen, berührt mich sanft und behutsam.

*

Wenige Tage später verlasse ich die Gegend, in der ich mit einem Mobiltelefon Empfang haben könnte. Kaufe Bärenspray und eine Axt, die ich neben mir im Auto oder nachts im Zelt haben kann: Es ist jetzt nicht mehr möglich, Hilfe zu holen, wenn etwas passiert. Ich hatte schon Nächte, in denen ich laute, seltsame Geräusche im Wald gehört habe, und zwischen mir und was immer dort draußen war befand sich nur die dünne Zeltwand. Eines Nachts war es so still, dass ich aus dem Zelt auf die Straße rannte und hinten im Auto bei verschlossenen Türen schlief.

Die Straße führt nach Norden. Vorbei an Squeamish, wo der Nebel, wie weiße Drachenschwänze, an den Berghängen und über dem Meer und über den verschleierten

Inselchen vor der Küste hängt. Über die Berge, rote Blumen leuchten am Straßenrand, kleine Wasserfälle glitzern an steilen Felskuppen. Der trockene Boden, Kakteen. Kleine Stacheln bohren sich in meinen Fuß. Ich sitze am Straßenrand und esse meinen Proviant, zwei Erdhörnchen huschen vorüber. Ich halte an einem See und ziehe einen Surfanzug an, den ich in einem Sportgeschäft in Vancouver gekauft habe, lasse mich in das kalte Wasser gleiten, eine Regenbogenforelle kommt und spielt neben mir. Das Sonnenlicht wirft schräge, wellige Streifen, Schlamm vom Seeboden wirbelt auf wie Staubkörner im Licht.

Dann wieder Autobahn; die Hitze lässt den Asphalt feucht aussehen, die sonnenblanken Autos schimmern über einem Wasserspiegel, der verschwindet, wenn sie näher kommen.

Ich schlage mein Zelt vor der kleinen Stadt auf, in der Gegend, die *Ash Tray* genannt wird, Aschenbecher. Verdorrte, staubgraue Hügel. Ein kleines Feuer, Ausblick über die wogenden Grasebenen, die einfach kein Ende nehmen. Ein Rotfuchs läuft mit einer toten Maus im Maul über die Straße.

*

Am nächsten Morgen fahre ich früh zu einem der Reservate, um alte Freunde zu besuchen. Ich kenne mich hier ziemlich gut aus, ich habe viel Zeit in dieser Gegend verbracht, als ich mit Jay zusammen war. Er ist hier draußen aufgewachsen. Seine Mutter hieß Alice, eine starke, warme Frau, sie arbeitete als Lehrerin an mehreren Reservatsschulen.

Der Kiesweg, der zum Reservat hochführt, biegt ganz

plötzlich von der Autobahn ab, bei dem windschiefen Holzhaus, in dem Tankstelle, Café und Laden untergebracht sind. Ich halte an und lasse den Wagen stehen, eine Kuhglocke bimmelt, als ich die Eingangstür aus grob zurechtgehauenen Brettern öffne. Ich bestelle eine Tasse Kaffee und ein Stück Kirschstrudel und setze mich in eine der leeren Nischen mit abgenutzten Sitzen und Resopaltischen. Die Wände sind mit ausgestopften Tierköpfen bedeckt, und neben dem Tresen steht eine Vitrine mit Perlenarbeiten und Schmuck aus Wolfskrallen und Eckzähnen von Grizzlybären. Außer Lebensmitteln werden hier auch Motoröl, Spülmittel, Messer und Sport- und Angelausrüstungen verkauft.

Der Weg durch das Reservat ist im Moment nicht so schlecht, er ist offenbar vor kurzem erst gesäubert worden. – Es gibt eigentlich nur diesen Weg, mit einigen Abzweigungen. Ältere Holzhäuser und neuere Gebäude, mit abgeblätterter Farbe oder Kreuzfurnierplatten an den Wänden, stehen auf beiden Seiten des Weges. Alte Autos und Schrott liegen auf mehreren Grundstücken herum, bis zum Straßenrand. Und gleich neben dem Friedhof mit seinen schlichten Holzkreuzen liegt die Müllhalde: offene Kühlschranktüren, alte Reifen, Haushaltsabfall. Einige ausgebrannte Autowracks, eine rissige Badewanne. Es kommt vor, dass die frei herumlaufenden, halbwilden Reservatshunde in die größten Gruben der Müllhalde fallen und nicht wieder hinauskönnen, man kann sie da unten heulen und wimmern hören, bis jemand sich ihrer erbarmt und ihnen nach oben hilft.

Aber es ist hier auch schön. Am besten gefallen mir die alten Häuser und die Kirche. Die Gehege, in denen die Pferde grasen, wenn sie nicht am Weg entlangtrotten, die Wiesen, in denen kleine Bäche die sonnenverbrannte Landschaft durchziehen.

Louisa und Carey, ein Ehepaar, das ich kennengelernt habe, als ich mit Jay zusammen war, wohnen ganz oben am Ende des Weges. Louisa ist First Nations, Carey kommt von der Ostküste, aus Nova Scotia. Und er sieht aus wie ein Schotte mit den rötlichen Haaren, der blassen sommersprossigen Haut, aber er wohnt jetzt schon seit über dreißig Jahren im Reservat. Als ich auf ihren Hofplatz fahre, grillen sie gerade über dem Feuer Elchschnauzen. Die Schnauze wird auf die Glut gelegt, die Haare werden abgesengt. Carey kratzt die verkohlte äußere Schicht ab, und Louisa schneidet die Schnauze in kleine Streifen, legt sie in eine Art Lake und bäckt sie im Ofen. Sie hat auch das Fleisch in Streifen geschnitten, die hängen an gespaltenen Stäbchen und werden draußen über dem Feuer gebraten.

Louisa ist unermüdlich an der Arbeit, denn an dem Fleisch ist ganz schön viel zu tun, wenn Carey oder der älteste Sohn auf Jagd waren, oder nach der Herbstfischerei am Lachs, er muss auf bestimmte Weise zerlegt oder filetiert werden, geräuchert oder getrocknet oder eingeweckt. Sie flicht Körbe aus Birkenrinde, presst die großen Rindenstücke unter Steinen, damit sie gerade werden und Louisa sie nach Belieben formen kann. Sie sammelt im Wald wilde Pflanzen und nutzt sie als Lebensmittel, Tee und Medizin. Und um die beiden Pferde kümmern sich vor allem Louisa und der jüngste Sohn, Jeff.

Jeff geht mit mir zum Gehege, wo die Pferde stehen. Er wirft dem einen von ihnen eine bunte mexikanische Decke über den Rücken und zeigt mir, wie man sattelt, erklärt mir das Zaumzeug. Mit seinen zwölf Jahren ist er schon ein erfahrener Reiter, in diesem Jahr wird er zum ersten Mal am Rodeo teilnehmen und ganze Tage im Sattel verbringen. Er sieht so erwachsen aus, ist gekleidet wie die meisten Männer hier draußen, trägt spitze Cowboystiefel, Jeans, Cowboyhut. T-Shirt im Alltag, an Festtagen Hemd mit Schnürsenkel-Schlips.

Schau mal, sagt er, du machst so und so, und bald sitze ich im Sattel und presse dem großen Tier meine Hacken in die Seite, und die Stute jagt den steilen Hang hoch, der Staub stiebt vom sonnenverbrannten Boden hoch, der Kies fliegt um ihre Hufe, als wir vor Jeff anhalten und ich atemlos lächele.

Jeff ist auch ein guter Schütze.

Ich mag Billy the Kid, sagt er, und zeigt mir eine Kopie von Billys sechsschüssigem Revolver. Es ist zum Glück keine echte Waffe, noch schießt Jeff mit einem Luftgewehr.

Und dann übe ich, an der Seite des Pferdes zu hängen und mich mitten im Ritt in den Sattel zu ziehen. Billy the Kid war ein guter Reiter, sagt Jeff.

Müsstest du nicht zu den Natives halten?, frage ich scherzhaft.

Doch, gibt Jeff zu. Aber die Gesetzlosen waren cooler. Vor allem finde ich Billy in der Serie *Pony-Express* toll. Das ist meine Lieblingsserie.

Er zieht blitzschnell den Revolver, lässt ihn um den Zeigefinger wirbeln, packt den Schaft und zielt. Hast du schon mal *Pony-Express* gesehen?

Ja, als ich so ungefähr in deinem Alter war. War gut.

Wer hat dir denn da am besten gefallen?

The Kid war schon in Ordnung, sage ich und lache. Aber ich hatte auch eine Schwäche für Wild Bill Hickok …

Wir reden weiter über die Gesetzlosen des Wilden Westens, während Jeff mir zeigt, wie man ein Pferd striegelt und wie man Sattel und Zaumzeug aufhängt.

*

Mitten auf dem Tisch steht eine große Plastikschüssel mit Elchfleisch, und wir sitzen da mit Schnittbrettchen und Gabeln, Louisa, Carey und ich. Die Jungs und noch andere Gäste sind ebenfalls in der Küche, und während wir das Fleisch von Häutchen und Sehnen befreien, reden und lachen wir. Ein Gast zeigt auf den großen Knochen, den Carey aus der Schüssel zieht, und sagt: Der Arzt meint, ich sei jetzt reif für eine Hüftoperation, ich kann meinen eigenen Hüftknochen mitbringen, was, dieser Elchknochen würde sich doch gut machen, und wir prusten los. Er ist ein älterer Mann, erzählt jetzt von seinem Auto, dass der Allradantrieb nicht funktioniert, aber er hat ihn erst mal repariert, indem er einen schweren Stein über den Schalter geklebt hat, mit Klebeband.

Ach ja, jetzt funktioniert es, er nickt, lächelt, und wir lachen und juxen. Es wird viel über Autos geredet, einer der Jungs hat einen Lastwagen, der nur anspringt, wenn es abwärtsgeht, die Gangschaltung ist ziemlich hinüber, und der ältere Mann schlägt vor, ihn als Karren zu nehmen und einfach Pferde davorzuspannen.

Ich habe neulich einen gesehen, der das gemacht hat, sagt Carey, das ist noch nicht mal lange her.

Es sind freundliche Neckereien. Die meisten helfen auf irgendeine Weise mit, denn das Fleisch stammt von den Beinen des Elchs, und es macht sehr viel Arbeit, es sauber zu schneiden. Wir trinken Tee, und Louisa holt einen Gewürzkuchen aus der Tiefkühltruhe, der Kuchen enthält klein geschnittenes Elchfleisch, er ist nach einem alten Rezept gebacken. Später essen wir Stücke von geräuchertem, im Ofen gebackenem Fleisch, je mehr Fett, desto besser. Saftige, himmlische Bissen.

*

Mitte Juli findet in einer nahe gelegenen Kleinstadt das alljährliche Rodeo statt. Einige der Natives aus den umliegenden Reservaten reiten noch immer hin. Wenn sie an der Autobahn entlangreiten, brauchen sie dafür ungefähr eine Woche. Die Arena liegt in einer offenen Ebene, der ganze Bereich ist eingezäunt und sie haben einfache Tribünen gezimmert. Wir sind nicht viele, bronzebraune schöne Gesichter aus dem Reservat, Cowboys mit staubigen Hüten. Eine junge Frau ist zu Pferd gekommen, sie sitzt gerade auf dem Rücken ihrer Stute und hat eine lange Feder in den Haaren.

Bier gibt es in einem eigenen Bereich, einem Biergarten. Ich halte einen Plastikbecher voll Bier in der Hand und sehe zur Arena hinüber, zu den Pferden mit ihren flatternden Mähnen und den wilden Stieren, sie bäumen sich auf, werfen ihre Reiter ab, der Staub stiebt auf und wirbelt weiß unter der sengenden Sonne, der Schweiß perlt. Betrunkene Männer taumeln o-beinig zum Tresen, verlangen mehr Bier und rauchen billige Zigaretten, die sie dann auf den Boden schnippen. Das grelle Licht blendet. Es ist schon am frühen Abend stockdunkel, und als ich zum Tanzlokal laufe, fliegen mir jedes Mal, wenn ich Luft hole, Mücken in Mund und Nase. Sie schwärmen und summen, ich muss stehen bleiben, einen dicken Tannenzweig von einem Baum schneiden und damit um mich schlagen, in dem Versuch, die Insekten zu vertreiben.

Der Tanz hat schon begonnen. Die meisten kommen mit dem Auto, aber einige Einheimische reiten auch, sie gleiten lässig vom Pferderücken und binden die Tiere an den Zaun vor dem großen Holzhaus. Eine lokale Band spielt eine seltsame Mischung aus Coverstücken, Country und Swing, die Bühne ist mit Weihnachtslichtern dekoriert. Wir tanzen und tanzen. Ich tanze mit den jungen Mädchen und drehe eine Runde mit einigen Cowboys und mit Jeremy, einem gutaussehenden Mann von Mitte fünfzig. Ich lerne seine Frau Diana kennen, sie hat ein ansteckendes Lachen. Ich weiß es noch nicht, aber wir werden sehr enge Freunde werden, und an dem Tag, an dem ich sie verlassen muss, werde ich weinen.

Ich gehe nach draußen, hinter den Wolken aus Mücken ist es sternenklar, und die Luft ist kühl und frisch. Einige wilde Pferde grasen im Wald hinter dem Haus. Die anderen Pferde wiehern und schütteln den Kopf, so dass die Mähnen ihnen um den Hals peitschen, sie stampfen mit den Hufen auf, versuchen, sich loszureißen.

*

Robert, ein Medizinmann, den ich beim Rodeo kennengelernt habe, poliert Knochensplitter für das *lahal,* ein Stäbchenspiel. Wir sitzen auf dem Hofplatz vor dem Haus seines Cousins, im Reservat, unter den trockenen Bergen mit den Höhlen, in denen die Geister ruhen und ab und zu herauskommen und den Menschen Visionen bringen.

Es ist heiß, wir sitzen auf alten Campingstühlen im Schatten eines Baumes. Robert benutzt eine elektrische Poliermaschine, um die Stäbchen aus den Knochen von Rehen und Hirschen zu bearbeiten. Zwei Stäbchen, für jede Hand eines, eins mit grünen Streifen, das andere ganz glatt und weiß. Robert reicht mir schmale Stücke getrockneten Hirschfleischs, und ich reiße sie mit den Zähnen in Stücke, wir trinken Kaffee, er hat mir eben einen Medizinbeutel gegeben, handgewebt, mit Medizinsteinen aus der Schwitzhütte.

In den Steinen liegen Gebete, sagt er, und er sagt, ich müsse mit ihnen reden, so könne ich herausfinden, wie ich die Steine benutzen soll. Während wir dort sitzen, kommt ein Reh auf das Grundstück des Vetters und fängt an zu grasen. Sein Kopf verschwindet zwischen den gelben Grashalmen, die dem Tier bis zum Bauch reichen. Robert sieht mich an, ein seltsamer heißer Laut kommt aus seiner Kehle, das Reh hebt ganz schnell den Kopf und schaut sich um, seine Ohren drehen sich in unsere Richtung. Robert ruft und ruft wieder, und das Tier kommt langsam durch das Gras auf uns zu. Näher und näher, ich wage nicht, mich zu bewegen, bald steht es neben meinem Stuhl, so nah, dass ich die Hand ausstrecken und es berühren kann, und es starrt die ganze Zeit Robert an, als ob es nicht ganz begreifen könnte, was das für ein Geschöpf ist, doch dann bringt ihm ein plötzlicher Windstoß die Witterung von Menschen, und es fährt herum und rennt davon.

Robert sagt: Es kann ganz dicht an dich herankommen, wenn du mit ihm redest. So dicht, dass du ihm deinen Namen nennen kannst. Einmal bin ich an weißen Jägern vorbeigekommen, und in der Nähe war ein großes Rudel Hirsche, und ich habe sie gerufen und bin zu einem großen Bock gegangen, einem Achtender, so dicht, dass ich ihn anfassen konnte, ich habe ihn vor den Augen dieser Jäger erlegt. Sie wollten ihren Augen nicht trauen!

Wer hat dich gelehrt, mit ihnen zu sprechen?, frage ich.

Als ich jung war, habe ich draußen im Wald gelebt, manchmal habe ich drei Monate lang keinen Menschen gesehen. Die Rehe haben mir selbst beigebracht, zu sprechen wie sie. Ich rufe sie so, wie die Mutter ihre Jungen ruft.

Er vermischt die Knochenstäbchen, reibt sie zwischen seinen Handflächen, bewegt rasch die Hände. Hält die Fäuste vor seiner Brust über Kreuz: In welcher Hand habe ich das unmarkierte Stäbchen?

Ich sehe seine Augen an, seine Hände, zeige auf eine, sage, ich glaube, da. Er lächelt, streckt die Hand aus und öffnet sie langsam. Das weiße Stäbchen.

*

Robert lädt mich zu einem *Powwow* in Squilax ein, er will Lahal spielen. Ich fahre auf der Autobahn nach Süden. Es donnert nach mehreren Tagen mit erstickender Hitze, und der Regen hämmert auf die Motorhaube, die Scheibenwischer jagen hin und her, aber ich kann trotzdem nur mit Mühe sehen. Ein riesiger Lastwagen fährt hinter mir, fährt zu schnell, fährt fast in mich hinein, ich trete das Gaspedal durch und schlingere weiter, der Lastwagenfahrer fährt weit über hundert, bremst aber nicht. Es gibt hier nur zwei Fahrspuren, und ich presse das Pedal noch weiter nach unten, sehe im Spiegel, wie er immer näher kommt, einige Sekunden vergehen und ich habe nicht nach vorn geblickt, nur rückwärts, auf den Lkw, ich reiße voller Panik meinen Blick los und sehe, dass ich noch immer in meiner eigenen Fahrspur bin, ohne so ganz zu begreifen, warum. Der Verkehr rast auf mich zu, das Wasser spritzt auf, der Wagen rutscht und glitscht über den nassen Asphalt. Eine Ewigkeit vergeht, endlich kann der LKW sein Tempo drosseln.

Ich fahre von der Straße ab. Wende und fahre nach Norden. Ehe ich oben auf dem Höhenzug den Zugang zum Netz verliere, schicke ich Robert eine Mitteilung, dass ich nicht komme. Stattdessen fahre ich nach Westen und dann mehrere hundert Kilometer in Richtung Meer.

Es ist fast niemand unterwegs. Als es dunkel wird, halte ich mich mitten auf der Fahrbahn, um den Rehen auszuweichen, die mit leuchtenden Augen am Straßenrand stehen. Zweimal taucht das kegelförmige Licht von Vorderscheinwerfern aus dem Nachtdunkel auf, und ich halte mich auf der rechten Fahrspur, bis wir aneinander vorbei sind. Als ich spätabends ein kleines Dorf erreiche, halte ich am Straßenrand, klettere nach hinten und schlafe endlich ein, zusammengekrümmt und in unbequemer Haltung. Es ist unerträglich warm, mein Schweiß strömt nur so, aber ich kann wegen der Mücken kein Fenster aufmachen, die segeln Tag und Nacht in schwarzen Wolken über den Himmel. Ich wache früh auf und fühle mich wie gerädert.

Hier gibt es nicht viel: Wie im Reservat ist das Hauptgebäude ein altes Holzhaus, das als Lebensmittelladen, Andenkenkiosk und Tankstelle zugleich dient. Zudem gibt es ein Postamt mit Selbstbedienung und eine Telefonzelle, die einsam auf der anderen Straßenseite steht. Ein Stück weiter die Straße entlang liegt eine Bäckerei. Ich taumele mit Schlaf in den Augen und zerzausten Haaren hinein, zum Frühstück gibt es für mich Kaffee und eine riesige Zimtschnecke mit klebriger Glasur.

Der Bäcker ist ein junger Mann mit Vollbart, Heavy Metal T-Shirt und muskulösen Armen. Er steht auf Angeln und Jagen, deshalb wohnt er hier im Dorf, aber viel Arbeit gibt es hier nicht; zum Glück kann er Zimtschnecken backen, die in weitem Umkreis bekannt sind, die Menschen kommen von weit her, um sie zu kaufen. Als ich erzähle, dass ich auf dem Weg an die Küste bin, fragt er, ob jemand mir was über die Straße erzählt hat. Du weißt doch, dass es die ganze Zeit bergab geht?

Also, ich habe ja gehört, dass es steil ist, sage ich.

Du kannst die Bremsen nicht benutzen, erzählt er, es ist zu steil, die Strecke ist zu lang, über vierzig Kilometer, an einer Stelle beträgt das Gefälle nahezu zwanzig Prozent, und so geht es viele, viele Kilometer lang. Wenn du also die Bremsen benutzt, dann verbrennen die irgendwann, verstehst du? Die funktionieren nicht mehr, sie werden heiß, das Gummi wird weich und klebrig, und es raucht aus der Motorhaube, es gibt viele, die da nicht anhalten konnten, die unterwegs die Bremsen eingebüßt haben, und das ist nicht gut, es gibt da unten keine Leitplanke. Es kommt vor, dass Touristen, die sich dorthin verirrt haben, sich weigern, dieselbe Strecke zurückzufahren, und mit dem Schiff oder Flugzeug herausgebracht werden müssen. Der Staat ist für diese Straße nicht verantwortlich, irgendwer hat sie einfach angelegt, ich glaube, in den sechziger Jahren. Einer von den alten Typen hier hat die Initiative ergriffen, er hatte einen Bagger, und da haben sie die Straße aus dem Hang herausgebaggert. An einigen Stellen ist sie so schmal, dass immer nur ein Auto fahren kann, normalerweise halten dann die, die auf dem Weg nach oben sind, für die ist es leichter. Aber egal, du musst mit der Gangschaltung bremsen, verstehst du, den ersten Gang einlegen, langsam abwärtsfahren.

Hier, sagt er und gibt mir einen Pappbecher mit Kaffee, der geht aufs Haus, stell einfach einen Bergstiefel auf den Sitz neben deinen, klemm ihn irgendwo fest, dann steckst du den Becher rein, einen besseren Tassenhalter kannst du lange suchen!

Wir lachen beide über diesen Tipp, und ich bedanke mich herzlich für den guten Rat, was das Bremsen angeht, das hatte ich nicht gewusst. Es ist ein wunderschöner Tag, rote und gelbe Wiesenblumen am Straßenrand, die Straße ist nicht mehr asphaltiert, bald komme ich an einem plätschernden Gebirgsbach vorbei, und das Gras ist grün wie im Elfenland. Es ist so schön, dass ich anhalte und aussteige. Innerhalb von zwei Sekunden bin ich umgeben von summenden Mückenschwärmen und muss mich zurück ins Auto kämpfen, wo ich zehn Minuten lang sitzen bleibe und mit den Armen fuchtele, um die vielen Blutsauger zu zerquetschen, die mich bis hierhin verfolgt haben. Ich genieße die Weiterfahrt, komme aber nicht auf die Idee, noch einmal aus dem Auto zu steigen. Ein kleiner Schwarzbär läuft über die Straße, und ich halte an und sehe ihm lange zu, während er spielt und Pflanzen frisst. Und dann geht es bergab.

Die Straße ist sehr steil und kurvenreich, festgetrampelte Erde mit Löchern hier und da, an einigen Stellen ist die Kante eingebrochen. Und gleich hinter der Kante: der Abgrund. Ich lege den ersten Gang ein und fahre im Schneckentempo abwärts, es gibt einen lauten Knall und das Auto wird schlagartig schneller, als der Schalthebel auf neutral springt. Ich bremse energisch und erlange langsam die Kontrolle zurück, schalte wieder in den ersten, noch ein Knall und der Wagen schießt nach vorn wie eine Rakete, dem Abgrund bedrohlich nahe. Ich bremse so hart ich kann, aber es dauert lange, ehe ich aufatmen kann. Ich bringe die Abfahrt im zweiten Gang hinter mich und drücke unterwegs doch immer wieder auf die Bremse, dennoch geht es fast zu schnell, die Straße ist aus der Felswand herausgeschnitten und folgt ihr in scharfen kleinen Kurven. Zum Glück kommt mir niemand entgegen, und ich versuche, nicht über die Kante zu schauen, hinab ins Leere.

Unten im Tal hat das alljährliche Musikfestival begonnen, und ich halte am Straßenrand und setze mich mit den anderen vor den Pavillon und höre zu, wie der Sänger einer lokalen Band schrille Schreie ausstößt. Ich finde seine Texte wunderbar, er singt von Bäumen mit goldenen Blättern, von sprechenden Steinen. Es ist ein kleines Festival, obwohl der ganze Ort gekommen ist, hier wohnen nicht viele.

Ich lerne zwei nette Menschen kennen, Annabelle und Dalton, mit denen ich in der Schlange vor dem Kartenschalter ins Gespräch komme und mit denen ich dann zusammenbleibe. Annabelle ist eine junge Engländerin, die umherreist und auf allerlei Höfen arbeitet. In wenigen Tagen wird sie nach England zurückkehren. Dalton ist etwas älter als ich, er wohnt hier im Dorf.

Und ich begegne einem Mann, der mir Angst einjagt. Das passiert so: Nach zwei Stunden auf dem Festival möchte ich mich ein bisschen umsehen und beschließe, ins Dorf zu fahren.

Die besten Bands treten ohnehin erst heute Abend auf, sagt Annabelle, du verpasst also nichts Großes.

Als ich zu meinem Auto komme, sehe ich, dass ich nicht wegfahren kann. Eine erfahrenere Chauffeuse würde den Wagen wohl aus der engen Nische bugsieren können, aber für mich ist es einfach unmöglich. Warum nicht trampen, denke ich, so ein kleiner Ort, hier ist es sicher wie auf der Insel? Und ich stelle mich an den Straßenrand und hebe den Daumen.

Der erste Wagen, der hält, ist ein schmutziger weißer Pick-up. Ich kann gerade noch einen Hund auf der Ladefläche sehen. Er ist mager und sieht räudig aus, er scheint am ganzen Leib zu zittern und fiept immer wieder. Dann wird die Wagentür geöffnet, der Fahrer hat sich zur Seite gebeugt und will mich einsteigen lassen.

Ich klettere gerade auf den Sitz, als das Lächeln auf meinen Lippen erstarrt. Der Fahrer ist ein riesiger muskulöser Kerl, der harsche Geruch nach altem Schweiß brennt in meinen Nasenlöchern. Und seine Augen haben einen ganz besonderen, stechenden Blick. Wie eine dünne Glasur, die nur haarscharf ein Meer aus unterdrückter Wut und Frustration bedeckt. Alles, was ich an Warnglocken habe, gibt Alarm, ich spüre, wie sich mein ganzer Körper vor Angst verkrampft, dennoch steige ich ein und ziehe die Wagentür hinter mir zu. Ich verstehe selbst nicht, warum ich das tue, außer, dass ich es irgendwie nicht schaffe, anders zu reagieren, dass ich ganz automatisch weitermache und mir dabei der Gedanke durch den Kopf schießt, dass es unmöglich wäre, die angebotene Tour abzulehnen.

Willst du ins Dorf, fragt er, und ich nicke und sage, ja, danke, es wäre sehr nett, meine Stimme versagt fast und mein Mund ist wie ausgedörrt, denn ich weiß ganz genau, dass das hier falsch ist, dass ich machen muss, dass ich hier wegkomme. Aber statt eine Entschuldigung zu finden oder zu sagen, ich hätte mir die Sache anders überlegt, bleibe ich sitzen wie gelähmt.

Er fährt hinaus auf die Straße.

Seine starren Augen gleiten über mich hinweg und halten in Brusthöhe inne. Du bist nicht von hier, sagt er. Oder was?

Nein, ich bin aus Norwegen.

Das ist weit weg, sagt er, und ich lächele angestrengt und nicke, ja, stimmt.

Du bist allein unterwegs?, fragt er und starrt mich an, und irgendwas blinkt da unten in der Tiefe, etwas, das mir kalte Schauer über den Rücken jagt, eine Art gierige Erwartung.

Ich will widersprechen, bringe aber kein Wort heraus, ich sitze nur da und sehe die dicken Muskeln, die sich unter der Haut seiner bloßen Arme wölben, die Nägel mit dem eingewachsenen Trauerrand an den starken, verdreckten Arbeiterfäusten, die sich um das Lenkrad schließen, ich kann ihn nicht aus den Augen lassen. Ab und zu zuckt sein Gesicht, eine Art Grimasse.

Ich kann nicht genau erklären, was an ihm es ist, das mir solche Angst macht, aber die Angst wächst noch weiter, als wir unterwegs sind und er ab und zu eine zusammenhanglose Bemerkung über die Frauen im Dorf macht, über Frauen ganz allgemein; seine Bemerkungen sind geprägt von tiefer Enttäuschung, Verbitterung und Frustration. Ich denke: Das ist ein Mensch, der viele Male abgewiesen worden ist, und das hat ihn sehr, sehr wütend gemacht.

Wir sind schon eine Weile unterwegs, als er plötzlich ohne ein Wort von der Hauptstraße auf einen kleinen Waldweg abbiegt.

Mein Magen krampft sich zusammen, mir wird schlecht. Ist das denn der Weg ins Dorf, frage ich endlich, während ich versuche, meine Stimme fest klingen zu lassen.

Er sieht mich wieder an. Seine Augen werden kalt, eine Kruste aus Eis über etwas, das ich nicht beschreiben kann.

Nein. Aber du bist ja Touristin. Ich will dir etwas Schönes zeigen.

Ich lache nervös. Das ist sehr nett von dir, aber ich weiß nicht, ob ich dafür Zeit habe. Verstehst du, ich wollte nur kurz ins Dorf, dann muss ich zurück zum Festival.

Er hebt die Hand, lässt mich nicht ausreden. Das dauert nicht lange, sagt er.

Dann sagt er nichts mehr, hält den Blick auf die Straße gerichtet. Wir fahren weiter, tiefer in den Wald.

Die Zeit vergeht. Kein einziges Haus ist mehr zu sehen.

Das Bärenspray!, denke ich. Das habe ich doch in meine

Tasche gesteckt. Vorsichtig lege ich mir die Tasche auf die Knie, öffne sie und nehme ein Döschen Lippenpomade heraus. Lasse die Tasche offen auf meinen Knien liegen, schiebe vorsichtig die Hand hinein und taste nach der Sprayflasche.

Meine Hand schließt sich um das Bärenspray, aber ich spüre instinktiv, dass meine beste Verteidigung darin liegt, meine Angst nicht zu zeigen, zu tun, als sei es ganz normal, dass wir immer tiefer in den Wald fahren, auf einem Weg ohne andere Autos, auf einem schlecht erhaltenen Weg ohne irgendwelche Häuser in der Nähe.

Plötzlich hält er an. Bleibt ganz still sitzen, die Hände auf das Lenkrad gelegt. Ich kann seinen Hund auf der Ladefläche leise wimmern hören.

Hat das hier also auf mich gewartet, denke ich, soll es wirklich passieren, das, wovor ich mich am allermeisten gefürchtet habe, und ich denke an meine Familie, daran, dass niemand weiß, wo ich gerade bin, und dass dieser Mann das begriffen hat. Ich glaube, mich erbrechen zu müssen, aber plötzlich bin ich ganz ruhig. Es ist, als ob die Zeit stillstände, und ich komme mir extrem hellwach vor, ich bemerke noch die winzigste Veränderung und Bewegung in seinem Gesicht und seinem Körper. Es ist wie in der Nacht, als mir auf dem Pfad der wilde Wolf begegnet ist: Mich überkommt so plötzlich wie damals dieselbe unerklärliche Furchtlosigkeit. Und ich denke, dass ich mich so teuer wie möglich verkaufen werde, dass ich mich mit aller Kraft wehren will. Ich bin bereit, jeden Augenblick das Selbstverteidigungsspray aus der Tasche zu ziehen. Und ich lächele ihn in einer Art kalter Entschlossenheit an.

Es ist sehr schön hier im Wald, sage ich. Man kann hier sicher viele wunderbare Touren machen. Tausend Dank, dass du mir das gezeigt hast. Aber jetzt müssen wir doch zurückfahren.

Ich weiß nicht, was in diesem Augenblick in ihm vor sich geht. Ein langer Moment verstreicht.

Dann zeigt er tiefer in den Wald. Da gibt es einen Weg, sagt er mit heiserer Stimme. Wenn du dem tiefer in den Wald folgst, kannst du Steine mit Felsritzungen der Einheimischen sehen, die sind Hunderte, Tausende von Jahren alt.

Er lässt den Motor wieder an. Das wollte ich dir nur zeigen, sagt er.

Nachdem er mich in der Ortsmitte abgesetzt hat, gehe ich in ein Café. Laufe sofort zur Toilette und übergebe mich. Meine Hände zittern so heftig, dass ich mir fast nicht die Haare aus dem Gesicht halten kann.

Auf dem Rückweg sorge ich dafür, von einem älteren Ehepaar mitgenommen zu werden.

Annabelle steht vor einem der knallbunten Festivalzelte. Sie zieht mich zur Seite: Was ist los mit dir, ist alles in Ordnung?

Ich weiß nicht, sage ich. Wir setzen uns ins Gras dicht vor den Zaun, und ich erzähle ihr von meiner Fahrt per Anhalter.

Was, sagt sie, du bist mit Chris gefahren? Ob du's glaubst oder nicht, ich weiß genau, von wem du hier redest. Hab eben erst auf seinem Hof ausgeholfen, zwei Wochen lang; ich habe aufgehört, weil ich inzwischen Angst davor hatte, mit ihm allein zu sein, deshalb will ich auch zurück nach England, viel früher als geplant. Weißt du, was er zu mir gesagt hat? Er hat gesagt … wir misteten gerade den Schweinestall aus, … wenn er mich vergewaltigen wollte, hätte ich keine Chance, denn er sei viel stärker als ich, er könnte mich mit einer Hand festhalten und mir mit der anderen die Kleider vom Leib reißen. Er hat das mehrere Male gesagt … auf eine seltsame Weise irgendwie. Einmal hat er meinen Arm festgehalten, hat so seltsam geatmet, ich dachte, er würde mich nie wieder loslassen. Das Schlimmste ist, dass ich noch zwei Tage dort wohnen muss, zum Glück ist noch ein Freund von ihm da, ein wirklich sympathischer Typ, und da muss ich einfach durchhalten, aber ich sorge dafür, dass ich nie mit Chris allein bin, das wage ich nicht. Ich will nur nach Hause.

Sie schluckt, fährt sich mit der Hand durch den blonden Pony.

Sie ist erst neunzehn.

Ich umarme sie, drücke sie an mich.

Ich bin nicht ängstlich, sagt sie, ich bin gerade erst allein durch Südamerika gereist. In Peru habe ich mir einen Adler mit Flügeln wie Berge tätowieren lassen, sieh mal hier. Sie krempelt ihr Hosenbein hoch und zeigt ihn mir.

Ich hatte keine Angst, sagt sie, nur damals, als mich ein Typ mitgenommen hat, der das abgerissene Bein einer Barbiepuppe an einer dünnen Kette am Spiegel hängen hatte. Ich fand das so seltsam, dass ich auf das Barbiebein gezeigt und dabei gelächelt habe, und der Typ wurde wütend, fragte, was daran denn zum Teufel so komisch sei.

Sie verzieht den Mund zu einem bitteren Lächeln und sagt dann: Und ich sagte: *Nichts! Nichts!* Ich hatte Angst um mein Leben, saß nur da und schwitzte, bis er mich aussteigen ließ.

Und mit Chris war es auch so, sagt sie. Ich hatte die ganze Zeit furchtbare Angst, er könnte etwas probieren, so dass ich ihn abweisen müsste, denn ich hatte Angst, dann würde er durchdrehen. Diese ganze Wut, die einfach in ihm schwelt.

Ja, sage ich, genau davor hatte ich auch Angst.

Sie sagt zu mir, dass ich auf mein Bauchgefühl hören muss, dass nur das mich beschützen kann, wenn ich allein unterwegs bin. Sie sagt, dass mit dem Barbietypen etwas nicht gestimmt und sie Glück gehabt hat, es hätte etwas Gefährliches passieren können. Dass mit Chris etwas nicht stimmt. Sie sagt: Du musst vorsichtig sein.

Später an diesem Abend stehe ich vor der Bühne, es ist dunkel, die neonbunten Bühnenlampen funkeln und die Geiger fiedeln um ihr Leben, und ich habe meine Autofahrt fast vergessen, als Annabelle, die auf dem Festivalgelände herumgewandert ist, zu mir kommt und sagt: Chris ist hier, er ist offenbar aufs Festival gekommen, um dich zu suchen, er hält nach jemandem Ausschau, und als er mich gesehen hat, fragte er, ob ich hier eine Norwegerin getroffen hätte, denn er suche sie, eine, die vorhin mit ihm per Anhalter gefahren sei, hat er gesagt.

Wir sehen einander an.

Dalton steht am Eingang, sagt sie. Kannst du ihn nicht fragen, ob er einen sicheren Ort weiß, wo du übernachten kannst?

Dalton lässt mich in einem alten Wohnwagen schlafen, den er auf einem Grundstück außerhalb des Dorfes stehen hat, dem überwucherten Gelände eines verlassenen Motels. Er fährt vor mir her, führt mich rasch im Licht einer Stirnlampe herum, dann fährt er zurück aufs Festival. Überall stehen verrostete Autos, im Wald sehe ich die Skelette aufgegebener Campinghütten, die vor einigen Jahren eine Überschwemmung zerstört hat.

Ich nehme das Bärenspray und die kleine Axt mit in den Wohnwagen. Mein Mobiltelefon findet hier kein Netz, und Daltons Haus liegt eine halbe Stunde entfernt. Ich schließe nachts die Tür zu, denn im Kühlschrank, der nicht funktioniert, liegt Lachs, und der Blutgeruch eines Fisches kann Bären anlocken. Aber ich schließe auch ab, weil ich vor Chris Angst habe, weil ich mir vorstelle, dass er Dalton und mir gefolgt ist und weiß, dass ich hier allein bin, dass er in der Nacht in den Wohnwagen eindringen wird. Ich kann fast seinen Schweiß riechen, und ich bin so froh, dass ich die Tür abschließen kann, auch wenn ein einziger Tritt sie vermutlich aus den Angeln heben würde, aber das bedeutet, dass ich ihn hören werde, und ich kann dann immer noch die Sicherung vom Bärenspray drehen und das Gesicht abwenden, während ich ihm in die Augen spritze, und dann werde ich die Axt packen, ich werde an ihm vorbeirennen, ich werde durch hohes Gras und Schafgarbe und Fingerhut und Brennnesseln zum Auto jagen und dann weg hier. Solange er mir die Reifen nicht aufgeschlitzt hat, so lange er nicht darauf vorbereitet ist, dass ich das Bärenspray in der Hand halte, solange er seine Augen nicht beschützt, so lange er mir nicht die Axt aus den Händen reißt. Es wäre besser, wenn ich einen Revolver hätte. Dann könnte ich ihm ins Bein schießen. Ich könnte mich besser verteidigen. Und plötzlich kommt es mir lächerlich vor, dass ich keine Schusswaffe besitzen darf und dass Annabelle Angst haben muss, weil sie das Plastikbein einer Puppe an einer Kette baumeln sieht, denn sie sitzt im Pickup eines Fremden, hilflos.

In diesem Augenblick beschließe ich, Schießen zu lernen. Ich wälze mich auf der feuchten Matratze hin und her, und die Mücken kommen durch die Risse in der Wand und landen wieder und wieder auf meinem Gesicht, aber ich fühle mich ruhiger. Ich habe mich klein gemacht, habe mein Leben lang mit der Angst gelebt. Jetzt will ich weg von der Angst, sie dahin zurückschicken, wo sie hergekommen ist, ich will sie nicht mehr haben. Das Einzige, was ich will, ist, ein freies Leben zu leben. Und niemand, weder Mensch noch Tier noch Geist, soll mich daran hindern.

*

Später in diesem Sommer bringe ich mir mit einem Schrotgewehr das Schießen bei. Das Gewehr ist schwer und unpraktisch, die Jungs lachen über mich, als ich da in einem kurzen Sommerkleid auf dem improvisierten Schießgelände stehe, aber am Ende kann ich laden, sichern und entsichern, Magazin und Kammer überprüfen, und ich weiß, wie ich mit der Waffe umgehen muss. Es ist eine Pump-Action Defender mit Bärenpatronen, der Rückstoß ist nicht so heftig, wie ich erwartet hatte. Die Patronen sind zu teuer, um damit Schießen zu üben, aber wir werfen einige Tontauben hoch. Ein junger Grizzlybär kommt fast bis ins Lager, während wir gerade zusammenpacken, macht aber im letzten Augenblick kehrt. Und das ist nur gut so, denn die Jungs erzählen mir, dass man einen Grizzly voll ins Herz treffen kann, aber trotzdem wird er weiterlaufen, wird nicht aufgeben, wird erst sterben, wenn er dich in Fetzen gerissen hat und endlich zu Boden sinkt.

*

Nach dem Ausflug an die Küste fahre ich zurück ins Reservat, wo ich ein weiteres befreundetes Paar besuche, Penelope und Billy. Penelope kommt aus Mexiko und Bill ist ein Einheimischer, sie haben zwei kleine Kinder. Billy ist einer von denen, die die Traditionen gern am Leben erhalten wollen. Er stellt sich gern ein Tipi in den Garten, bei Vollmond sind alle willkommen, nur nicht die Frauen, die ihre *Mondzeit* haben, die sollen an Zeremonien nicht teilnehmen. Das liegt daran, dass die Mondzeit einer Frau als überaus kraftvoll und heilig gilt, und das kann störend oder gefährlich sein, wenn man nicht richtig damit umgeht, so stark ist es. Außerdem, erfahre ich, ist es wie eine eigene Zeremonie, und eine Frau, die ihre Periode hat, braucht dann eigentlich gar keine anderen Zeremonien mehr.

Alle sitzen im Kreis, und die Medizinpfeife wird herumgereicht. Wer sie in der Hand hält, spricht einige Worte: ein Gebet, einen Wunsch, worum sie sich bemühen, wofür sie dankbar sind. Oder sie sitzen schweigend mit der Pfeife da. Alle warten respektvoll. Wenn die Person, die gerade die Pfeife hat, fertig ist, endet sie gern mit den Worten: »All my relations«, alle meine Verwandten, eine Erinnerung daran, dass wir alle verwandt sind, Zweibeinige und Vierbeinige, alles, was lebt.

Auch Gegenstände wie die Pfeife werden als lebende Wesen betrachtet.

Die Pfeife liegt schwer in meinen Händen. Ich ziehe einige Male an dem starken Tabak, lasse den Rauch zwischen meinen Lippen hinaussickern und zum Himmel hochsteigen. Ich sitze schweigend da, lasse mein Gemüt von innigen Wünschen erfüllen.

All my relations, sage ich und reiche die Pfeife weiter.

Die Trommel aus Hirschfell, die an einem Tipipfahl hängt, lässt einen scharfen Knall hören.

*

Ich wohne noch immer bei Carey und Louisa. Sie sind herzlich und gastlich, ich komme mir jetzt ein bisschen vor wie ein Familienmitglied. Das nächste Café liegt in einem Dorf, eine halbe Stunde Fahrt über die Autobahn, es öffnet um sechs Uhr morgens. Ich stehe auf, trinke eine Tasse Kaffee, fahre los. Folge dem kurvenreichen Kiesweg aus dem Reservat zur Autobahn, und dann weiter zu dem kleinen Dorf.

Eine karge flache Landschaft mit grasenden Kühen und Pferden, der Weg windet sich durch einen engen Canyon mit verstaubten Höhenzügen, unter Felswänden mit spärlichem Nadelwald, den schwarzen Stummeln nach einem Waldbrand. Ich liebe diese Landschaft, die Freiheit, die ich unter dem offenen Himmel verspüre. Wie eine Art Wildheit, eine ungezähmte Kraft, die jetzt in mir heranwächst.

Ich sitze gern zum Schreiben im Café. Vor dem Fenster kreisen die Krähen, lassen sich zwischen den Bäumen fallen, sitzen bewegungslos auf den Ästen und starren mich mit schwarzen Augen an, wie Boten aus einer anderen Welt.

*

Als ich nachmittags nach Hause komme, hat ein Gast im Haus einen großen Hirsch geschossen. Ich komme gerade rechtzeitig, um mitzuhelfen, als das Tier an den Vorderbeinen hochgezogen wird, ein Tau ist durch einen Schnitt im Fell gezogen. Wir werfen das Tau über einen starken Ast, ziehen und zerren, heben das Tier ruckweise hoch.

Jeff schlitzt ihm dann den Bauch auf; die Eltern finden es an der Zeit, dass er das lernt. Die Innereien werden in einen Eimer geworfen. Carey legt die Leber zur Seite, das Herz.

Es stinkt nach Blut, der zottige Hund Bear kläfft wild. Wie die anderen Hunde im Reservat ist er fast nie im Haus, weder im Sommer noch im Winter, sondern hat seine feste Stelle auf dem Hofplatz.

Jeff und Louisa fangen an, das Fell loszuschneiden. Jeff streicht sich mit dem Handrücken die Haare aus den Augen und hinterlässt einen breiten Blutstreifen auf seiner Stirn. Sein Gesicht ist zutiefst konzentriert, als er brav den Anweisungen seiner Mutter folgt.

*

Der Medizinmann Robert geht mit mir zum *medicine walk* bei den Bergen, die *Marble Range* genannt werden, weil sie vor dem verdorrten Nadelwald weiß wie Marmorblöcke aussehen.

Die Medizin kommt aus der Erde, sagt er. Deshalb können Medizinpflanzen von Ort zu Ort unterschiedlich wirken, auch wenn es die gleichen Pflanzen sind. Denn das Erdreich ist eben anders.

Er zeigt mir allerlei Pflanzen. Ich gebe mir Mühe, mir alles zu merken, auf manche zeigt er nur einmal oder erwähnt nur ihre Namen, über andere erzählt er ziemlich viel. Asthma, Hautprobleme, Herzkrankheiten, Krebs, gegen alles ist ein Kraut gewachsen.

Wir setzen uns wieder ins Auto. Er fährt schnell über schmale Waldwege, dreht U2 auf, raucht bei geschlossenen Fenstern, während er fährt.

Du wolltest über irgendetwas mit mir reden, sagt er nach einer Weile.

Ja, sage ich. Druckse ein wenig herum, dann kommt es: Ich habe Angst, Robert. Manchmal, wenn ich allein bin, wenn ich allein unterwegs bin. Angst davor, allein im Wald zu sein. Nicht vor wilden Tieren, sondern vor Menschen – manchmal habe ich Angst vor Menschen. Dass plötzlich jemand auftaucht und mir etwas antut... und ich will keine Angst mehr haben, ich habe es so satt, habe die Furcht so satt. Habe es satt, dass sie mich daran hindert, das zu tun, was ich wirklich tun will: mein Zelt irgendwo in der Wildnis aufzuschlagen und einfach dortzubleiben, solche Dinge. Und ich versuche, mich an der Furcht vorbeizuschleichen, nicht auf sie zu achten, aber sie taucht immer wieder auf.

Robert schaut zu mir herüber, zu meiner Überraschung grinst er jetzt. Angst, du und Angst? Du bist jetzt allein mit mir im Auto, hast du Angst vor mir?

Nein, natürlich nicht! Bei dir kann mir doch nichts passieren.

Er lacht weiter. Und wie lange kennst du mich schon? Nicht die Angst ist dein Problem, meine Gute. Du glaubst nur, dass du Angst hast! Weißt du, was Furcht, *fear,* eigentlich bedeutet?

Ich schüttele den Kopf.

F-E-A-R: Denk mal darüber nach. *False Evidence Appears Real.* Verstehst du? Die Furcht ist nicht wirklich. Ich sage nicht, dass du unvorsichtig sein sollst. Aber wir erschaffen unsere eigene Wirklichkeit durch unser Bewusstsein und dadurch, was wir für uns zu denken und zu glauben entscheiden. Es geht eigentlich nicht darum, was uns über den Weg läuft, sondern wie wir uns entscheiden, es zu sehen.

Ich schweige, nachdenklich.

Ach ja. Er sieht mich an. Ach ja, man kann erschaffen, was man will, was man will. Unser Gemüt, unser Bewusstsein, das ist das Mächtigste, was wir haben. Es lenkt alles. Ich habe in meinem Leben einige starke Frauen gekannt – meine Frau, ach, die hatte Kraft, die lebte so, wie sie wollte, das kannst du mir glauben.

Er gibt sich wieder Feuer, kurbelt das Wagenfenster weiter nach unten.

Was bedeutet es, ein geistiges Leben zu führen, fragt er. Doch nur das eine: sich selbst gut zu behandeln. Die Menschen geben mir unterschiedliche Antworten, die einen reden über Religion, andere über Moral und Verhaltensregeln. Aber es geht nur um das eine: sich selbst gut zu behandeln. Man muss feststellen, was man geben kann. Physisch, emotional und geistig. Das sind die drei Ebenen, auf denen wir leben. Alle haben einen Platz in der Ganzheit. In der Natur gibt es nichts ohne Grund. Und so ist es auch mit uns Menschen. Alle haben eine besondere Gabe, etwas, das sie mit anderen teilen sollten. Eine Gabe und eine Aufgabe, denn wir müssen wagen, es zu tun.

Ich sage nichts, schaue nur auf die Straße, höre zu.

Ich hatte eine harte Kindheit, sagt er jetzt. Ich war auf einer *residential school,* wurde missbraucht und geschlagen, mir wurde meine Sprache weggenommen. Ich wollte von keinem Menschen angefasst werden, nicht einmal von meinen Schwestern, nicht von meiner Mutter. Ich zog mich in mich selbst zurück und war wütend. Habe getrunken und mich geprügelt. Ich musste mich und das, was geschehen war, annehmen, musste begreifen, dass es nicht meine Schuld war. Ich war so wütend auf mich selbst, weil ich die Situation und die Menschen herbeigeholt hatte, die mich missbraucht haben. Aber die Wahrheit ist, dass ich nur ein Kind war, das eben gehorchte.

Ich bin oft in die Irre gegangen, bis ich akzeptieren konnte, wer ich bin und was meine eigentliche Rolle im Leben ist. Ich habe mein Erbe angenommen, was ich ja auch tun sollte, bin Medizinmann geworden. Und jetzt kann ich anderen helfen, die sich mit denselben Dingen herumquälen, mit denen ich mich herumgequält habe.

Ich weiß nicht, was ich sagen soll, hatte das alles nicht gewusst.

Du musst einfach herausfinden, was du willst, sagt er. Was du wirklich willst. Denn offenbar suchst du noch immer danach. Aber eins weiß ich: Angst hast du nicht. Das ist nur ein Gedanke, den du dir in den Kopf gesetzt hast. Du hast einen starken Geist, einen starken Geist.

Und als ich mit Robert hier im Auto sitze, fühle ich mich stark.

Die Sonne geht über den Marmorbergen unter, tunkt sie in Blutfarben, und schlankes Wild mit weißen Schwanzstummeln springt am Straßenrand entlang durch den Wald. Robert beugt sich aus dem Autofenster und ruft die Tiere mit heiserer Stimme. Wir halten bei einer Totenwache, ein junges Mädchen ist ertrunken. Und ich stehe auf dem Hofplatz, es ist ein kalter Abend, aber mitten auf dem Platz brennt ein großes Feuer, die meisten Gäste sitzen davor und wärmen sich auf, sie haben soeben *Bannock* und eine Art Fleischsuppe gegessen. Dann gehe ich zusammen mit Robert ins Haus und begrüße die Familie, kann Schluchzen aus dem Raum hören, wo die Ertrunkene unter einer Decke auf dem Tisch liegt. Und ich verspüre eine heftige Welle der Trauer, als ob ich das empfände, was die Mutter empfindet, die neben ihrem toten Kind sitzt, und ich sehe, wie Robert neben mir mit den Tränen kämpft.

*

Ich fahre wieder los. Diesmal in eine Gebirgsgegend im östlichen BC. Ich kampiere an einem See bei Monashee. Unterwegs halte ich beim Bauernmarkt in Vernon und kaufe selbstgemachte Seife aus Ziegenmilch. Jetzt balanciere ich über einen Baumstamm, der wie eine Art Steg im Wasser liegt, und rutsche in das eiskalte Wasser. Sonnenlicht bringt die Wasseroberfläche zum Glitzern, und rote und blaue Libellen schwirren um mich herum, als ich mich wasche.

Ich lasse mich von der Sonne trocknen. Danach gehe

ich in den Wald, um Holz zu holen. Sammele trockenes Reisig auf und breche tote Zweige von den Bäumen. Aber nicht die, an denen Spinngewebe hängt. Es gibt genug zu holen, diese muss ich nicht haben. Ich frage mich, wie lange die Spinnen brauchen, um ihre Netze zu weben; lange schimmernde Schleier, früher habe ich nie gesehen, wie schön sie sind. Ich fand nur, dass sie störten, dass sie mich störten, und dass es eklig war, sie zu berühren. Jetzt sehe ich das anders. Einige Netze stecken voller von den Bäumen gefallener Nadeln, ich frage mich, ob sie verlassen sind, oder ob die Spinne manchmal versucht, die Nadeln abzuschütteln, und ob sie eine Art Hausarbeit verrichten muss, um die Netze sauber und wohnlich zu halten.

Eine Kiefer gleich vor mir knackt ganz deutlich. Ich sehe sie an, sie knackt abermals, und plötzlich bemerke ich ein großes Loch in der Rinde, aus der der Saft herausrinnt und zu Klumpen erstarrt. Ich kratze ein wenig ab und stecke es in den Mund, kaue darauf, es schmeckt frisch. Der Baum daneben knackt nur ganz leise. Unter ihm kann ich viele tote Zweige aufsammeln.

Ein Entenpaar mit zwei Jungen gleitet langsam über das Wasser, während ich ein Feuer mache. Es gibt hier so viel trockenes Holz, Reisig und Zweige, dass ich sonst nichts weiter zum Feuermachen brauche. Ich knülle einfach das Stück Papier zusammen, mit dem ich meinen Teller abgewischt habe. Da ich Lachs gegessen habe, will ich den Teller erst spülen, wenn kein Fischrest mehr übrig ist – ich weiß nicht, ob es hier Bären gibt, aber es ist besser, auf Nummer sicher zu gehen. Ich baue um das Papierstück eine kleine Pyramide, sehe zufrieden der kleinen Flamme zu, der Rauch hält mir die Mücken vom Leib.

Ein Bär kann einen Apfel aus zwei Kilometern Entfernung riechen, kann einen Wagen aufbrechen, um das Essbare an sich zu bringen, das darinliegt, und besonders gern isst er Lachs. Ich habe niemals etwas Essbares im Zelt.

Ich stehe in der Dämmerung auf. Der Morgendunst hängt wie ein Schleier über dem See, die Enten gleiten langsam, langsam vorwärts. Als ich nach Angel Falls hinunterfahre, springen zwei Rehe über die Straße, jagen mit hohen Sprüngen über die Wiese mit den weißen Blumen. Ich habe einen guten Blick nach hinten und die Straße ist frei, deshalb halte ich an, bleibe im Auto sitzen und sehe ihnen beim Spielen zu, kurbele das Fenster hinunter, die weißen Blumen duften süß. Als ich sie anlocken will, wie Robert das tut, sind sie schon im Wald verschwunden.

*

Ich erreiche Nelson am frühen Nachmittag, nachdem ich die Fähre über den großen See genommen habe, und setze mich zum Schreiben in ein gemütliches Café namens *Dominion*. Einige junge Rucksacktouristen kommen herein. Sie tragen zerfetzte Kleider, alles, was sie bei sich haben, steckt in ihren Rucksäcken.

Im Vergleich zu ihnen besitze ich so viel, denke ich, ein ganzes Auto, Kochgeschirr und mehrere Flaschen Propangas, Essteller und Besteck, eine wunderbare Liegeunterlage, die Jay mir geliehen hat. Es ist zwar keine Schaumgummimatratze, aber dennoch ist sie zu schwer und zu dick, um sie mit sich herumzutragen, sie hat Löcher, aber die hat er mit Klebeband geflickt, und deshalb bemerkt man sie nicht. Es ist so schön, darauf zu schlafen, ich vermisse wirklich kein Bett, ich habe in meinem Auto das beste Bett der Welt. Ich habe auch viel zu viel anzuziehen, drei oder vier Hosen, mehrere Kleider, unterschiedlich dicke Wollpullover, jede Menge Unterwäsche und Socken. Surfanzug, Schnorchelausrüstung, Kletterschuhe und Klettergurte, mehrere Handtücher. Ich beschließe, zu sortieren und zu verschenken, nicht mehr zu behalten, als ich wirklich brauche.

Die jungen Reisenden sind so schön, mit ihren ungekämmten Haaren und ihren sonnenbraunen, frischen Gesichtern, ihren Tätowierungen, die sie sich an irgendeinem Ort zugelegt haben, der ihnen etwas bedeutet hat. Ich denke an die Tätowierung von Annabelle, die sie in Peru hat machen lassen, ein Adler mit Bergen in den Flügeln, die war unglaublich schön. Oder die Frau, die mir in Vancouver begegnet ist, sie hatte eine Tätowierung aus Neuseeland: Vögel, die ihren Arm hochflogen, über ihre Schulter. Orte und Erlebnisse, die sie für immer bei sich tragen werden und die auf ihre Haut gezeichnet sind, damit sie sie mit anderen teilen können.

Ich schaue aus dem Fenster, meine Gedanken schweifen ab. Da ich schon einmal in der Stadt bin, will ich mir Äpfel und vielleicht ein Salatdressing kaufen. Frischen grünen Salat mit einer leckeren Salatsoße! Frische Äpfel! Darauf freue ich mich, nach so vielen getrockneten Sachen, Konservendosen, Lebensmitteln, die man im Sommer in einem warmen Auto aufbewahren kann. Ich fühle mich unendlich reich, ich könnte mir nicht mehr wünschen als das, was ich in diesem Moment gerade habe. Draußen auf dem Bürgersteig haben die Rucksackreisenden sich einfach auf den Asphalt gesetzt, da sitzen sie nun und entspannen in der Sonne. Einer sieht mich durch das Caféfenster und lächelt mir zu.

*

Auf dem Weg in die Berge hinter Nelson wird das Auto auf dem unebenen Weg gewaltig durchgerüttelt. Große Löcher, Steine, eine plötzliche Kante, wo der Asphalt endet. Das schreckliche Gefühl im Bauch, wenn die Steine gegen die Unterseite schrappen. Hier müsste ich einen Mietwagen haben, denke ich, denn das kann doch unmöglich gut sein, das ganze Auto bebt, klettert langsam im ersten Gang nach oben, springt nur einmal aus dem Gang, das ist gut, ich rede ihm freundlich zu, bin zufrieden. Es ist wieder in seiner Heimat, den Kootenays, der vorige Besitzer kam von hier, hat mir der Verkäufer erzählt. Das Auto brummt zufrieden, als wir über den unvorstellbar schlechten Weg fahren, es scheint fast zu schnurren. Es ist eine für diese Gegend viel befahrene Straße, mir kommen drei Autos entgegen, und ich lasse mich von einem Pick-up mit Allradantrieb überholen, der Fahrer gibt Gas, dass die Kieselsteine nur so aufstieben, er will schnell sein Ziel erreichen.

Ich halte am Gibson Lake. Wickele eine Rolle Maschendraht um das Auto und befestige ihn mit großen Steinen und Stöcken, damit die Igel, die hier hausen, den Draht nicht herunterreißen können. Die Igel knabbern gern an Reifen, sie lieben alles, was nach Gummi schmeckt, man kann kein Auto über Nacht stehen lassen, ohne es mit Draht zu schützen. So ist es auch oben in den Bugaboos, man muss gut aufpassen, denn die Igel bewegen sich systematisch um das Auto herum und suchen nach einer Schwachstelle, versuchen, den Draht herunterzureißen, damit sie darüberklettern können, sie sind starke, große Tiere, so groß wie ein Fußball. Endlich bin ich zufrieden und gehe hoch in die Berge.

Wilde Blumen leuchten gelb, rot und purpurn, es gibt weiße Sterne und Glocken, goldene Schmetterlinge flattern umher und finden duftende Landeplätze, trinken mit langen schlanken »Schnäbeln« Nektar, und die verschneiten Gipfel ragen hinter dem üppigen grünen Wald in den Himmel.

Es ist so schön, dass ich leise Schreie ausstoße wie ein Vogel, und es ist alles wert, alle Mühe, alle Plackerei, alles, was ich in meinem Leben durchgemacht habe, alles ist es wert, weil ich das hier erleben darf, meine Tränen strömen, als ich hier am Ufer eines Sees mit saphirblauem Wasser sitze.

Das hier gehört niemandem, ist nur für mich da, weil ich lebe und gerade hier bin.

Ich habe kein Zelt mitgenommen, muss wieder nach unten gehen und bin erst am Ziel, als es dunkel wird. Ich beschließe, hinten im Auto zu schlafen; obwohl ich Maschendraht um das Auto gewickelt habe, kann ich die eine Hintertür weit genug öffnen, um einen Arm hineinzuschieben und das Fenster herunterzukurbeln, damit ich hineinklettern kann. Nachts tanzen Eichhörnchen auf dem Wagendach, und ich muss wieder aus dem Fenster in die stockdunkle Nacht hinausklettern, um die Igel zu verjagen, die versuchen, ein Loch im Drahtverhau zu finden.

Am nächsten Morgen stehe ich auf, während es noch immer dunkel ist, packe meinen Rucksack für eine zünftige Wanderung und gehe wieder hoch zum See. Bei Sonnenaufgang wate ich nackt hinaus in das eiskalte Wasser. Die Sonnenstrahlen öffnen sich fächerförmig auf der blanken Oberfläche und ich lasse mich hineingleiten, es brennt auf der Haut und verschlägt mir den Atem, eine Eisscholle taucht neben mir auf, das Eis leuchtet blau und grün; danach setze ich mich auf einen flachen Stein und lasse mich von der Sonne wärmen. Selbst das Mark in meinen Knochen fühlt sich kalt an, aber es ist eine angenehme Kälte, rein und frisch. Ich liebe es, zu leben. Ich liebe das Leben. Ich liebe es, hier zu sein, die Sonne auf der Haut zu spüren, den kühlen Hauch des Wassers, die Wärme meines eigenen Körpers.

Ich mache eine Tour zum Emerald Lake, die kleinen Kolke im Fluss sind kristallklar, smaragdgrün, der Flussboden ist mit feinem hellem Sand bedeckt. Überall gibt es Murmeltiere und Pfeifhasen, weißes, gelbes und purpurfarbenes Heidekraut, die Vögel zwitschern und huschen zwischen den Bäumen hin und her, schwebend zwitschernd über blühenden alpinen Wiesen. Ich sitze bewegungslos da und beobachte zwei Murmeltiere, die im Gras spielen, miteinander raufen und fressen. Auf dem Rückweg bleibe ich stehen, als ein drittes Murmeltier auf mich zukommt, zögernd, und an meinen Stiefeln schnuppert. Ich stehe ganz still da.

*

Als ich nach einer Übernachtung in den Bergen wieder nach unten komme, ist das lange Wochenende vorüber und auf dem Parkplatz sehe ich keine anderen Autos. Nur ein großer Lieferwagen steht unten am Gibson Lake. Ich habe dort einen Mann gesehen, ich glaube, er schläft hinten im Wagen, genau wie ich. Die Sonne ist hinter den Wolken verschwunden und der dichte Nadelwald wirkt plötzlich düster und bedrohlich. Und ich bin hier allein, weit von den befahrenen Straßen entfernt und ohne Telefonnetz, mit nur einer anderen Person in der Nähe; einem Fremden. Plötzlich macht mir das Angst. Ich ärgere mich über mich selbst, ich will mich davon nicht beeinflussen lassen; ich hänge mir das Bärenspray an den Gürtel und hole Gaskocher, Kochtopf und Küchengeräte aus dem Auto. Gehe hinunter zum flachen, mit Gras bewachsenen Ufer, einen Steinwurf vom Lieferwagen entfernt, und mache mir etwas zu essen. Der See liegt spiegelblank unter den steilen, üppig grünen Felswänden mit den verschneiten Gipfeln. Aber die Mücken sind fast nicht zu ertragen. Sie summen und umschwärmen mich ununterbrochen, noch schlimmer jetzt, da es bewölkt ist und kein Wind weht, es ist so nervig, dass ich wirklich mit dem Gedanken spiele, alles ins Auto zu werfen und zurück nach Nelson zu fahren, obwohl ich sehr gerne noch länger bleiben würde.

Ich habe auch Angst davor, die Nacht hier oben zu verbringen, da ich nicht allein bin, da ein Fremder hier ist, und ich beiße mich an diesem Gedanken fest, die Vorstellung macht mir zu schaffen, als ich dasitze und Zwiebeln schneide und mir Mücken aus Gesicht und Armen vertreibe und versuche, sie mir nicht in Nase, Augen und Ohren kriechen zu lassen.

Während ich am Ufer knie und versuche, den Topf mit den Linsen über der Gasflamme zu balancieren, kommt aus dem Lieferwagen hinter mir ein tiefes, hallendes Geräusch. Es muss der Mann sein, und jetzt hat er seine Anlage eingeschaltet, so laut, dass der ganze Wagen vibriert. Ich erkenne den Kehlgesang der tibetischen Mönche und ihre rituellen Trompeten. Hier sitze ich an einem klaren, reinen See unter weißen Bergen und lausche der Musik, und dieses Erlebnis wirkt wie ein Traum, wie ein vollkommen unerwartetes Geschenk. Plötzlich ist meine Angst wie weggeblasen, und ich lache laut. Von nun an genieße ich jeden Augenblick, rühre vorsichtig in meinem Topf und esse die glühend heißen, mit Cayenne und Ahornsirup gewürzten Linsen aus dem Topf, während ich den See betrachte. Ab und zu funkeln silberblanke Fischschuppen unter der Oberfläche.

Einige Zeit vergeht, ehe ich merke, dass mich die Mücken nicht mehr belästigen, dass seit dem Einsetzen der Musik nicht eine einzige Mücke mehr auf mir gelandet ist. Als die Musik nach langer Zeit endet, kommt der Mann aus den Hecktüren des Wagens. Ich sehe jetzt, dass er lange, graumelierte Haare zu einem Knoten auf seinem Kopf festgesteckt hat und lockere Kleider trägt. Er begrüßt mich stumm, indem er die Handflächen vor seinem Herzen aneinanderlegt und eine Verbeugung in meine Richtung andeutet: Ich erwidere diesen Gruß. Wir lächeln einander an, sagen aber nichts. Er geht den schmalen Strand entlang, setzt sich einige hundert Meter weiter auf den Boden, in Lotusstellung, und schließt die Augen, bald ist er in tiefer Meditation versunken.

Jetzt kommt mir die Nähe zu diesem Unbekannten eher wie eine Art Sicherheit denn als eine Bedrohung vor.

Ich denke an die Berge im Himalaya mit ihren Meditationshöhlen, ihren weißen Stupas und Gebetswimpeln, und ich frage mich, ob ich das alles jemals sehen werde, werde ich in die verlassenen Höhlen klettern, den Wind durch die zerklüfteten Felsen heulen hören?

*

Als ich wieder in Nelson bin, lerne ich Gwyneth kennen, die aus England nach Kanada gezogen ist. Ich begegne ihr am Strand, sie liest und sonnt sich, und ich bitte sie um eine Auskunft. Wir kommen ins Gespräch und bleiben mehrere Stunden sitzen, sind sehr gern zusammen und entdecken immer weitere Gemeinsamkeiten. Teilen unseren Proviant, und sie bietet mir an, mein Auto vor ihrer Wohnung abzustellen; es ist schwer, in Nelson einen Gratis-Parkplatz zu finden. Sie wohnt direkt neben einem Campingplatz, ich kann dort sogar Bad und Toilette benutzen, mich nachts hineinschleichen, wenn niemand das sieht. Ihre Wohnung ist nämlich winzig, und obwohl sie mir anbietet, auf dem Sofa zu schlafen, übernachte ich lieber hinten im Auto – will ihre Gastfreundschaft nicht ausnutzen. Wir gehen an einem Abend in ein Konzert und tanzen stundenlang. Sie ist schlank wie eine Elfe, mit dunklen glänzenden Haaren und lieben Augen, hat ein fröhliches Gesicht und Lachen.

Am nächsten Abend gehe ich allein los. Ich nehme den Laptop mit, will eigentlich nur meine Mails abrufen: In einem Irish Pub in der Nähe gibt es WLAN. Als ich dort ankomme, spielen lokale Musiker aufs Heftigste Cover-songs. Zwei von ihnen kommen in der Pause herüber, set-zen sich an meinen Tisch, fragen, ob ich mitmachen will, ich könnte doch singen, sagen sie. Und ich schüttele ver-legen den Kopf, aber sie lassen nicht locker, geben mir Bier und Tequila aus. Komm schon, sagen sie, das sind immer nur dieselben alten Visagen, ist doch nett mit etwas fri-schem Blut. Einer steckt eine Zigarette an und schiebt sie mir zwischen die Finger, ein anderer schenkt mir Tequila nach, und ehe ich mich's versehe, habe ich zugesagt. Und stehe in Shorts und Trägerhemd und vom Übernachten im Auto zerzausten Haaren auf der Bühne und packe das Mikro.

Ich habe schon zweimal auf der Bühne gestanden, um aus meinem ersten Roman zu lesen, aber ich hatte immer schreckliche Angst, solche Angst, dass ich fast nicht atmen konnte. Jedes Mal presste ich mir einen spitzen Zahnsto-cher in die Handfläche, so sehr, dass es wehtat, ein Trick, den angeblich Gro Harlem Brundtland angewandt hat, denn es tut so weh, dass man gar nicht daran denkt, wie nervös man ist, und so bringt man die Sache einigerma-ßen gelassen hinter sich. Aber vielleicht ist es der Alko-hol, denn jetzt ist es nicht so, ich schwenke die Hüften und singe mehrere Stücke von Lucinda Williams und Neil Young und es macht Spaß, ich lächele das Publikum an, das vor allem aus alten Trinkern besteht, die Billard spie-len, und zwei anderen, die mit versteinerten Mienen da-sitzen und Bier trinken. Als ich von der Bühne steige, ge-ben sie mir *high five*, und wir trinken die ganze Nacht und reden über alles zwischen Himmel und Erde, bis ich nach

Hause torkele und die Autotür aufschließe und mich wie ein Gepäckstück nach hinten lege, sturzbetrunken, aber mit einem Lächeln um die Lippen.

Gwyneth und ich lernen einander besser kennen. Sie ist unglaublich sensibel. Plötzlich können ihre roten Lippen anfangen zu zittern, und ihre Augen werden blank, und sie ist so lieb, sie weiß gar nicht, was sie anderen alles Gutes tun kann. Sie strahlt eine Art Unschuld aus mit ihren feinen Zügen. Eines Tages, als wir am Strand sitzen, erwähnt sie, dass sie früher einen Hund hatte, und als ich frage, warum sie keinen mehr hat, sagt sie, darüber könne sie nicht reden, wir seien doch an einem öffentlichen Ort, und sie könne nicht einmal an ihren Hund denken, ohne in Tränen auszubrechen. Stattdessen erzählt sie von einem anderen kleinen Wesen, das gewaltigen Eindruck auf sie gemacht und ihr Leben verändert hat: eine Libelle.

Das ist viele Jahre her. Sie arbeitete in einem Imbiss und sollte abends Kasse machen. Eine Libelle hatte sich in die Küche verirrt und flog immer wieder gegen die Fensterscheibe, wollte hinaus. Gwyneth dachte, dass sie nur noch die Abrechnung fertig machen wollte, dann würde sie das Fenster öffnen und die Libelle hinauslassen.

Ich war nur mit dem beschäftigt, was ich für wichtig hielt, ich wollte das Geld zählen, sagt sie. Der Libelle zu helfen, diesem lebenden Wesen, kam mir längst nicht so wichtig vor, das war etwas, das ich später noch erledigen könnte, wenn ich mit der Arbeit fertig wäre. Aber als ich dann das Fenster aufmachen wollte, lag die Libelle auf der Fensterbank, sie hatte sich beim Flug gegen das Glas schwer verletzt, ihre Flügel waren gebrochen, ihr ganzer kleiner Leib, sie lag einfach da und starb vor meinen Augen.

Ihr Gesicht verzerrt sich, sie schluchzt, heult vor Kummer, bringt heraus: Stell dir vor, so edel zu sein, sein Leben zu geben, diese Libelle hat sich geopfert, um mir beizubringen, was wichtig ist. Das Geld war nicht wichtig, überhaupt nicht, ich hätte ihr helfen müssen, hätte sie hinauslassen müssen, warum habe ich das nicht getan? Ich weiß, sie hat sich geopfert, damit ich das lernte, ich weiß es einfach, und sie lächelt plötzlich unter Tränen, sagt: Stell dir vor, ich hätte dir von meinem Hund erzählt, du begreifst doch sicher, dass das nicht geht? Sie wischt sich die Tränen ab, sagt: Wir Menschen glauben, so viel zu wissen, und dabei haben wir so viel zu lernen. Zu Hause in England hätte ich diese Geschichte nicht erzählen können, die würden mich für verrückt halten, aber hier ist es anders, deshalb wohne ich hier. Und du auch, du verstehst, was ich meine, das weiß ich.

Ja, sage ich.

Als ich in einem Café in Nelson sitze und an Gwyneths Geschichte über die Libelle denke, schwebt eine schneeweiße Feder zur offenen Tür herein und landet auf meinem Tisch. Das kommt mir vor wie ein Omen.

*

Nicht viele Tage später bin ich auf dem Weg vom Lake Louise über die Bergpässe nach Westen, es ist eine weite Tour, ich fahre den ganzen Tag. Es wird Abend, es wird dunkel, und ich bin noch immer unterwegs. Die Autos sausen in der Dunkelheit an mir vorbei, überholen, sie fahren 120 und mehr, während ich mich ans Tempolimit oder dicht darunter halte. Ich habe mir an einer Tankstelle einen Kaffee besorgt, durch das glühend heiße Getränk fühle ich mich wach, und ich denke: Warum nicht, wenn alle anderen so schnell fahren, warum nicht auch ich? Und ich denke nicht daran, dass die die Straße vielleicht kennen wie ihre Westentasche, ich will nur schneller ans Ziel kommen, mein Zelt aufstellen und schlafen. Der Wagen schießt los, als ich aufs Gaspedal trete, und ich habe das Gefühl, alles unter Kontrolle zu haben, das ist doch überhaupt nicht schwer, es macht gar nichts, so schnell zu fahren. Ich sehe den Asphalt vor mir, er leuchtet leer, ein gespenstischer Streifen, ich blinzele oder schaue in den Spiegel und dann wieder auf die Straße, ich reiße die Augen auf, denn plötzlich sitzt eine riesige schneeweiße Eule mitten auf der Fahrbahn. Sie sitzt neben einem großen Raben, ich könnte schwören, dass sie miteinander reden. Das alles sehe ich in einem Moment, dann kommt die Panik und mein Fuß nähert sich der Bremse, aber es ist schon zu spät, die Eule hebt langsam ab mit ihrem riesigen Körper, zu langsam, es gibt einen lauten Knall, als sie vom linken Scheinwerfer getroffen wird, eine schneeweiße Feder schwebt vor der Windschutzscheibe in der Luft, und ich spüre den Schock bis in die Fingerspitzen, großer Gott, großer Gott, warum bin ich so schnell gefahren, sie ist tot, ich habe sie umgebracht, ich werde langsamer, meine Tränen fließen, vor lauter Schock denke ich nicht einmal daran, anzuhalten, um nachzusehen, ob der Vogel noch lebt, oder um mich zu beruhigen, sondern fahre weiter. Bald darauf komme ich an eine scharfe Kurve, die in der Dunkelheit plötzlich auftaucht. Obwohl ich jetzt viel langsamer fahre, fällt es mir schwer, den Wagen auf der Fahrbahn zu halten, und mir ist klar, wenn ich nicht mit der Eule kollidiert wäre, wäre ich von der Straße abgekommen und zwischen den Birken gelandet, die wie stumme Wächterinnen dastehen, weiß wie Eulenfedern.

*

Bald werde ich die Grenze zu den USA überqueren. Vorher muss ich noch einiges erledigen. Jay hat mir eine braun gesprenkelte Feder von einem jungen Steinadler gegeben, sie hängt in dem Traumfänger, den einer seiner Söhne für mich gemacht hat. Jetzt muss ich sie herunternehmen, denn aus Kanada darf man keine Adlerfedern mitnehmen. Ich werde auch die restlichen Waschnüsse wegwerfen müssen, die ich im Wald gepflückt habe und nicht mehr essen kann. Ich darf kein frisches Obst oder Gemüse in die Staaten einführen. Die Waschnüsse sind saftig und durchsichtig rot mit weißen Punkten, sie schmecken süß mit einem seifigen Beigeschmack, man kann sie mit Zucker zu einem weißen Schaum verquirlen, den die Einheimischen *Indian icecream* nennen.

Ich habe mir schon eine ganze Weile nicht mehr die Haare mit Shampoo und Pflegebalsam gewaschen, habe sie nur in Flüssen und Seen ausgespült. Sie sehen eigentlich gar nicht schlecht aus, sind aber ziemlich wild und verfilzt, ich kämme sie mit den Fingern, versuche, mich präsentabler zu machen. Meine Kleider sind knittrig, weil ich sie hinten im Auto in einen Sack gestopft hatte, aber sie sind jedenfalls sauber, ich versuche, sie ein bisschen glattzustreichen, viel mehr kann ich nicht tun, um meine

Erscheinung zu verbessern. Vor der Grenzstation ist eine Warteschlange. Wir fahren einen Meter oder zwei, halten an, schleichen weiter, Kupplung, Bremse, Gas, ich muss dauernd daran denken, wie einfach das mit automatischer Gangschaltung wäre. Mein Knie tut jetzt manchmal weh, das linke Knie, der Kupplungsfuß, ich merke das, wenn ich in den Bergen wandere.

Es ist kein Problem, die Grenze zu überqueren, es ist offenbar ein großer Vorteil, dass ich Adresse und Telefonnummer von Verwandten in den USA nennen kann. Die Amerikaner sind hilfsbereit; ich habe falsch geparkt und ein Grenzbeamter hilft mir, das Auto wegzufahren. Er quetscht sich in den vollgestopften Wagen, kann den Sitz wegen der Kleidersäcke dahinter nicht nach hinten schieben, und er sitzt da und kuppelt und schaltet mit den Knien, fast gegen das Lenkrad gepresst, er fährt sonst auch mit automatischer Gangschaltung. Aber danach lächelt er mich an, vielleicht auch, weil mein Auto so vollgestopft ist und trotz meiner Aufräumaktion am Vortag vor allem aussieht wie eine Räuberhöhle. Motoröl, Spülflüssigkeit und allerlei Zubehör fürs Auto sind in Schachteln neben den Kochgeräten aufgestapelt, versiegelte Tüten mit Nüssen und Dörrobst, Surfanzug, Schnorchel und Kletterschuhe, ich habe einen Wasserkanister, der zwanzig Liter fasst, Zelt, Matratze, Schlafsack, Mandolinenkasten und ansonsten allerlei Kleinkram wie Meditationstexte, Räucherstäbchen, *mala* – der buddhistische Gebetskranz, der bei der Meditation verwendet wird –, und den Beutel mit den Medizinsteinen, den Robert mir gegeben hat, und das alles ist in allerlei Kisten und Schachteln untergebracht.

Bei der ersten Tankstelle, an der ich halte, steht ein Mann, der Jason Stackhouse aus *True Blood* ähnelt wie ein Ei dem anderen. Er spricht mit einem breiten Dialekt und beklagt sich über die Benzinpreise. Jetzt bin ich in den USA.

*

In Seattle und Umgebung leben vier Millionen Menschen, und mindestens die Hälfte davon scheint gerade unterwegs zu sein. Sechs Fahrspuren in jeder Richtung, zwölf insgesamt. Es wird Gas gegeben, gebremst, gehupt, eingefädelt, und ich muss plötzlich hysterisch kichern bei der Vorstellung, dass ich noch vor zwei Monaten auf der Kreuzung zwischen Tomtegata und Storgata in Lillehammer zur Stoßzeit in Schweiß ausgebrochen bin. Eine gewaltige Erleichterung breitet sich in mir aus, als ich sicher auf der anderen Seite ankomme und auf der Interstate 15 in Richtung Kalifornien weiterfahren kann. Dann erreiche ich Portland zur Stoßzeit. Bevölkerung, samt Umgebung: über zwei Millionen.

*

Ich schlafe im Auto, in einer *rest area,* die ein ganzes Stück im Norden von Eugene liegt. Auf diesen Rastplätzen ist das Zelten verboten, und auf der Toilette darf man sich nicht waschen oder den Abwasch erledigen oder solche Dinge tun, aber niemand sagt etwas, wenn man einige Stunden hinten im Auto schläft oder sich am Handwaschbecken die Zähne putzt.

Es ist so warm, dass ich zwei Stunden brauche, bis ich

eingeschlafen bin. Der Schweiß strömt nur so, ich kann mich in dem vollgestopften Auto kaum rühren. Der Mandolinenkasten fällt vom Gepäckberg und rammt meine Hüfte. Ich muss aufstehen, alles neu aufstapeln. Danach habe ich etwas mehr Platz, aber es ist noch immer unerträglich heiß. Ich versinke in eine Art Dösen und erwache unmittelbar vor Sonnenaufgang, gehe zur Toilette, räume schnell im Auto um: hole alles herunter, was aufeinandergestapelt war, so dass ich auf beiden Seiten freie Sicht nach hinten habe. Fahre.

Die Sonne geht über den Getreidefeldern auf, der Morgendunst hängt über Heuballen und Traktoren und Ställen, als ich vorüberfahre, und es ist schön in Oregon, mit den in Dunst gehüllten goldenen Feldern und den sanft geschwungenen Hügelketten mit Laubbäumen und Wiesen, und weiter entfernt, als ich es vom Auto aus sehen kann, liegen die Wälder.

Ich frühstücke im *Country Pride Diner*. Alle Gäste bekommen eine eigene Kaffeekanne und können so viel trinken, wie sie wollen, ich bestelle zwei Eier, Bratkartoffeln mit Zwiebeln und Paprika. Anstelle von Toast bitte ich um eine Scheibe warmen Bananenkuchen, und ich trinke mindestens drei Tassen Kaffee und esse die Scheibe Bananenkuchen mit einer dicken Schicht Butter. Es ist hier viel billiger als in Kanada. War schon seit vielen Tagen nicht mehr so satt und zufrieden. Die mütterlichen Kellnerinnen nennen mich *hon*, Abkürzung von *honey*, hier sitzen lauter Trucker, Männer mit struppigen Bärten und Schirmmützen in Tarnfarben, und ältere Männer mit karierten Hemden, auch sie mit Schirmmützen, denn hier gibt es das Frühstück mit Seniorenrabatt. Einer der älteren Herrn will mir seine Telefonnummer geben, und die Kellnerinnen lachen, versetzen ihm einen Klaps mit einer aufgerollten Serviette, nennen ihn einen Frechdachs, sagen, er solle die kleinen Mädchen in Ruhe lassen.

*

Nach zwei Tagen erreiche ich die Wüste von Nevada. Ein Sandsturm wütet und der weiße Staub legt sich als dicke Schicht auf die Autofenster. Die Scheibenwischer sind machtlos, ich muss anhalten, das Warnlicht einschalten, kann fast nichts sehen. Die Luft im Auto ist wie Rauch, der feine Staub dringt überall ein, und als ich später die Motorhaube öffne, ist alles von einem aschfarbenen Belag überzogen. Durch die Sandwolken kann ich die Hitze der Sonne spüren, das blendende Licht. Ich schalte den Motor aus, um Treibstoff zu sparen. Als ich ihn wieder anlasse, weiß ich nicht, wie viel Zeit vergangen ist.

Ich bin mit Leuten verabredet, die ich über eine Website kennengelernt habe. Hier soll es ein Festival geben, deshalb bin ich hergekommen. Die Leute, mit denen ich mich treffen will, kommen aus Kalifornien, ein junges Paar und einige Freunde von ihnen. Außerdem ihre Eltern, ein älteres Biker-Paar, das nach dreißig Jahren Ehe noch immer bis über beide Ohren verliebt ist.

Als ich ankomme, sehe ich, dass sie schon Teile des Lagers aufgeschlagen haben. Seidenwimpel bewegen sich im Nachtwind. Ich steige aus, der Schweiß verklebt jede Pore, aber die furchtbare Hitze hat sich gelegt. Ich packe aus und baue mein Zelt auf. Wir hämmern die Heringe an jeder Ecke tief in den Boden wie Anker. Komm mit, sagt einer von ihnen, ich zeige dir den *Man*, und wir gehen durch die staubigen Gassen zwischen Tausenden von Zelten und Autos und Wohnwagen zu dem riesigen offenen Platz in der Mitte, wo ein riesiges Holzhaus mit vielen Stockwerken errichtet worden ist, und ganz oben steht eine gewaltige, viele Meter hohe Gestalt.

In diesem Holzgebäude gibt es hohe Treppen, und wir steigen aufwärts und aufwärts, durch Mengen von Menschen, die sich hineindrängen, staubige Gesichter mit um den Mund gewickelten Mullbinden oder Schals, einige haben uralte Gasmasken. Die meisten sind jung, aber es gibt Leute in jedem Alter, sie sind ganz unterschiedlich gekleidet, Jeansshorts und Bikinioberteile, Pelzjacken und Westen, sie haben bunte Verzierungen und Pailletten im Gesicht, einige tragen dicke Stiefel, andere Sandalen, weiße trockene Füße. Mein Freund zeigt darauf und sagt: Der Sand hier in der Wüste ist stark alkalin, basisch, pass auf, wo du hintrittst, er kann auch ätzend sein.

Alle lächeln einander an, während sie schweigend die Treppen hochgehen, und mitten im Gebäude, wie ein gewundenes Rückgrat, gibt es ein riesiges Klettergestell, geformt wie ein Baum mit großen Blättern, auf die man hinaussteigen kann.

Wir gehen wieder nach draußen, und die Wüstennacht wird erhellt von *glowsticks* in allen Farben und von Fahrrädern mit blinkenden Lichtern, denn man muss dafür sorgen, dass man von den anderen gesehen wird, und bald fahren die Monsterwagen durch die Gegend, man kann einfach aufspringen, meistens haben sie eine eigene Bar, und die Getränke kosten nichts, über große Anlagen läuft Musik, Neonlampen leuchten und einige Wagen sehen aus wie Fabeltiere oder Seeräuberschiffe oder japanische Häuser von Geishas mit knallbunten Fächern, hinter denen die Barkeeper Sake in kleinen Tassen servieren und die Gäste auf- und abspringen.

Das Festival dauert eine gute Woche und wächst mit jedem Jahr. Diesmal sind wir zwischen fünfzig- und sechzigtausend Menschen. Provisorische Gebäude und Zelte bilden eine Stadt, die danach entfernt wird, ohne auch nur eine Spur zu hinterlassen. Nichts wird verkauft oder gekauft, alles läuft über Geschenke und Tauschhandel.

Ich stehe vor Sonnenaufgang auf und fahre mit dem Rad hinaus zum Tempel, einem kunstvoll gestalteten Holzgebäude mit schönem Schnitzwerk und einem hohen Turm im asiatischen Stil wie ein buddhistischer Tempel. Ich meditiere und trage Wünsche vor, in einem leisen Kehlgesang, gehe hinaus und setze mich in den weißen Sand, als die Sonne gerade aufgeht, und es ist schöner als irgendwas, das ich in Worte fassen könnte. Das riesige Lager erwacht langsam zum Leben. Ich fahre zum Pfannkuchenhaus, stehe Schlange, plaudere und lerne Leute kennen, bekomme Pfannkuchen mit Sirup. Wir sitzen im Schatten des großen Zeltes auf flachen Kissen und Decken, wir essen und schauen hinaus auf die Wüste. Danach gehe ich in eines der vielen Kaffeezelte. Dort ist es genauso, alles ist ein Geschenk; ich wusste das schon vorher, konnte mir dieses Ausmaß aber nicht vorstellen. Die Geschenke, die ich mitgebracht habe, wirken jetzt schäbig, als ich sehe, wie viel andere bei sich haben, wie viel sie teilen. Alle helfen einander, auch wenn sie sich hier zum ersten Mal sehen, und deshalb sagen sie, wenn man durch den Eingang kommt: *Willkommen zu Hause.*

An vielen Stellen sind Hängematten angebracht worden, die man benutzen kann, oder Trampoline, das ist nicht organisiert, die Festivalgäste selbst haben sich überlegt, was sie zum Besten der Gemeinschaft mitbringen könnten. In unserem Lager haben wir eine Art Iglu aufgestellt, dessen Klimaanlage von einem Aggregat betrieben wird, und jeden Tag kommen Unbekannte herein, um sich abzukühlen, sie bekommen ein kaltes Bier oder ein Glas Wasser mit Eiswürfeln, bleiben für kurze oder lange Zeit und laden uns vielleicht zu einem Besuch in ihrem eigenen Lager ein.

Diese ganze Woche ist erfüllt von magischen Ereignissen, die ebenso traumhaft und flüchtig sind wie Luftspiegelungen. Es ist spätnachts und ich bin eine Metallskulptur hochgeklettert, die geformt ist wie der *thunderdome* in den »Mad Max«-Filmen. In der Arena singt eine Opernsängerin vor einer Gruppe von Punks in Lederkleidung, die in andächtiger Stille lauschen. Ich bin sehr hoch geklettert und klammere mich an die Eisenstangen, und der Wind lässt mein Kleid flattern und kühlt meine sonnenverbrannten Wangen ab, und ein Fremder streckt den Arm aus, um meinen Knöchel festzuhalten, denn er hat Angst, ich könnte fallen. Es ist so natürlich, ich lächele auf ihn hinunter, fühle mich sicher. Die weiche Haut seiner Hand, der warme Wind, die Arien, die die Wüstennacht erfüllen. Und ich starre aus leuchtenden Augen hinaus in die samtweiche Dunkelheit.

Am letzten Festivaltag schenkt jemand mir den Penisknochen eines Waschbären, und ich hänge den seltsamen kleinen Knochen an einer Schnur an den Rückspiegel meines Autos, dorthin, wo vorher die Adlerfedern waren.

*

Nach einer Woche ist das Festival zu Ende, und ich fahre weiter. Ich fahre den ganzen Tag durch die Wüste, mir kommen nur zwei andere Autos entgegen und sausen an mir vorbei. Ich halte am Straßenrand und gehe hinaus in die Wüste, durch das verdorrte Gestrüpp, atme ruhig und tief, Sonne auf der Haut. Kann im Gestrüpp ein kleines Tier hören, vielleicht irgendein Nager, schaue neugierig nach. Denke nicht daran, ob ich von der Straße her zu sehen bin oder nicht. Ein anderes Auto kommt angefahren, ich sehe es schon aus weiter Ferne. Es wird langsamer, bleibt gleich hinter meinem Wagen stehen. Ein Mann steigt aus, geht eine Runde um mein Auto, es sieht aus, als ob er durch die Fenster schaut. Er dreht sich zur Wüste hin, legt sich die Hand an die Stirn, um besser sehen zu können, und instinktiv krümme ich mich zusammen, mache mich klein. Das Mobiltelefon liegt im Handschuhfach, aber hier draußen würde ich doch kein Netz finden. Ich habe nur die Autoschlüssel in der auf mein Sommerkleid aufgenähten Tasche. Langsam lasse ich mich ganz flach auf den Boden sinken. Ameisen krabbeln über meine Beine und einige fangen an zu beißen, aber ich liege ganz still und lasse keinen Mucks hören. Der Mann bleibt lange stehen, dreht sich um und hält Ausschau. Dann steigt er wieder in sein Auto und fährt weg.

Ich rühre mich erst, als er hinter dem Horizont verschwunden ist, stehe auf und wische mir Sand und Ameisen ab, laufe zum Auto und fahre weiter, die Wüste will einfach kein Ende nehmen.

Vielleicht dachte er, ich hätte eine Panne, denke ich, vielleicht wollte er mir nur helfen, aber andererseits: vielleicht nicht.

Ich fahre vorbei an einem Hochsicherheitsgefängnis, das umgeben von mehreren elektrifizierten Stacheldrahtzäunen einsam in der Wüste liegt. Noch eine Stunde Fahrt, dann taucht ein großes Schild mit der Aufschrift »Free Parking« auf. Es gibt nur zwei Gebäude, aber vielleicht ist eins davon ja irgendeine Art Imbiss, denke ich. Als ich schon von der Straße abfahren will, geht mir auf, dass es sich um ein Bordell handelt.

Ich bin hungrig und müde, fahre aber immer weiter, esse, mit einer Hand am Lenkrad, einen Proteinriegel.

Mitten in der Wüste liegt etwas, das aussieht wie ein Militärlager oder ein Forschungszentrum, es gibt eine Menge Zäune und ein Gebäude, das in den Hang hineingebaut ist, aber kein Schild und keine Erklärung, und ich fahre weiter, der Benzinanzeiger ist besorgniserregend gesunken, und noch immer ist keine Tankstelle in Sicht und weit und breit ist kein Haus zu entdecken.

*

Ich komme spätnachts nach Los Angeles und verbringe dort das Wochenende. Aber die Stadt wirkt auf mich beklemmend. Ich fahre weiter nach *Joshua Tree*, dort halte ich vor einem altmodischen Saloon. Ich bin erschöpft, verschwitzt und kaputt nach dieser endlos langen Fahrt bei stechender Sonne. Drinnen bitte ich um etwas Alkoholfreies und frage, wo ich hier den Sonnenuntergang am besten sehen kann. Der Barmann bringt mir Ananassaft und Eiswürfel, und ich leere das Glas in großen Zügen, während er mir sagt, wohin ich fahren soll.

Was bin ich schuldig, frage ich, aber er füllt das Glas wieder und sagt: Das kannst du vergessen, du bist mir gar nichts schuldig, er sagt: Das hier kannst du mitnehmen, aber jetzt musst du los, wenn du den Sonnenuntergang nicht verpassen willst.

Ich bedanke mich herzlich, umarme ihn und laufe hinaus, stecke das Glas in meinen Bergstiefel, fahre die kurvenreiche Straße zum Nationalpark hoch. Erreiche das Plateau, als die Sonne gerade zum Untergehen ansetzt. Ich halte am Straßenrand und steige aus, klettere über eine Geröllhalde.

Als ich an einem kleinen Dornbusch vorbeikomme, fängt der ganze Busch heftig an zu zittern und lässt das raschelnde Geräusch einer Klapperschlange hören. Ich trage Shorts und Turnschuhe, habe nicht weiter an Schlangen gedacht, aber ich rede ihr zu, wie ich es von Jay und Robert gelernt habe, und langsam kommt sie zur Ruhe.

Ich klettere nach oben auf die Geröllhalde, von hier aus kann ich die sinkende Sonne sehen, nur ein dünner feuerroter Strich zeigt sich noch über dem Horizont, die Sonne verschwindet hinter den Bergen, und ein rosarotes Leuchten breitet sich über dem ganzen Himmel aus. Ich fahre durch die dichter werdende Dunkelheit und stelle mein Zelt im Hidden Valley auf. Unmittelbar vor Sonnenaufgang bin ich wieder wach und klettere auf einen Hügelkamm. Sehe, wie die Sterne verblassen und wie die

Wüste langsam zum Leben erwacht. Ein schwarzschwänziger Wüstenhase hält neben mir inne, und dann stehen wir beide da und starren einander lange an. Der Hase hat lange, spitze, gerade aufgerichtete Ohren und ein reizendes kleines Gesicht.

Ich fahre hinunter nach Joshua Tree und frühstücke in einem kleinen Café, wo *raw food* serviert wird, esse einen Rohkostriegel, trinke Kombucha, eine Art gegorenen Tee – das alles ist ein gutes Gefühl, und ich sehe mir meine E-Mails an, erledige einige Kleinigkeiten.

Es ist gerade Markt, und ich bleibe vor einer Bude mit Perlarbeiten stehen, rede lange mit dem Künstler, der sie herstellt. Er bietet ein Paar bestickter Mokassins an, sie sind aus dickem Elchleder mit gelben Perlen und kleinen Adlern, so schöne habe ich noch nie gesehen. Es sind Damenmokassins in meiner Größe, und ich habe ungeheure Lust darauf, aber er will tausend Dollar. Er hat zwei Monate daran gearbeitet, an die vierhundert Stunden hat er mit den Perlen gestickt, der Preis ist also nicht übertrieben. Ich kaufe Ohrringe aus Stachelschweinstacheln, ein Paar für mich und eins zum Verschenken.

Ich wollte immer schon wissen, wie man Stachelschweinstickereien anfertigt, sage ich. Die Ohrringe hat er hergestellt, indem er einen Faden durch den ganzen Stachel gezogen hat, innen sind die Stachel weich, und ich möchte wissen, ob sie es beim Sticken auch so machen, aber er lächelt und schüttelt den Kopf, nein, das ist eine andere Technik, sie nehmen den Stachel zwischen die Zähne und kauen ihn platt, dann färben sie ihn mit Farben, die zum Beispiel aus Blaubeeren oder Erdbeeren hergestellt sind, befestigen sie auf einem Lederriemen, und dieser Lederriemen wird dann auf der Unterlage festgenäht. Er fragt, ob ich lange in der Gegend bleibe, er wird beim nächsten *Powwow* tanzen.

Ich tanze in Hirschleder und goldenen Federn, sagt er, beim Wettbewerb. Er lächelt stolz, er hat sein ganzes Kostüm selbst genäht, und auch die Kostüme vieler anderer Tänzer. Dann sieht er mich an, sagt: Wenn du in der Wüste unterwegs bist, musst du immer eine lange Hose und Stiefel tragen. Hier gibt es eine grüne Schlange, die sehr giftig ist. Wenn du gebissen wirst, hast du sieben Minuten Zeit, um ins Krankenhaus zu gelangen, und es liegt ja auf der Hand, dass das unmöglich ist.

Er starrt mich durchdringend an.

Ach. Ja, ich habe etwas in einem Busch gehört, sage ich. Das war sicher eine Schlange.

Er nickt ernst, sagt, er habe mir das nicht ohne Grund erzählt. Ich habe gefühlt, dass es wichtig war, es dir zu sagen, meint er, und jetzt weiß ich auch, warum.

Ich fahre zurück in die Wüste, steige zu einer Stelle mit phantastischer Aussicht hoch. Ich mache mir auf dem Gaskocher Essen warm, wieder eine Dose Gemüsecurry. Es ist draußen so heiß, dass ich kaum Hunger habe, aber ich versuche, so viel wie möglich zu essen. Kleine Echsen lugen hervor und lassen mich nicht aus den Augen.

Riesige Schmetterlinge fliegen zwischen den Büschen.

Bei einigen gewaltigen Findlingen gibt es eine alte Höhle, die die Einheimischen benutzen. Unter der Höhlendecke sehe ich Rußspuren, auf dem Boden liegen Steine mit Kerben, damit wurde das Essen zerstoßen – allerlei

Beeren, Nüsse, essbare Pflanzen, alles wurde zu einem Brei zerstampft und zu Broten und Kuchen geformt, die dann auf flachen Steinen getrocknet wurden.

Ich setze mich in die Höhle, es ist wunderbar, im Schatten zu sein, für einen Augenblick der sengenden Sonne zu entgehen, denn die Wüste hier ist heißer als alles, was ich in meinem Leben je erlebt habe, und ich fühle mich inzwischen unwohl. Ich lege mich mit dem Kopf auf einen Stein zur Ruhe und erwache mit einem Ruck, als etwas auf mich fällt. Aber als ich nachsehe, ist da nichts.

Jetzt ist mir so schlecht, dass ich nicht weiß, was ich machen soll. Gekrümmt schleppe ich mich zurück zum Parkplatz und erbreche mich in dem in der Nähe aufgestellten Klohäuschen. Ich denke: Wie schön wäre es, wenn ich mit jemandem zusammen reisen könnte, mit jemandem, der meine Haare streicheln, das Auto fahren, mich in ein kühles Zimmer legen könnte. Zum ersten Mal seit langer Zeit fühle ich mich unvorstellbar einsam. Was bedeutet das schon, alle meine schönen Erlebnisse, wenn ich sie mit niemandem teilen kann, ich bin allein in der Wüste. Ich habe kein Zuhause, keinen Ort, an den ich gehen könnte, kein festes Einkommen, ich habe nichts. Niemanden, der mich behutsam in den Arm nimmt. Alles kommt mir plötzlich leer vor, als ob die Farben um mich verblassen und der Himmel grau würde, die Wüste kommt mir tot vor, und es tut so weh in meiner Brust, dass ich mir am liebsten das Herz aus dem Leib reißen würde, um nichts mehr fühlen zu müssen. Aber niemand anderes kann sich um mich kümmern, und ich beiße die Zähne zusammen und wische mir die Tränen ab. Dann suche ich mir hinter einigen Felsbrocken eine schattige Stelle und lege mich schlafen. Wache mehrere Male auf und erbreche mich wieder. Einige Stunden vergehen. Am Ende fühle ich mich stark genug, um weiterzufahren.

*

Ich durchquere die Mojave-Wüste und fahre durch eine Gebirgsregion in Utah, wo ich bei einer Höhle in den Bergen zum Meditieren anhalte, und ich fahre nach Norden, nach Norden in Richtung Kanada. Ich übernachte auf einem Rastplatz in Wyoming. Schlafe mit geschlossenen Autofenstern, das Bärenspray in Reichweite, das kleine Beil auch, für alle Fälle. Am Morgen putze ich mir auf der Damentoilette die Zähne, und als ich wieder herauskomme, holt gerade ein Mann den Müll ab.

Hallo, sagt er, hast du gut geschlafen? Ich habe gestern Abend und jetzt heute Morgen dein Auto gesehen, ich bin hier der Hausmeister, wohne gleich da drüben in einem großen Wohnwagen, als *live in caretaker*.

Wir bleiben stehen und reden, er scheint alle die Fragen zu beantworten, die mir in Gedanken gekommen sind, ohne dass ich sie zu stellen brauche.

Hier in Wyoming sind die Rastplätze ziemlich gut, sagt er, jedenfalls an den Hauptstraßen, aber ich weiß nicht, ob ich an den einsamsten und menschenleersten Strecken übernachten würde. Und in einzelnen anderen Staaten …

Er sieht mich an, reibt sich das Kinn. Na ja, ich war mit meiner Frau unterwegs, wir wollten oben in Montana auf einen Rastplatz fahren, aber dann sahen wir, dass das Schild von Kugeln total durchsiebt war. Wir sind weitergefahren, um das mal so zu sagen. Und du weißt ja, Amerika ist groß, hier fahren so einige Irre herum und warten auf eine passende Gelegenheit, weil sie wissen, dass alleinreisende Ladys manchmal Ruhepausen einlegen, ich brauche wohl nicht mehr zu sagen. Ansonsten kannst du auf Tankstellen übernachten, wenn du siehst, dass die Fernfahrer da zum Schlafen anhalten, da kannst du einfach ein Stück im Hintergrund parken, daran sind sie gewöhnt.

Auf dem Weg nach Norden gerate ich in einen Schneesturm, der in Dakota gewütet hat. Der Schnee treibt waagerecht vorüber und die kräftigen Windstöße packen das Auto, die Sommerreifen rutschen ab. Ich muss in Montana an einer Tankstelle halten und warten, bis sich das Unwetter gelegt hat.

Es ist einer der allerletzten Tage im September. Die Temperatur ist über Nacht von etwas über siebzig Grad Fahrenheit, also 20 Grad Celsius, auf den Gefrierpunkt gefallen, sagen die, die hier arbeiten, als ich hineingehe und meine Thermosflasche mit heißem Wasser fülle. Ich sitze in dicke Pullover gehüllt und mit dem Schlafsack zugedeckt hinter dem Lenkrad, lese ein Taschenbuch, esse Kartoffelchips und trinke das warme Wasser. Als es dunkel wird, krieche ich im Auto nach hinten, noch immer vollständig angezogen, in den Schlafsack. Ich bibbere und werde in unregelmäßigen Abständen von den Scheinwerfern der großen Lastwagen geweckt, die zu einigen Stunden der Ruhe auf den Parkplatz fahren. Als ich aufwache, ist die Windschutzscheibe vereist, und ich öffne die Autotür und klettere steifbeinig hinaus, kaufe für zwei Dollar einen Eisschaber und fülle die Thermosflasche mit kochendem Wasser. Der Himmel ist grauweiß, aber es schneit gerade nicht, und ich entscheide mich zum Weiterfahren. In Kanada ist das Wetter offenbar auch nicht anders. Die Leute, mit denen ich rede, sagen, dass es in Alberta schneit, in der Umgebung von Calgary, und ich kann nur hoffen, dass die Straßenverhältnisse erträglich sein werden.

In der Prärie fällt wieder Schnee, der Wind wird in dieser endlosen, flachen Landschaft stärker, und es ist einsam, fast ohne Verkehr. Es ist streckenweise sehr glatt, aber es geht. An der Grenze gibt es fast keine Schlange, und ich seufze erleichtert auf, ich habe das Gefühl, zu Hause und in Sicherheit zu sein.

Bald fahre ich wieder über die kanadischen Autobahnen, und sie haben Namen wie Rotrockweg, Hirschfußweg, Krähennest. Ich schlafe in Alberta, auf einem Parkplatz an der Eisenbahnlinie. Das Geräusch der Züge. Ich liege in viele Kleiderschichten eingepackt hinten im Auto, und ich lächele, eine warme Glut, denn ich liebe Kanada.

Ein Tal voller Pferde

Es ist Oktober, weniger als eine Woche, nachdem ich die Grenze zu den USA wieder hinter mich gebracht habe, und ich bin unterwegs zu einem Reservat, das einige Stunden von dem mir schon bekannten entfernt liegt, noch tiefer in der Wildnis. Aus meiner Zeit mit Jay habe ich auch hier Freunde, ein Ehepaar, das weit weg vom Getümmel haust: Pine und Flower. Sie sind die einzigen Weißen im Reservat, wenn man von den Lehrern an der Reservatsschule absieht, die im Wohnhaus hinter der Schule untergebracht sind. Jay war schon mit mir bei Pine und Flower, als ich zum ersten Mal in Kanada war, auf der Tour durch die Wildnis, als er der Fremdenführer war. Seither habe ich sie mehrere Male besucht, auch allein.

Jetzt bin ich auf dem Weg dorthin, weil sich Pine bei mir gemeldet hat, als ich durch die USA gefahren bin, und wissen wollte, ob ich über den Winter bei ihnen das Haus hüten könnte. Er und Flower wollen vier oder fünf Monate ausbleiben, sie wollen Spanien und Marokko besuchen. Und es wäre ihnen lieb, wenn in dieser Zeit jemand bei ihnen wohnen könnte.

Ich wusste nicht so recht, wen ich fragen sollte, sagt er,

nicht viele wollen so wohnen wie wir, mitten im Wald, ohne fließend Wasser, ohne ausreichende Stromversorgung, eine Stunde zu Fuß von den nächsten Nachbarn entfernt.

Aber ich bin begeistert von dieser Vorstellung, habe mich bei ihnen immer wohlgefühlt und freue mich auf die Zeit dort draußen.

Ich verlasse den kleinen Ort, den letzten Außenposten der Zivilisation, um fünf Uhr nachmittags, und ich erreiche den Hofplatz von Jeremy und Diana, Pines und Flowers nächsten Nachbarn, erst mehr als vier Stunden später. Es ist dunkel. Unterwegs musste ich unerwartet für einen Habicht bremsen, der mit einer Maus in den Krallen aufflog. Er leuchtete weiß im Schein der Autoscheinwerfer. Ein Schneehuhn saß am Straßenrand und starrte mich aus reflektierenden Augen an. Der Kiesweg wurde immer schlimmer, wie ein Waschbrett; große, scharfe Steine knirschten unter den Rädern. In der Dunkelheit sehe ich die Wildpferde nicht, die in den Bergen und unten im Tal frei herumlaufen, große Herden, die sich wie ein einziger Körper bewegen und die Richtung gleichzeitig ändern, wie fliehende Vögel.

Das Haus von Jeremy und Diana liegt ganz am Ende des Weges. Wir haben verabredet, dass ich hier mein Auto abstellen kann, denn ich werde es in diesem Winter nicht mehr brauchen. Heute ist der letzte Tag, an dem die Versicherung noch gilt, und ich fahre ohne Nummernschild, nur mit einer vorläufigen Fahrerlaubnis, die an der Innenseite der Windschutzscheibe klebt.

Es ist ein großes Holzhaus mit nackten Kreuzfurnierplatten an den noch nicht getäfelten Stellen. Ein gelb-schwarzer Schulbus steht neben mehreren Autowracks auf dem Hofplatz. Jeremy ist unter anderem Schulbusfahrer. Später erfahre ich, dass die vielen Kinder, die er zur Schule und zurück fährt, vor allem seine eigenen Neffen und Nichten oder auf irgendeine andere Weise mit ihm verwandt sind. So ist es oft in den Reservaten, die ich besucht habe, die meisten hier scheinen miteinander verwandt oder verschwägert zu sein.

Ich fahre auf den Hofplatz, und sie kommen alle aus dem Haus gelaufen, Pine, Flower, Jeremy und Diana.

Flower umarmt mich. Wie schön, dich zu sehen, sagt sie, es ist so lange her. Kennst du Jeremy und Diana schon, unsere Nachbarn?

Wir begrüßen einander. Die Gesichter von Jeremy und Diana kommen mir bekannt vor, und irgendwann geht uns auf, dass wir uns schon einmal begegnet sind, im vergangenen Sommer beim Rodeo, wo wir zusammen beim Scheunentanz waren.

Wie witzig!, sagt Diana. Wir haben ja gewusst, dass eine Freundin von Pine und Flower hier ihren Wagen abstellen wollte, aber wir wussten doch nicht, dass wir dich schon kennen.

Wir laden das meiste von meinen Sachen in Flowers blauen Toyota Pick-up, und ich stelle meinen Wagen neben Jeremys Pferdeanhänger, mit Brettern unter den Reifen.

Dort steht er gut, sagt er. Du kannst ihn hier so lange stehen lassen, wie du willst. Wir haben hier mehr Platz, als wir brauchen.

Wir verabschieden uns von Jeremy und Diana und setzen uns in den Pick-up. Ein alter Waldweg führt zu der Wohnstätte von Pine und Flower: zwei Hütten, die dicht nebeneinanderliegen, und den anderen Gebäuden, die Pine errichtet hat: Vorratskeller, eine Scheune, Badehaus, Schwitzhütte, ein steinerner Ziegenstall aus der Zeit, als er Ziegen gehalten hat. Aber ich kann hier nicht fahren, der Weg ist einfach zu schlecht und mein Auto zu niedrig. Hier wird im Winter auch der Schnee nicht geräumt, und es kann jetzt jeden Tag schneien. Ungefähr eine Stunde lang fahren wir über den huckeligen Kiesweg. Wir kommen nur im Schneckentempo voran, im Boden sind tiefe Löcher, ein Bach fließt über den Weg, einmal liegt ein riesiger alter Baum quer über der Fahrbahn. Der Baum ist so groß, dass sie ihn nicht beseitigen konnten, die Motorsäge ist zu schwach, hinterlässt nur Kerben im Holz. Er ist so dick wie ich groß bin. Irgendwer hat versucht, ihn anzuzünden, aber das hat auch nicht geklappt. Wir können jedoch auf einer flachen Stelle um ihn herumfahren.

Wir biegen vom Weg ab und ruckeln über einen sanften, mit Gras bewachsenen Hang. Halten auf dem steinigen Strand und tragen meine Sachen durch die Dunkelheit. Ich wohne wieder in der kleinen runden Holzhütte, die Pine *Sugar Shack* nennt, Zuckerbude, und Pine und Flower wünschen mir eine gute Nacht und gehen die wenigen Meter hoch zu Flowers Hütte, wo sie meistens schlafen. Ich bin so glücklich, kann gerade noch den Schlafsack ausrollen und hineinkriechen, schon bin ich eingeschlafen.

*

Die Zuckerbude, das erste Haus, das Pine hier errichtet hat, liegt nur einen Steinwurf vom Wasser entfernt, auf einer Landzunge an einem großen See, der den Einheimischen hier als heilig galt. Die Hütte ist kreisrund, zwanzig Quadratmeter groß und hat ein einziges Zimmer, in dessen Mitte ein alter gusseiserner Ofen mit einem verrosteten Ofenrohr steht. Ein schmales Hochbett. An den Wänden aus Treibholz stehen große Krüge mit Linsen, Bohnen, Reis und allerlei Getreidesorten, Werkzeug aller Art hängt an Nägeln oder steht in kleinen Regalen. Der Boden, der kein herkömmlicher Boden ist, sondern nur Sand, ist mit mehreren Schichten aus gewebten Decken belegt, einmal waren sie bunt, jetzt sind sie verschossen, große Teile der Wände sind außerdem mit Kelimteppichen bedeckt, die vor Zugluft schützen sollen. Diese Teppiche sind im Laufe vieler Jahre gesammelt worden, einer nach dem anderen bei einem iranischen Freund gekauft, der in Vancouver einen Teppichladen betreibt. Gewebte Satteltaschen im arabischen Stil voller Strickmützen, Socken, einige gestopfte Pullover hängen an der Tür. Pappkartons mit großen und kleinen Holzstücken verschiedener Art, aus denen Pine Schalen und Löffel schnitzt, sind an der sanft geschwungenen Wand sorgfältig aufgestapelt. Unter dem einen Fenster steht das Telefon, die einzige Verbindung mit der Außenwelt. Pine und Flower bekommen Strom durch eine Solarzellenanlage und eine Windmühle, genug für Leselicht und ab und zu für das Telefon: Das saugt Strom und braucht zum Funktionieren einen voll aufgeladenen Akku.

Das Schaltpult für Telefon und Strom befindet sich oben in Flowers Hütte. Während ich in der Zuckerbude wohne, werde ich, wenn Pine und Flower losgefahren sind, jeden Morgen nach oben wandern, um es einzuschalten, und jeden Abend zum Ausschalten.

Flowers Hütte ist besser ausgestattet als die Zuckerbude, und nicht zuletzt so gut isoliert, dass Mäuse und Ratten nicht hineinkönnen. Pine hat sie gebaut, als er und Flower einander gerade kennengelernt hatten und sie zu ihm hier herausgezogen war. Hier sollte sie Platz für ihre eigenen Dinge und ein bisschen Privatleben haben. Tagsüber sind sie beide mit ihren verschiedenen Arbeiten beschäftigt, in getrennten Hütten, so ist es ihnen beiden am liebsten. Die Nächte verbringen sie zusammen in Flowers Hütte.

*

Sie haben eine besondere Geschichte, Pine und Flower, einen besonderen Grund, warum sie hier draußen gelandet sind.

Pine ist vor über dreißig Jahren hergekommen, als einer der sogenannten *draft dodgers* aus den USA. Das waren junge Männer, die nicht in den Vietnamkrieg geschickt werden wollten und aus ihrem Land fliehen mussten, um einer Gefängnisstrafe zu entgehen. Dreimal wurde er aus Kanada ausgewiesen, weil er keine gültige Aufenthaltsgenehmigung hatte, sondern sich einfach auf eigene Faust in der Wildnis verkroch. Er wurde mit Hunden gejagt und über die Grenze zurück in die USA geschafft. Dreimal konnte er zu Fuß zurückkommen, durch die Wälder, auf der Flucht vor der US-Bundespolizei. Wie durch ein Wunder erfuhr der kanadische Außenminister von seiner Geschichte und verschaffte ihm die kanadische Staatsbürgerschaft.

Gleich darauf lernte er Flower kennen, bei einem Tanz oben in den Bergen im Süden. Er musste ihr mehrmals einen Antrag machen, ehe sie bereit war, zu ihm zu ziehen.

Sie haben beide einheimische Namen, die in den Sprachen der Natives »Blume« und »Kiefer« bedeuten, aber da ich diese Namen nicht aussprechen kann, nenne ich sie Flower und Pine. Vor allem Pine hat Probleme mit seinem amerikanischen Geburtsnamen, den zu benutzen wäre eine Beleidigung.

*

Ich stehe auf, räume den Schlafsack weg und gehe zum Strand hinunter. Die winzige Insel, die *Gull Skerry*, Möwenschäre, genannt wird, liegt dicht am Ufer. Die Berge sieht man am Horizont, wohin man sich auch dreht und wendet, überall hohe Gipfel. Es ist windstill, warm, die Sonne scheint vom blauen Himmel. Herbstfarben an den Bäumen um den kleinen See, wie Streichholzköpfe.

Ich sammele Treibholz, einige kleine Stöcke und Zweige, weiß und trocken wie Knochen, und heize in der Zuckerbude ein. Mache gerade einige einfache Yogaübungen, als an die Tür geklopft wird und Pine hereinkommt.

Ich dachte, wir könnten zum Frühstück *Chapatis* essen, sagt er. Die gibt es hier immer, in meiner Hütte, weil ich für das Frühstück zuständig bin, während Flower sich um das Mittagessen kümmert. Wir haben unsere festen Gewohnheiten, weißt du, da wir schon seit so vielen Jahren allein hier draußen wohnen.

Er zwinkert mir munter zu und misst auf der niedri-

gen Anrichte unter dem Fenster aus den Glaskrügen Hirse,
braunen Reis und Kamut ab. Auf dem einzigen Tisch in
der Hütte ist eine ziemlich große schmiedeeiserne Mühle
befestigt. Der Tisch besteht aus einem breiten Brett, das
unter einem Fenster neben der Tür angenagelt ist und auf
zwei Böcken ruht. Pine gießt die Getreidemischung in die
Mühle und geht zum Schuppen hinaus, um die restlichen
Zutaten für das Frühstück zu holen. Ich drehe und drehe
den Mühlenschwengel, muss den Arm wechseln, spüre,
wie meine Muskeln anfangen zu brennen. Als Pine zurückkommt, bin ich noch immer nicht fertig mit Mahlen.

Wir haben sie auf sehr fein eingestellt, sagt er, es dauert eine halbe Stunde für eine Menge, die ich sonst in
zehn Minuten schaffe, aber es schmeckt besser. Das findet
jedenfalls Flower.

Wir vermischen das fein gemahlene Mehl mit kochendem Wasser, Kokosöl und ein wenig *Miso* an Stelle von
Salz. Backen es in gusseisernen Pfannen im Holzofen, das
dauert lange, aber es ist das beste Fladenbrot, das ich je
gekostet habe, dick und hart. Wir bestreichen es mit Son-
nenblumenbutter, dazu gibt es einen Salat aus geraspeltem
Kohl, gekochter Hirse, Miso, Tahini und einem Gewürz,
das sie von dem iranischen Freund mit dem Teppichladen
bekommen haben, eine lila Blume, die ähnlich schmeckt
wie Oregano.

*

Der restliche Tag vergeht mit der Suche nach den Fallen,
die Pine seit Jahren nicht mehr benutzt hat. Er will mir zeigen, wie die gelegt werden, für den Fall, dass ich sie brau-

che. Und du weißt, dass Jays .22 oben auf dem Hochbett liegt? Er zeigt mir das Gewehr und einen kleinen Lederbeutel mit Patronen.

Pine klopft auf das Gewehr. Gut für kleine Vögel, sagt er, aber die Leute hier in der Gegend knallen auch Wild mit einer .22 ab, die sind brutale Schützen. Ich habe gehört, dass einer von den alten Jungs mit demselben Kaliber einen Elch geschossen hat, der Typ muss ein echter Scharfschütze sein. Nein, übrigens, das mit dem Elch, das war eine Frau. *One of the old gals.* Egal, du brauchst hier keinen Hunger zu leiden. Im Wald wimmelt es nur so von Hasen und Schneehühnern.

Wir sitzen auf den Decken auf dem Boden, und während ich nachsehe, wie viele Patronen ich habe, kratzt Pine sich die nackten, fast schwarzen Zehen. Denn Pine geht im Frühling, Sommer und Herbst in den Bergen barfuß. Nur wenn Schnee liegt, trägt er Fußbekleidung: warme Wollsocken in großen Gummistiefeln.

Seine langen Haare und sein Bart dürfen wachsen, wie sie wollen.

Pine ist im Reservat eine legendäre Gestalt, und die Einheimischen erzählen zu gern Anekdoten über ihn, vor allem aus der Zeit, als er noch nicht mit Flower zusammen war. Da war er ein echter Wilder, heißt es, ein wilder Yogi. Er konnte zum Beispiel Gäste einladen und ihnen seltsame Kuchen servieren, die hatten einen ganz besonderen Geschmack, aber sie schmeckten eigentlich nicht schlecht. Wenn die Gäste gegessen hatten, konnte er ihnen erzählen, woraus er die Kuchen gebacken hatte: dass er die Knochen aller Mäuse, die in seine Fallen gegangen waren, gesammelt und zu Knochenmehl gemahlen hatte. Das hatte er dann mit Tierfett gemischt und zum Backen verwendet. Die kleinen Mäusefelle gerbte er und zog sie über den Griff der gusseisernen Pfannen oder nahm sie als Topflappen. Es konnte passieren, dass er nackt in der Hütte stand, wenn er überraschend Besuch bekam, und nicht immer zog er sich dann an, lieber saß er vollständig entspannt im Schneidersitz auf dem Boden und fing an, mit den Gästen zu plaudern. Oder er trug Frauenkleider. Es gibt eine Geschichte darüber, wie Pine mit dem Zug quer durch Kanada gefahren ist, gekleidet mit einem geblümten Damenrock.

Aber Pine sieht jetzt absolut zivilisiert aus, als er die Fallen sortiert, vollständig angezogen, abgesehen von seinen Füßen. Er lässt die Hände durch die Schlingen aus Stahldraht gleiten und zeigt mir, wie sie funktionieren.

Ich habe in den ersten Wintern fast jeden Tag Hasen gefangen, sagt er. Etwas anderes habe ich nicht gegessen. Aber jetzt, wo wir den Garten haben, brauche ich nicht mehr zu töten. Es kommt zwar vor, dass ich angele. Aber die anderen Tiere … damit habe ich aufgehört.

Ich schaue zu ihm hinüber, lächele. Ich habe Pine so schrecklich gern.

Seine echte Bescheidenheit. Es kommt vor, dass ich Geschenke für Pine und Flower mitbringe: frisches Obst, denn das bekommen sie nur selten, manchmal auch Kleider. Aber meistens hält er die Kleidungsstücke in die Luft und sagt: Nein, das ist viel zu schön für mich. Ich muss ihn überreden, das Geschenk anzunehmen. Und gleich danach öffnet er die Kommode auf dem Hochbett, nimmt ein Kleidungsstück nach dem anderen heraus, gibt mir mehr, als ich ihm gegeben habe; eine Wollmütze aus der Mongolei, von einem weitgereisten Freund erhalten, ein Seidenhemd, das an heißen Sommertagen die Hitze aussperrt, einen Wickelrock. Ein Buch, das mir vielleicht Freude macht. Und immer esse ich aus einem Holznapf, den er für mich gemacht hat, zusammen mit einem von ihm geschnitzten Löffel.

*

Am nächsten Morgen finde ich in der einen Falle eine winzig kleine Spitzmaus. Sie hat, wie der Name schon sagt, eine spitze Nase, mit der sie Pine zufolge Löcher in Fleischstücke bohren kann. Einmal hatte er ein Stück Dörrfleisch auf dem Boden liegen, und eine Spitzmaus kam angewetzt und verbiss sich darin und fing an, es wegzuziehen. Pine zog an der anderen Seite.

Ich konnte nicht glauben, wie stark sie war, sagt er. Das war vielleicht ein Tauziehen, scherzt er.

Die Mausefallen, an die hatte ich nicht gedacht. Ich halte die kleine tote Maus in der Hand, das Fell ist seidenweich und warm, mein Herz versetzt mir einen Stich. Pine ahnt vielleicht, was in diesem Augenblick in mir vorgeht, denn nun nimmt er mir das Versprechen ab, auch dann noch Fallen auszulegen, wenn er und Pine losgefahren sind.

Das ist die wichtigste Aufgabe hier draußen, sagt er, denn die Mäuse fressen die Lebensmittel auf und nagen Löcher in Decken und alles, was sie finden, und sie hinterlassen überall ihren Kot; vor allem deshalb brauchen wir eine, die hier einhütet. Das ist kaum bekannt, aber die

Mäuse sind wirklich die schlimmste Plage für Leute, die so leben wie wir.

*

Er legt mir die Hand auf die Schulter. So ist es eben hier draußen, sagt er.

Ich weiß nicht, warum ich an der Küste keine Probleme mit Mäusen hatte. Vielleicht lag es am Klima, denn die kleinen Nager versuchen offenbar vor allem im Herbst, in die Häuser zu kommen, ehe die ärgste Kälte einsetzt. Und vielleicht standen Hütten und Häuser im Seminarzentrum dichter beieinander als hier bei Pine.

Heute mahlen wir Maiskörner zusammen mit Kamut. Das ist härter als andere Getreidesorten, wir müssen es zweimal mahlen, einmal grob, einmal feiner. Wir nehmen dieses Mehl auch für die Chapatis, die wir fast jeden Morgen essen. Außerdem bäckt Flower im Backofen Reisbrot, sie mahlt eine Hälfte braunen und eine Hälfte süßen Reis, gießt kochendes Wasser über das braune Reismehl und lässt es einen Tag stehen, es wird zu einer Art Sauerteig. Den gibt sie dann in eine Brotform und bäckt ihn. Ihr Holzofen hat an der Tür ein Backthermometer, sie hat gelernt, wie viel Holz sie braucht, um eine bestimmte Temperatur zu erreichen. Ich sehe ihr bei allem genau zu.

*

Es ist Badetag, einmal die Woche, das machen Pine und Flower so, mehr oder weniger das ganze Jahr über. Ein Badehaus auf dem kleinen Strand, auf der anderen Seite der Landzunge. Dort ist es geschützter, die Beeren, die *kin-*

nikinnick genannt werden, wachsen dort dicht an dicht, zusammen mit kleinen Fichten, Birken und Espen. Hier hat Jay zum ersten Mal meine Hand genommen, das ist jetzt Jahre her: Wir konnten den Specht hören, ich weiß nicht mehr, was Jay gesagt hat, aber ich erinnere mich an sein Gesicht, an das karierte Hemd, das Sonnenlicht, das in Flecken durch die Äste sickerte.

Pines und Flowers Badehaus ist aus schlankeren Stämmen gebaut als die Hütten, hat kleine schräge Fenster mit buntem Glas, gelb, orange, rosa. Drinnen stehen eine alte Badewanne und unter einem Holzofen ein großer Wassertank, so einer, wie ihn die Amish People benutzen, um in großen Gläsern einzuwecken, auf dem Tank ist Platz für eine Menge Gläser gleichzeitig. Wenn er ganz mit Wasser gefüllt ist, reicht es für zwei Bäder oder für ein Bad und eine Runde Kleiderwäsche.

Wir füllen Eimer mit eiskaltem Wasser aus dem See. Flower watet in Gummistiefeln hinaus, füllt die Eimer, ich packe sie auf den Wagen. Dann ziehen wir den Wagen zum Badehaus und mühen uns mit den schweren Eimern ab, füllen den Tank, Flower legt zusammengeknülltes Zeitungspapier und Reisig hinein, ganz oben einige größere Stöcke. Stopft den kleinen Holzofen bis zum Rand, ehe sie das Papier anzündet. Das zundertrockene Holz fängt fast sofort Feuer. Wenn der Ofen voll ist, reicht eine Füllung gerade aus, um den Tank zu erwärmen.

*

Ich suche den Strand nach Treibholz ab, fange an, Zweige und Äste aufzustapeln, sammele trockenes Holz für den Winter.

Wir haben nicht sonderlich viel Holz für dich, sagt Pine, wir hatten ja nicht gedacht, dass hier jemand wohnen würde, jetzt, wo wir so lange verreisen. Es gibt nicht viele, die hier draußen hausen wollen, so weit weg von anderen Menschen, und es kann ja kalt werden, weißt du, sehr kalt. Bis zu fünfzig unter null. Es wird jetzt aber nicht mehr immer so, während es früher in jedem Winter passiert ist. Es war kalt, vor allem damals, als ich im Zelt gewohnt habe... kalt bis in die Gummistiefel. Er schmunzelt, schüttelt den Kopf. Damals ging es mir nicht so gut wie jetzt. Heute bin ich ein reicher Mann, ein reicher Mann. Habe hier mein Zuhause, und meine Frau wohnt hier bei mir, wir haben es gut – haben Gemüse im Garten, Fische im See, trockenes Holz im Wald. Flower kocht Seife, die wir auf dem Markt verkaufen, zusammen mit den von mir geschnitzten Näpfen und Löffeln.

Früher habe ich Holz von toten Wacholdersträuchern und anderen Bäumen benutzt, das ich hier in der Gegend gefunden habe, erzählt er, aber jetzt schicken mir Instrumentenbauer große und kleine Holzstücke, Stücke, die übrig bleiben, wenn sie Geigen und Kontrabässe bauen, alle Arten von Instrumenten, ich hole das Holz dann auf dem Postamt im Reservat ab – Rosenholz, afrikanisches *Blackwood,* alle möglichen Sorten –, das ist haltbarer. Und dann arbeite ich zwei Monate im Jahr als Imker, unten an der Küste. Für meinen Verdienst kaufen wir Bohnen und Linsen, Reis, Mais und Getreide. Das ist genug, gerade genug, um davon zu leben. Wir haben warme Kleider in der Seekiste oben auf dem Hochbett, wir haben Gläser mit Gemüse und Obst und Nussbutter und Fleisch unten im Erdkeller, wir haben Eimer und Krüge voll mit allen Sorten Getreide. Und Flower ist eine gute Köchin. Ich muss jetzt nicht mehr Hunger leiden.

*

Pine hat niemals einen lebenden Baum gefällt. Das Holz der Hütten ist im See an Land getrieben worden, oder er hat es mit dem Ruderboot an Land geschleppt. Alles Holz, das er benutzt, ist Treibholz oder stammt von umgestürzten Bäumen. Die karge, dürre Landschaft auf der Landzunge: Wird das dünne Gras dort abgeschlissen, dauert es Jahre, ehe neues wächst. Deshalb haben Pine und Flower ihre festen Wege. Und die Gegend, in der sie wohnen, ist so unberührt, dass man fast keine Spuren von Menschen sieht.

*

Ich mache die Zuckerbude zu meinem Zuhause. Meine Kleider hängen neben denen von Pine, an Haken in der Wand oder sind in den Satteltaschen verstaut. Meine Winterkleider stammen zumeist aus dem *Share Shed*. Da gilt dasselbe Prinzip wie im Free Store auf der Insel, aber es ist nicht so gut organisiert: eine Scheune draußen bei der Müllhalde, wo die Leute Dinge abladen, die noch brauchbar sind. Auf dem Weg hierher habe ich bei jeder Müllhalde gehalten und mir das zusammengesucht, was ich brauchte: Winterstiefel von fast genau der richtigen Größe, nur ein wenig zu groß, eine fast nagelneue Jacke, einige dicke Pullover. Normalerweise sind solche Kleidungsstücke sehr sauber, sie werden gewaschen, ehe sie weggegeben werden; aber ich wasche sie trotzdem gründlich, ehe ich sie anziehe. Den Mandolinenkasten lege ich bis auf Weiteres auf das Hochbett. Ich weiß, dass ich erst spielen werde, wenn Flower und Pine losgefahren sind. Ich kann den Laptop mit Strom von der Solarzellenanlage aufladen, ich freue mich darauf, mit dem Schreiben anzufangen.

Du kannst hier drinnen verändern, was du willst, sagt Pine, du musst die Zuckerbude als dein Zuhause betrachten.

Flower lächelt freundlich. Und du kannst gern in meine Hütte ziehen, wenn wir weg sind, sagt sie. Du kannst wohnen, wo du willst, während wir unterwegs sind. Ich weiß, du fühlst dich hier unten ganz besonders zu Hause, im Sugar Shack, hier bringen wir ja die Gäste unter, weil wir in meiner Hütte schlafen. Aber du weißt, später im Winter findest du meine Hütte doch vielleicht praktischer und nicht zuletzt komfortabler.

Sie umarmt mich noch einmal. Mach einfach, was du willst, sagt sie.

*

Wir entdecken ein Wiesel im Vorratsschuppen. Es bewegt sich blitzschnell, fast, als ob es an mehreren Orten gleichzeitig sein könnte. Aber es wirkt nicht verwirrt oder gestresst, wie ein Eichhörnchen es sein würde. Der kleine Körper ist entspannt, geschmeidig und unvorstellbar rasch. Wir geben ihm ein Stück gekochte Forelle. Das Wiesel vertreibt die Mäuse, macht sich nützlich, wir hoffen, dass es bleiben wird.

Da hast du dir also ein kleines Schmusetier zugelegt, sagt Pine. So ein Wiesel ist *trippy*. Total trippy. Er wirft den Kopf in den Nacken, lacht sein dröhnendes Lachen, und dann lachen wir beide.

*

Schon den ganzen Tag köchelt auf dem Herd ein Topf voll Hirschfleisch vor sich hin. Es stammt von einer im See ertrunkenen Hirschkuh, sie wurde von Wölfen gejagt. Pine hat sie an Land geholt, im Schlepp hinter dem Boot.

Im Bauch fanden wir zwei Kitze, sagt Pine. Schüttelt den Kopf. Das Tier hatte nicht viel Fett, aber ich habe es zerlegt, einen Teil getrocknet, die Kitze konnte ich einfach nicht essen.

Hast du sie begraben?, frage ich.

Er starrt mich überrascht an. Nein, ich habe sie dem Fuchs hingelegt.

Ich zerschneide Kartoffeln, Möhren und Zwiebeln und lege alles in den Topf, wir essen den Eintopf am nächsten Morgen zum Frühstück. Es schmeckt unglaublich köstlich, das warme Fleisch, nur gewürzt mit etwas getrocknetem Salbei und Salz. Das Fleisch ist so mürbe, dass es auseinanderfällt. Während der Kochtopf vor sich hin blubbert, sägt Pine am Strand beim Badehaus Holz. Nach dem Frühstück gehen wir zusammen zum breiten Ufer. Sammeln Treibholz zu Haufen, brechen die Zweige in passende Stücke, indem wir mit Steinen darauf schlagen oder sie zertreten. Ein dicker Birkenzweig schnellt hoch und trifft mich im Gesicht, voll aufs Auge.

Meine Tränen fließen. Das ist gut, sagt Pine, denn Tränen reinigen. Es brennt, aber ich verdränge alles und lache. Muss meine Technik offenbar verändern.

Wir zersägen trockene Stämme, bis unsere Arme wehtun, müssen darauf achten, die Baumstämme über einen Stein oder einen anderen Stamm zu legen, um sie zu stützen, damit das Sägeblatt nicht auf die Steine am Ufer trifft. Wir sind stundenlang beschäftigt. Pine erklärt mir die verschiedenen Holzsorten, Tanne verbrennt schnell, Weide, die von außen wie Espe aussieht, innen aber orange ist und einen besonderen Duft hat, liefert feine Glut.

*

Danach essen wir russische Suppe, Borschtsch, mit geriebener Rote Bete und Möhren. Ein Klecks Joghurt in der Mitte, und Reisbrot mit Käse.

Wir sitzen um den glühend heißen Herd, nur in Wollstrumpfhosen und Pullover.

Die Tiere wissen, wer jagt und wer nicht, sagt Pine und bläst auf die Suppe. Sie wissen, dass ich es nicht tue, dass sie hier sicher sind. Manchmal kommt Damwild her, um zu sterben, auf der Landzunge. Ich erinnere mich an eines, dem fehlte ein großes Stück vom Oberschenkel, die Wölfe hatten zugelangt. Das viele Blut im Schnee, das Tier starb vor unseren Augen. Es war ein Geschenk für uns, wir haben das Fleisch eingekocht, haben noch immer mehrere Gläser davon im Vorratskeller.

Ein andermal habe ich einen toten Hasen gefunden, der noch immer warm war. Ich weiß nicht, ob er an Herzversagen gestorben war oder an was, ich konnte meinen eigenen Augen nicht trauen! Aber so ist es hier eben, seit ich keine

Fallen mehr stelle. Wenn ich Fleisch brauche, taucht ein totes oder sterbendes Tier auf, ganz von selbst... *Trippy*, was?

*

Hirschragout zum Frühstück, mit feingeriebenem Kohlsalat: Knoblauch, Tahini, Miso.

Jetzt machen wir auch bald die Schwitzhütte bereit, sagt Pine.

Die kleine Erdhütte ist in den Boden eingegraben, und sie ist so niedrig, dass man hineinkriechen muss. Wenn man einen der kurzen Balken berührt, rieselt Sand herunter. Man sitzt da mit den rotglühenden Steinen, die die Einheimischen Großväter nennen, Lavasteine, die vorher auf einem großen Feuer angewärmt und dann auf einer Heugabel hereingetragen worden sind. Man schließt zwei Türen hinter sich und es wird stockdunkel drinnen, man muss vorher wissen, wo das Gefäß mit dem Wasser und der kleine Schwamm sich befinden, mit dem man sich Wasser auf den Kopf tropfen lässt, denn in der Dunkelheit kann man sie ja nicht sehen.

Es ist wie eine Gebärmutter unter der Erde, sagt Flower, und das ist auch der Sinn der Sache, dass man wiedergeboren wird, man sitzt so lange da, wie man nur kann, es ist einfach nur dunkel, kein Geräusch dringt von außen herein, die Hitze ist gewaltig und man hat nicht einmal Platz genug, um die Beine auszustrecken; ich sitze selten dort drinnen, das ist Pines Projekt.

Aber weißt du, da drinnen passiert etwas mit dir, sagt Pine. Einmal im Winter kam ich heraus und war so heiß, dass ich mich nackt in den Schnee am Strand setzte und auf den See blickte, und ich hatte das Gefühl, zu schweben, ich befand mich außerhalb meines Körpers und schaute nach unten. Aber ich blieb zu lange dort, denn als ich in meinen Körper zurückkam, konnte ich mich kaum bewegen, ich konnte mich fast nicht anziehen, ich brauchte eine Stunde für den Weg zurück zur Hütte. Wenn ich allein hier gewesen wäre, hätte ich das nicht überlebt. Flower war gerade verreist, aber zum Glück war ein Freund von mir hier und hatte im Ofen eingeheizt, hat mir heiße Suppe gegeben, hat mich am Leben erhalten. Also sei vorsichtig, wenn du allein hier bist.

*

Wir essen viel, lange. Flower und ich machen uns bereit für die Wanderung zu Jeremy und Diana. Auf dem Weg durch die Wiesen weht das hohe Gras im Wind. Der Weg führt über eine kleine Anhöhe, wir können nicht sehen, was auf der anderen Seite ist. Als wir oben ankommen, stoßen wir fast mit einigen großen Tieren zusammen, die zwei Meter von uns entfernt grasen. Für einen Augenblick glaube ich, es sind Wildpferde, und ich denke, dass ich noch nie welche aus solcher Nähe gesehen habe. Dann sehe ich das zottige Fell und den Buckel. Grizzlybären. Drei Stück, Mutter und zwei Bärenjunge. Sie haben die Köpfe im hohen Gras vergraben und essen Klee, und noch haben sie uns nicht entdeckt, sie sind um einiges größer als die Schwarzbären, die ich bisher gesehen habe.

Langsam ziehen wir uns zurück. Plötzlich nimmt Mama Bär Witterung auf und stellt sich auf die Hinterbeine. Sie ist riesig. Sie starrt uns einen langen Moment an und brummt tief in der Kehle. Dann wirft sie sich herum und galoppiert in den Wald, und die Bärenjungen laufen sofort hinterher. Die kräftigen Tiere bewegen sich unglaublich schnell und unbeschwert. Flower und ich wechseln einen Blick. Es gibt nicht viel zu sagen. Langsam fange ich wieder an zu atmen.

Flower geht mit mir zum Strand, zeigt und erklärt mir, wie der Weg weitergeht. Es gibt eigentlich gar keinen Weg, es ist ein Geröllstrand und immer wieder muss ich über umgestürzte Bäume klettern. An zwei Stellen ist das Gewirr aus Baumstämmen und Zweigen fast undurchdringlich und ich muss herumwaten, aber ich laufe so schnell ich kann und komme mit einigermaßen trockenen Füßen ans Ziel.

Jeremy steht auf dem Hofplatz und zerlegt zusammen mit einem Kumpel mit einer Motorsäge Holz, als ich komme. Sie reißen Witze, vor allem, als sie hören, dass Pine und ich nur eine Handsäge haben. Die Post für Pine und Flower wird hier abgeliefert, und Jeremy holt einen Stapel für mich, diesmal vor allem Briefe an Pine.

Ich fülle meinen Rucksack mit Konserven und allerlei Kleinkram aus dem Auto. Der Rucksack ist so schwer, dass ich ihn nicht einfach auf den Rücken hieven kann, ich muss ihn gegen das Auto drücken, um die Arme durch die Riemen schieben zu können. Ich winke Jeremy und seinem Kumpel zum Abschied zu und gehe den Weg zurück, den ich gekommen bin. Diesmal geht es viel langsamer. Ich kann unter dem schweren Rucksack nur mit Mühe das Gleichgewicht halten, vor allem, wenn ich über umgestürzte Bäume kraxeln muss. Ich werde zudem nass bis auf die Haut, als ich den Umweg durch das Wasser nehme, um dem dicken Gewirr aus Stämmen und Zweigen auszuweichen. Meine Schuhe gurgeln, als ich mich Schritt für Schritt den steilen Hang hochkämpfe, mit dem schweren Rucksack muss ich mich an Büschen festklammern, um nicht rückwärts zu kippen. Einer der Büsche ist ein Dornbusch. Er zerfetzt meine Handfläche, und fast hätte ich losgelassen.

Oben am Hang hebe ich einen langen Stock auf, um mich damit zu verteidigen, ich habe das Bärenspray nicht bei mir; ich denke jetzt an die Grizzlybären, ob die wohl wieder da sind.

Meine Hüfte tut weh, ich atme tief durch, versuche, ganz unten zu atmen, das Verspannte zu lockern, das besteht nur in meinem Kopf, denke ich, ich denke: Der Rucksack ist leicht, ich bilde mir nur ein, dass er schwer ist.

*

Pine hebt den Rucksack hoch. Ai, ai, ai, sagt er, was ist denn los mit dir, Frau? Hast du den Sack hergeschleppt, den ganzen Weg von Jeremy? Der ist doch bleischwer, wiegt mindestens vierzig Kilo, vielleicht mehr! Und du selbst, wie viel wiegst du wohl? Fünfzig?

Er holt Flower, damit auch sie den Rucksack anheben kann. Sie versucht es mit beiden Händen, lässt los, fragt: Hast du denn den Verstand verloren? Mir geht auf, dass sie Angst haben, ich hätte fallen können, mich überanstrengen, etwas zerren. Ich werde rot, komme mir plötzlich dumm vor. Denn was kann ich hier draußen tun, wenn ich mich am Rücken verletze? Und warum denke ich noch immer so über mich selbst – dass ich glaube, ich sei schwach, und nicht, dass der Rucksack sei schwer –, weshalb ich mich so dermaßen unter Druck setze?

Auf diese Weise lerne ich weitere Regeln für das Überleben in der Wildnis: Wenn man nur ein kurzes Stück gehen muss, nimmt man einfach alles mit, was man tragen kann. Hat man aber einen weiten Weg, sollte man leichtes Gepäck nehmen und mehrmals gehen. Das gilt auch, wenn man ein Pferd hat und das Pferd mit hinaus in die Wildnis nimmt, besser, man belädt es mit zu wenig, als dass man es zu schwer bepackt.

*

Pine und Flower brechen auf. Ihr Pick-up ist vollgeladen mit Schachteln voller Seife, ihr eigentliches Gepäck braucht nicht viel Platz. Pine hat mir seinen Reiserucksack gezeigt, einen leichten kleinen Rucksack wie für Tagestouren. Mehr braucht er nicht, findet er, für eine Reise von fünf Monaten. Ich bleibe an dem steingrauen Strand stehen und winke ihnen hinterher, sehe den Toyota über das Gras hinter den Bäumen ruckeln und verschwinden.

Mein erster Tag allein. Das feiere ich, indem ich ein Glas Ahornbutter öffne – Ahornsirup, der zu einer cremigen, butterartigen Masse angedickt ist, ich esse ihn zu warmen Chapatis. Koche mir einen Rooibostee mit Stücken von einer echten Vanillestange, Tulsi- und Stevia-Blättern, Kräuter, die den Tee auf natürliche Weise süßen.

Ich säge unten am Strand Holz, später an diesem Tag mache ich einen Ausflug und pflücke Hagebutten. Ich gehe einfach los, folge Tierspuren. Ein knackender Baum zieht meine Aufmerksamkeit auf sich, und als ich dort ankomme, sehe ich einen riesigen Strauch voller reifer Hagebutten. Sie sind so schön wie Rosen, leuchten tiefrot, orange, kirschrot, fast durchsichtig. Das weiche gelbe Gras, der blaue Himmel, der Schnee auf den Berggipfeln auf der anderen Seite des Sees, brandrote trockene Fichte und silbergraue Espe.

Auf dem Rückweg sehe ich mehrere große Felsblöcke, die umgekippt sind, Spuren von Bären, die von der Unterseite Ameisen und Insekten geleckt haben, und finde frischen Bärenkot. Große Klumpen, der Bär hat Gras und Beeren gefressen, alles Mögliche. Vermutlich sind sie noch immer in der Nähe, aber bald müssen sie mit dem Winterschlaf anfangen. Ich liebe Bären, bin aber auch froh, weil ich den ganzen Winter nicht damit rechnen muss, einem Grizzly zu begegnen. Ich hebe einige tote Fichtenzweige auf, die roten Nadeln sind besser als irgendein Zündbrikett. Pine hat mich gelehrt, immer etwas Nützliches zurück zur Hütte mitzubringen. Nebenbei sammele ich einen halben Eimer voll Hagebutten.

Ich säge noch mehr Holz, trage die zundertrockenen kleinen Zweige am Strand zu einem großen Haufen zusammen, damit sie leicht zu finden sind, selbst wenn es schneit. Wenn die Sonne am höchsten steht, ist es warm, fast zehn Grad, ich muss die dicke Jacke und die Handschuhe ausziehen. Abends gibt es Rote-Bete-Suppe und Salat, ich trinke mehr Tee, lese einen guten Krimi aus dem ShareShed und esse Zitronenkekse. Der Wind ist stärker geworden und rüttelt an den Hüttenwänden, aber drinnen ist es schön warm, und ich habe genug Licht und lächele beim Lesen.

Als ich zu Flowers Hütte gehe, um die Solarzellenanlage abzuschalten, sehe ich auf den Steinplatten vor ihrer Tür einen toten Vogel. Ein großer, dunkler Blutstropfen auf dem Stein neben dem schlaffen Vogelkopf. Ich lege den Vogel in das weiche Gras unter einer Fichte.

Nachts werde ich davon geweckt, dass eine Maus über mein Gesicht läuft. Die Berührung der winzigen eiligen Füße lässt meine Haut prickeln.

Und dann: ein lauter Knall. Die Mausefalle.

*

Heute Nacht hat es geregnet, in den Bergen geschneit. Es ist fast windstill, und ich hole ganz schnell Wasser, es ist leichter, wenn es windstill ist, und das Wasser ist sauberer, nichts schwimmt darin herum. Der Himmel ist weiß mit dunkelblauen Flecken, der Nebel hängt zwischen den Bergen wie zerfetzte Banner. Ich esse zum Frühstück Haferbrei mit Dörrobst, spüle, gehe mit der Mausefalle nach draußen und lege die kleine starre Maus auf einen flachen Stein, sie ist schneeweiß und hat einen langen weißen Schnurrbart, die schwarzen Augen sind noch immer feucht und blank.

Ich säge wieder Holz am Ufer, einige Enten dümpeln auf der blanken Wasseroberfläche, ich trage das Holz zur Hütte hoch und lege es unter die Plane und unter das Dach des Ziegenstalles. Lese »The Red Queen« von Philippa Gregory, ebenfalls aus dem Share Shed; es ist nicht leicht, dort gute Bücher zu finden, aber ich hatte Glück. Ich klettere neugierig die gebrechliche Leiter in der Zuckerbude hoch, um mir die von Pine unter der Decke aufgestapelten Bücher besser ansehen zu können: japanische Haikudichtung, verfasst von Mönchen und Samurais unmittelbar vor dem Augenblick des Todes, alte Reisebeschreibungen aus Tibet und den Bergen des Himalaya, Bücher über Indiens heilige Männer, die *sadhus,* mit großen bunten Bildern. Mehrere Bücher über Yoga, von Geeta Iyengar und B. K. S. Iyengar, auch sie mit Bildern und Anleitungen: Ich freue mich so sehr, denn ich möchte gern mehr lernen, und Pine hat mich mehrmals dazu aufgefordert, jeden Tag Yoga zu machen.

Als ich abends aus Flowers Hütte komme, sehe ich neben einem Stein einen Handschuh. Ich finde es seltsam, dass er mir noch nie aufgefallen ist. Einen Moment lang fürchte ich mich, würde gern rufen, ist hier jemand? Aber dann schüttele ich die Furcht ab, es ist ein Gummihandschuh von der Sorte, die Pine und Flower bei der Gartenarbeit tragen, sicher liegt er hier, seit sie gefahren sind, ich habe ihn einfach noch nie bemerkt.

*

Ich feiere Halloween mit Jeremy und Diana. Es gibt ein Fest in der Reservatsschule für die vielleicht zwei Dutzend Schülerinnen und Schüler in unterschiedlichem Alter, ihre Familien und alle, die sonst mitmachen möchten. Alte und junge Menschen sitzen auf den an den Wänden der großen Turnhalle aufgestellten Bänken.

Ich habe mich als Pine verkleidet, mit einer großen, zerzausten Wollmütze und nackten Füßen, in der Hose aus Elchleder, die er sich in den 6oer Jahren in Mexiko hat nähen lassen. Diana trägt ein Hexenkostüm und hat grüne

Farbe im Gesicht, sie sieht aus wie die Hexe im »Zauberer von Oz«, und die Kinder tragen Kostüme von *Dollar Dollar,* einem Billigladen in der Stadt. Wir werfen Pfeile auf Ballons und zeichnen mit verbundenen Augen dem Schwein einen Schwanz, zusammen mit Superman, Captain America und Spiderman, Vampiren und Hexen, mit dem Mörder aus dem Film »The Chainsaw Massacre« und Zombies mit bluttriefenden Latexwunden, mit raubgierigen Tieren und mörderischen einäugigen Krankenpflegern.

Die älteren Gäste sitzen auf den Bänken und sehen uns zu. Über ihnen ruht eine Stille, eine Gelassenheit, die alten Frauen in geblümten Kopftüchern und langen Röcken, die Männer in Jeans und Cowboyhüten, viele von ihnen scheinen in sich zu ruhen, in dieser Gelassenheit, ohne auch nur ein einziges Wort zu sagen. Diana stellt mich vor und ich grüße ein wenig verlegen und wir reichen einander die Hände und nennen unsere Namen und lächeln, viele von ihnen sprechen kein Englisch, aber ihre milden Augen, die in meine blicken, sind ausdrucksvoll genug.

Danach gehen wir hinaus. Stehen vor dem großen Feuer auf dem Hofplatz, einige Männer sind für das Feuerwerk zuständig und schießen eine Rakete nach der anderen ab, grüne, gelbe und rote funkensprühende Blumen, die sich langsam am Nachthimmel auflösen.

*

Wir sitzen noch lange herum. Als wir dann wieder zu Hause sind, erzählt mir Jeremy von ihrem Ältesten, der inzwischen ein sehr tüchtiger Jäger ist. Er legt mehr Holz in den Ofen, sagt:

Du weißt, wir haben nach seiner Geburt ein Stück von der Nabelschnur abgeschnitten und dieses Stück aufbewahrt. Als er drei oder vier Jahre alt war, sind wir mitten in der Nacht mit ihm losgegangen und haben Tierspuren gesucht. Wir fanden eine Hirschfährte und begruben die Nabelschnur mitten in dieser Spur. Das muss vor Sonnenaufgang passieren, also muss man die Fährte früh genug gefunden haben. Bei Mädchen wird die Nabelschnur oft bei einem Beerenstrauch in der Nähe vergraben, damit sie später leicht Beeren finden und pflücken können. Aber unser Sohn ist ein guter Jäger geworden, ein Hirschjäger. Er gibt den Älteren, die nicht selbst jagen und für die niemand jagt, Fleisch ab, so soll es sein. Einige der jungen Leute hier lassen sich jetzt von den älteren bezahlen, aber das ist nicht richtig, so läuft das bei uns nicht. Wir haben einige Jäger, und die sorgen für den Rest der Gemeinschaft, so soll es sein, so war es immer schon.

Er nickt, dann sitzen wir still da, lauschen dem Bullern des alten gusseisernen Ofens. Der Wind ist stärker geworden, in der Dunkelheit draußen kann ich große Schneeflocken treiben sehen, wie Asche aus einem Feuer.

*

Am Morgen gehe ich zurück zur Landspitze. Schnee auf dem grauen Geröll, Schnee auf der Möwenschäre. Der Nebel liegt wie ein Deckel über dem See, und ich kann auf der anderen Uferseite einen schmalen Streifen der Berge erkennen, beleuchtet von der Sonne. Im Licht sind die mit Schnee bestäubten Bäume blassgrün wie Salbeiblätter. Im Schnee sehe ich Tierspuren, Hirsch und Eichhörnchen und ein Raubtier, die Pfoten sind so lang wie mein Mittelfinger, mit scharfen Krallen, und ich bin unsicher, ob es ein Fuchs ist oder ein größeres Tier. Es gibt hier Wölfe und Kojoten, Vielfraße und Luchse.

Einige Gänse fliegen in Keilformation über den Himmel. Im Wald zwitschern Vögel. Überall ist Leben.

*

Ein Problem habe ich allerdings. Im Vorratskeller sind Mäuse. Als ich einen Kasten öffne, um einen Butternusskürbis herauszunehmen, sehe ich, dass der eine Gemüsesack umgefallen ist und zwei halb gefressene Möhren in einem kleinen Haufen Mäusekot liegen. Die großen Holzkästen, die Pine gezimmert hat, sind alt und inzwischen rissig, das gilt auch für die Platten aus Kreuzfurnier, die er als Deckel nutzt, es ist schwer, sie so aufzulegen, dass sie wirklich dicht schließen, und die Mäuse brauchen nur eine Öffnung von einem Zentimeter, um hineinschlüpfen zu können.

Ich muss alles herausnehmen, versuche es auf andere Kästen zu verteilen, beschwere die Deckel mit Essigflaschen und großen Kannen mit dem Öl, aus dem Flower Seife kocht. Das hätte ich nun wirklich nicht haben müssen. Ich mühe mich mit den schweren Kartons und den Gemüsesäcken ab, knie auf dem feuchten Sandboden unter der niedrigen Holzdecke, meine Stirnlampe leuchtet grell, aber dennoch habe ich hier drinnen ein Gefühl von Klaustrophobie.

Die beiden halb gefressenen Möhren und eine Süßkartoffel, an der die Maus herumgenagt hat, landen im Sack –

ich schneide die angefressenen Stellen ab und koche den Rest zusammen mit dem Kürbis zu einer Suppe, die lange auf Flowers Herd vor sich hin köcheln darf. Das Reisbrot wird perfekt – außen knusprig und innen saftig, fast ein bisschen klunschig, köstlich und wohlschmeckend. Ich zerdrücke das Gemüse mit einem Holzlöffel, schneide Zwiebeln zu Ringen und blanchiere sie zusammen mit Grünkohl, dann kommen sie in die Suppe. Ich schmecke sie mit Miso und Cayenne ab.

Flower hat Suppentassen aus Ton, geformt wie Blätter, wie Zweige und Blattranken, und japanische Suppenlöffel aus hellgrüner Keramik mit winzigen vergoldeten Streifen, die nach langer Zeit der Benutzung nachgedunkelt sind und die gleiche Farbe haben wie Rinde, eine Art Goldbraun, sie sind so schön wie Blätter aus einem Elfenwald.

Nach dem Essen spüle ich. Flower hat ein Ausgussbecken, und es ist der pure Luxus, im Stehen abwaschen zu können, in einem richtigen Becken, nicht im Sitzen auf dem Boden, wie in der Zuckerbude. Danach lese ich lange, ich habe gut im Ofen eingeheizt und in der Hütte ist es wunderbar warm. Am Abend schlafe ich in Flowers Bett aus Perserteppichen und bestickten Kissen. Und hier gibt es keine Mäuse, kein Scharren ist zu hören, nur das Geräusch des Windes, der über die Dachbretter streicht, und eine Eule schreit, wieder und wieder, und irgendein Vogel scheint zu antworten, und so reden sie, hin und her, bis ich einschlafe.

*

Ich verbringe den Tag vor allem draußen, aber ich räume auch ein bisschen in der Hütte auf. Jay ruft an, er will mich abholen, er will mit mir in das Pelzjägerterritorium fahren, das er verwaltet, und die Saison vorbereiten. Vielleicht können wir auch Pilze sammeln, es gibt eine besondere Sorte, die in den Restaurants von Vancouver sehr begehrt ist, derzeit werden vierzehn Dollar pro Pfund bezahlt, zu Beginn der Saison gab es sogar sechsundzwanzig. Ich bitte ihn, zwei dichte Kästen mitzubringen, in die ich das Gemüse legen kann, ich habe es so satt, ständig in Pines Holzkästen Mäuse zu finden.

Es ist sternklar draußen, und ich glaube, auf dem See die bleichen Umrisse von Schwänen sehen zu können, wie Geister, als ich über den verschlungenen Weg zur Zuckerbude gehe.

*

Um fünf Uhr morgens wecken mich das scharfe Licht von Jays Stirnlampe und das Ächzen der Tür, als er hereinkommt. Draußen ist es noch immer stockfinster. Er ist so müde, dass er fast ins Bett fällt. Später stehe ich auf und heize den Ofen an, koche süßen Tee, wärme die Zimtschnecken, die er mitgebracht hat, in der Bratpfanne auf, bald breitet sich in der Hütte der wunderbare Duft frisch gebackenen Kuchens aus. Jay reckt sich unter dem Schlafsack, den er als Bettdecke nimmt. Hier, iss, trink, sage ich. Er isst, trinkt den Tee und schläft wieder ein, während ich Spiegeleier brate und auf dem Herd Scheiben vom Reisbrot röste. Ich kann ihn nicht wieder wecken und frühstücke allein, während er weiterschläft und sein Essen kalt wird.

Eine Falle ist umgekippt, und als ich näher komme, sehe ich den schneeweißen Bauch einer Maus. Ich lege die Maus auf den Felsblock vor der Zuckerbude, gehe hinein, wasche mir die Hände und fülle eine Tasse mit dampfendem süßen Tee, dann setze ich mich vor die Tür. Der graue Vogel sitzt wieder in der Kiefer und stößt heisere Geräusche aus, als ob er mit mir redete, und ich sage: Ich glaube, du willst die Maus, ich glaube, du wirst sie fressen. Ich sage: Du kannst sie dir doch einfach holen, und der Vogel hebt vom Ast ab und jagt auf mich zu und setzt sich auf den Felsblock und schaut die tote Maus an, er ist weniger als einen halben Meter von mir entfernt, schaut zu mir auf und hebt wieder ab, setzt sich in einen Baum und schreit. Ich gehe in die Hütte und blicke aus dem Fenster, sehe, wie der Vogel landet und den kleinen Nager in den Schnabel nimmt und wieder wegfliegt. Ich wusste, dass du es bist, sage ich und lächele, und Jay dreht sich um und wacht auf, seine zerzausten schwarzen Locken lugen unter dem Schlafsack hervor, und ich fahre ihm mit der Hand durch die Haare, er lächelt, streckt die Arme aus und drückt mich an sich. Hi, Sweetie, sagt er. Hi, hi.

Jay hat mir mehrere große Plastikkisten mit Deckeln mitgebracht, und ich bringe drei davon in den Vorratskeller, packe das Gemüse hinein und lege den Deckel einfach lose darauf, denn keine Maus kann die glatten Kunststoffwände hochklettern.

Jay will später im Winter in Alberta einen Job annehmen. Er zeigt mir seine Ausrüstung: die Kältemaske, die das Gesicht vor Erfrierungen schützen soll, die schweren Stiefel mit Stahlspitze, Wollfutter und wärmereflektierender Folie, die riesige Motorsäge. Er hat sich einen Bart wachsen lassen, denn auch das schützt gegen die Kälte.

*

Irgendwann mitten am Tag fahren wir los, nachdem Jay mit der Motorsäge einige alte Bäume zerteilt hat, damit ich später die Scheite zu feinem trockenem Brennholz hacken kann. Wir fahren über einen kurvenreichen und nicht instand gehaltenen Waldweg. Zwei umgestürzte Bäume liegen quer über dem Weg, den einen zersäge ich mit der Handsäge, die Jay mir gegeben hat, sie hat ein gutes, scharfes Blatt, und es geht schneller als mit Pines Sägen. Den anderen, der dicker ist, sägt Jay einmal durch, dann schleppt er die Hälften weg.

Von dort fahren wir über die Hauptstraße und sehen am Straßenrand tote Tiere. Jay will sie als Köder für Wolf und Vielfraß benutzen, er bekommt für die Felle einen guten Preis. Wir halten auch bei den Müllhalden, es kommt ja vor, dass jemand dort einen Tierkadaver ablegt. Aber wir finden nichts. Stellen im Dunkeln das Zelt auf, wir sind so erschöpft, dass wir uns nicht einmal etwas zu essen machen mögen, und der Frostrauch quillt uns aus dem Mund; wir schmiegen uns aneinander und schlafen mit Wollunterwäsche und dicken Socken und Mütze.

*

Das Feuer zischt und faucht, und ich fange an, das Zelt abzubauen und Hirse zu kochen, während Jay einige Übungen macht und eine Runde dreht. Er hat wieder Schmerzen in der Hüfte, die quälen ihn seit seinem Autounfall immer noch. Er war erst achtzehn, fuhr mit einem Kumpel, der getrunken hatte, und verletzte sich schwer an der einen Hüfte, er musste einen Monat im Krankenhaus bleiben.

Ich zerschneide einen Apfel und lege die Stücke in den Kochtopf und rühre gerade Zimt hinein, als Jay zurückkommt. Ich lächele ihn an und stelle ihm die gekochte Hirse mit der Mandelmilch hin, aber er zeigt auf das aufgerollte Zelt, das noch immer auf dem Boden liegt, auf die Reste unseres provisorischen Lagers.

Warum hast du das Zelt noch nicht zusammengepackt, fragt er, ich hab es einfach so satt, alles selber machen zu müssen.

Jay, sage ich mit unsicherem Lachen, ich habe doch Frühstück für uns gekocht, und ich habe auch angefangen, zusammenzupacken, während du spazieren gegangen bist, und er sagt: Es ist ja wohl nicht meine Schuld, dass ich Schmerzen habe.

Nein, nein, so war das nicht gemeint, sage ich.

Jetzt kommen wir erst spät los, sagt er, seine Stimme ist böse und hart. Du begreifst vielleicht nicht, wie wichtig es für mich ist, dass wir loskommen, ach, ich wünschte, ich könnte mal ein bisschen Hilfe kriegen.

Aber ich helfe dir doch, sage ich, ich habe Matratzen und Schlafsäcke eingepackt, die Dinge, die wir im Zelt hatten, Jay, wir sind doch bald aufbruchbereit.

Er schüttelt nur den Kopf. Die jetzt entstandene Verstimmung begleitet uns den restlichen Tag über.

Während wir essen, fängt es an zu schneien. Draußen auf der Straße sehen wir etwas am Straßenrand, dann fliegt eine ganze Rabenschar hoch, und wir halten an: Es ist der Kadaver eines großen Elchs, dessen Kopf noch immer unversehrt ist. Der Rumpf ist bis auf die Knochen abgenagt, deshalb will Jay ihn nicht, er hofft, dass wir stattdessen ein Stück Damwild finden werden. Aber wir finden nichts, und er bereut, den Elch nicht mitgenommen zu haben, auch wenn er die abgenagten Knochen hätte wegsägen müssen. Ein Stück Wild dagegen kann man in einen Müllsack stopfen, so einfach ist das.

Wir halten beim einzigen Gasthaus in meilenweitem Umkreis, trinken Kaffee und teilen einen Ingwermuffin und einen Teller Suppe. Das Gasthaus gehörte früher einem sympathischen Ehepaar, sie redeten immer mit uns, und der Mann fand es witzig, dass ich Schriftstellerin bin, ich musste ihm ein signiertes Exemplar der »Nekronauten« auf Norwegisch schicken, und ich habe keine Ahnung, wie er das lesen wollte, die beiden kamen aus Calgary. Er starb ganz plötzlich und die Frau blieb allein hier draußen. Es tut mir weh, sie jetzt zu sehen, das Bild das Mannes im Bücherregal, geschmückt mit einem Blumenkranz, und ihr verschlossenes Gesicht, so lange Zeit danach.

Wir halten auf dem Weg zum Pelzjägerterritorium, um einige Kleinigkeiten zu besorgen. Jay ist der Kaffee ausgegangen. In dem kleinen Laden gibt es alles Mögliche, von kitschigen Ölgemälden und Feuerzeugen in Mäppchen mit Perlstickerei – einige mit traditionellen Mustern wie Adler und Medizinrad, andere mit Playboybunnys aus schwarzen und rosa Perlen – bis hin zu Mückenspray und Werkzeug und Weißbrot und Erdnussbutter. In dem einen Regal liegt ein gewaltiges schwarzes Fell mit einem schlecht ausgestopften Raubtierkopf. Wir bleiben für einen Moment stehen. Jay reibt sich das Kinn.

Ist das ein Grizzly, murmelt er, oder was kann das sein, verdammt noch mal?

Das Tier muss so groß gewesen sein wie ein Bär, aber es hat keine Ähnlichkeit mit einem Bären. Wir stehen noch immer ratlos davor und betrachten das glänzende Fell, als der Ladenbesitzer, ein o-beiniger Mann in abgenutzten Jeans, Jeanshemd und Cowboystiefeln, zu uns herüberkommt.

Feines Fell, was?, fragt er, und wir nicken und fragen: Ja, aber was ist das? Und er sagt, das sei ein schwarzer Wolf, ein riesiger Teufel, zweihundertfünfzig Pfund habe der gewogen, habe einem Rancher hier oben das Leben zur Hölle gemacht, mehrere Tiere aus dessen Herde gerissen, mehr geholt, als er fressen konnte. Und er mustert uns von Kopf bis Fuß, wägt uns mit Blicken ab. Dreitausend Dollar will ich für das Fell, sagt er.

Jay lächelt höflich, das ist dreimal mehr, als sein Lastwagen gekostet hat. Ein prachtvolles Fell, sagt er. Was muss das für ein Tier gewesen sein.

Ach ja, Sie wissen ja, der Schwarzwolf ist ein verdammtes Raubtier, aber am Ende haben wir ihn doch erwischt.

Wir gehen hinaus. Jay spuckt auf den Boden. Ich kaufe hier nicht gern ein, sagt er, aber hier wird auch Benzin verkauft, sie haben die einzige Zapfsäule im Umkreis vieler Meilen. Manchmal machen sie lange vor Ladenschluss dicht, und das ist verdammt übel, wenn du mit fast leerem Tank herkommst und noch weitermusst. Einmal musste ich im Auto schlafen und darauf warten, dass sie am nächsten Tag wieder aufmachten. Die müssten das hier draußen doch besser wissen. Ich mag so was nicht unterstützen. Dreitausend Dollar, ai, ai, ai! Und was für ein Tier, sage ich. Was für ein prachtvolles Tier!

Ja, sagt er leise.

Wir fahren weiter und suchen Köder, finden aber nichts.

*

Es ist kalt. Als wir am nächsten Morgen hinten im Lastwagen aufwachen, sind Decke und Wände im Auto von Eisblumen bedeckt. Ich stelle eine Tasse Tee auf die Motorhaube, um sie ein bisschen abkühlen zu lassen, aber als ich gleich darauf trinken will, hat sich eine Eisschicht darübergelegt. Meine Fingernägel schmerzen und meine Hände werden noch in den Handschuhen rot.

Wir fahren durch das Tal, auf der Suche nach Jays Freund Joe, der vielleicht einen Hirschkadaver hat, aber als wir bei Joes Haus ankommen, steht da ein anderer Mann und sagt, Joe sei nicht da. Wir halten Ausschau nach Joes grünem Pick-up, ob der vielleicht bei einem seiner Freunde steht, können ihn aber nirgendwo entdecken, und es wird langsam spät. Jay wendet und fährt zurück zum See, hält dann aber an, um einen Blick unter die Motorhaube zu werfen, da der Motor ein seltsames Geräusch von sich gibt, und das Fenster kurbelt sich immer von allein herunter, so dass der eiskalte Wind hereinweht, er muss das Fenster mit der Hand hochschieben, und dabei beuge ich mich zur Seite und halte das Lenkrad fest.

Als wir den See erreichen, stelle ich das Zelt auf, während Jay im Wald Holz holt und Gewehre und Munition auspackt. Er lässt sich die Remington mit vier Patronen im Magazin laden, keine kommt in die Kammer. Die andere Waffe hat kein Magazin, deshalb laden wir, ohne den Hahn zu spannen. Jay lässt mich das alles tun, ich soll mich an den Umgang mit Waffen gewöhnen.

Wir gehen am Strand entlang. In dem starr gefrorenen Sand gibt es deutliche Wolfsspuren, viele sogar, aber keine frische Losung, und wir sehen nichts, nicht einmal ein Schneehuhn. Jay dreht sich mir zu und sagt gerade etwas, als ich hinter seiner Schulter drei Tiere entdecke, drei junge Wölfe, sie kommen aus dem Wald und schnuppern in den Spuren, und ohne nachzudenken, ziehe ich Jay an mich und küsse ihn, lege die Arme um ihn, und in Gedanken bete ich, dass die Wölfe weglaufen, und sie scheinen mich zu hören, denn sie machen abrupt kehrt und laufen in den Wald, und jetzt erst höre ich auf, Jay zu küssen, und er weiß nicht, dass die Wölfe in der Nähe sind, dass sie genau hinter uns sind, und ich sage nichts, ich lächele ihn nur an, ich bin froh.

Es wird dunkel, während wir langsam durch den dichten Wald wandern, und Jay sagt: Eine halbe Stunde nach Sonnenuntergang darf man nicht mehr jagen, denn man weiß nicht, worauf man schießt, und du kannst ein Tier schwer verletzen, ohne es dann wiederzufinden. Also gehen wir zurück zu unserem Lager und machen Feuer und wärmen Suppe und Essensreste vom Vortag, Kartoffelpüree und Erbsen, und wir gießen die Suppe über das Kartoffelpüree und schneiden Käsestücke zurecht und rühren sie hinein, ich habe schon lange nichts mehr so Gutes gegessen. Der Feuerschein flackert über Jays Gesicht und er lächelt mich an.

*

Wir erwachen an einem unvorstellbar schönen Tag. Es ist windstill und die Sonne strahlt von einem klaren Himmel. Ich gehe zum See hinunter und sehe zu, wie das Sonnenlicht die verschneiten Wipfel auf dem anderen Ufer wärmt. Wir ziehen das Kanu aus dem Gebüsch und lassen es auf der spiegelblanken Oberfläche zu Wasser, gleiten langsam hinaus.

Hinter uns liegen die sogenannten Kartoffelberge. Dort gibt es wilde Kartoffeln. Die Einheimischen sind früher hingeritten und ab und zu mit dem Wagen gefahren und kehrten mit Fässern voller Kartoffeln zurück, genug, um über den Winter zu kommen. Noch immer gehen jedes Jahr viele aus dem Reservat dorthin, mit Pferd und Wagen, aber jetzt lassen sie sich Proviant und Ausrüstung mit dem Hubschrauber in die Berge bringen, und werden schon erwartet. Jetzt gibt es in den Bergen Kühe, mehrere Rancher lassen dort ihre ganze Herde laufen. Die Kühe reißen die Kartoffelpflanzen mitsamt der Wurzel aus, deshalb wird die Ernte jedes Jahr kleiner, aber niemand unternimmt etwas, obwohl sich die Einheimischen beschweren. Noch ein Teil ihrer traditionellen Lebensgrundlage wird langsam zerstört, denn es geht immer so weiter, sagt Jay, Kolonisation, Zerstörung ihrer Kultur, das spielt sich hier und jetzt ab.

Eine fast unmerkliche Brise kräuselt das Wasser ein wenig, bricht das Sonnenlicht, das über den Sandboden huscht, in ein schimmerndes Mosaik. Irgendwo weiter oben weht ein heftiger Wind, wir können einen Gebirgspass sehen, wo der Schnee in weißen Wirbeln aufstiebt. Wir paddeln mit gleitenden Bewegungen und halten uns in Ufernähe, denn Jay hat keine Schwimmwesten mitgenommen und das Wasser ist eiskalt. Bei der Flussmündung ist das Wasser um die Steine gefroren und bildet phantastische Skulpturen, und lange, seltsam geformte Eiszapfen hängen am Treibholz am Strand, wie Kokons oder etwas aus einer Glasbläserwerkstatt.

Wir ziehen das Kanu an Land und gehen in den Wald.

Hier wollte ich Köder auslegen, sagt Jay und zeigt auf eine Lichtung. Dann gewöhnen sich die Tiere daran, zum Fressen herzukommen. Und später lege ich Fallen aus, wenn die Zeit gekommen ist.

*

Es fängt kräftig an zu schneien, als wir um das Feuer sitzen, und der kalte Wind, der plötzlich aufkommt, beißt uns in die Wangen. Wir haben alles angezogen, was wir an Kleidern haben, Schicht auf Schicht, und wir versuchen, die Wärme zu behalten.

Jay erhebt sich steif in seinen dicken Winterkleidern und fängt an, unter dem Schnee Lavasteine hervorzugraben und sie zum Anwärmen ins Feuer zu legen. Dann packen wir die Steine in mehrere Handtücher und nehmen sie mit ins Zelt. Sie sind so heiß, dass wir sie nicht anfassen können, aber doch nicht so, dass die Handtücher Feuer fangen. Wir schließen die beiden Schlafsäcke zu einem großen zusammen und legen die eingewickelten Steine in die Mitte, wiegen sie zwischen uns wie kleine, fieberheiße Kinder.

*

Am nächsten Tag packen wir das Lager zusammen und sind bald unterwegs in den nächstgelegenen Ort. Wir halten beim Gasthaus und wollen zur Feier des Tages dort essen, ich habe nämlich Geburtstag. Jay bestellt Schalentiersoufflé auf Toast und ich einen Burger mit Speck und Pilzen und Pommes aus Süßkartoffeln. Dann setzen wir uns getrennt hin und rufen unsere E-Mails ab, denn das hier ist einer der sehr wenigen Orte mit Internetzugang. Ich weiß nicht, wann wir wieder so eine Gelegenheit finden werden. Geburtstagsgrüße von zu Hause, davon wird mir warm.

In der dunklen Nacht glitzert der Schnee auf dem Waldweg scharf wie Glassplitter, und als wir losfahren, geht mir auf, dass etwas nicht stimmt. Ich kann nicht mehr fragen, was los ist.

Jay ballt die Faust und hämmert auf das Lenkrad, denn er hat eine Mail von jemandem bekommen, mit dem er seit Jahren im Clinch liegt, eine unangenehme Sache. Und jetzt lässt er seiner Wut freien Lauf. Er brüllt Beschimpfungen und erzählt mir dabei, was diese Person diesmal gesagt und getan hat, sein Gesicht ist vor Wut verzerrt.

Nach einer Weile lege ich ihm vorsichtig die Hand auf den Arm, aber er schüttelt sie ab. Tobt weiter, fängt an, über frühere Konflikte zu reden, die Jahre zurückliegen, steigert sich dermaßen hinein, als ob er zum ersten Mal jemandem davon erzählte. Ich warte darauf, dass sein Zorn vergeht, aber das tut er nicht, Jay redet sich immer weiter in Rage. Ich kenne diese Situation schon, und das macht alles nur noch schlimmer, denn schon zupft die Hoffnungslosigkeit am Rand meines Bewusstseins, obwohl ich versuche, sie auszusperren.

Jay, sage ich, können wir nicht anders darüber reden, aber er scheint mich nicht zu hören, kann sich nicht beruhigen. Er brüllt Gemeinheiten, diese Härte. Ich rutsche unruhig auf meinem Sitz hin und her, etwas in mir verkrampft sich, mein Herz schlägt jetzt schnell und furchtsam.

Jay, sage ich, bitte ... sei nicht böse ...

Sei nicht so verdammt herablassend mir gegenüber, ruft er. Das hast du nicht zu bestimmen, nicht du entscheidest über mich! Und dann wütet er einfach weiter.

Ich will doch nicht herablassend sein, sage ich, bitte, Jay, ich fühle mich elend dabei. Mein Gesicht im Fenster ist bleich und angespannt, und jetzt wechselt seine Wut die Richtung und kehrt sich gegen mich.

Herrgott, sagt er, ich brauche dich, damit du hier bist und mir zuhörst, wieso tust du das nicht, du hörst nicht zu, du bist nicht für mich da, das bist du nie!

Die vielen endlosen Stunden, in denen wir über diese Dinge gesprochen haben, am Telefon, beim Essen, schlaflos im Bett, und ich habe zugehört, versucht, ihm zu helfen, ihn an mich zu drücken, in mir tut alles weh.

Und ich sage: Doch, ich bin da, ich will dir ja zuhören, aber er schüttelt den Kopf und sagt: Du kommunizierst doch nicht, kapierst rein gar nichts, aber wie könnte ich das auch von einer wie dir erwarten, die in ihrem Leben noch nicht einen schlimmen Tag durchmachen musste, eine verwöhnte Prinzessin, die das Leben für einen großen Spielplatz hält.

Jay kennt meine Vergangenheit, jetzt starrt er mich an, als wäre ich eine andere, und das tut weh, seine Worte, sein Blick.

Ich will dich so gern verstehen, Jay, sage ich mühsam, es ist nur so schwer für mich zu sprechen, wenn du wütend bist, und das weißt du; ich kann nicht damit umgehen, wenn jemand wütend ist und nicht aufhören will, ich kann nichts dafür, um mich herum war immer so viel Streit und Zorn, früher jedenfalls, deshalb bin ich wohl so geworden. Aber können wir nicht in Ruhe darüber sprechen …

Warum muss sich immer alles um dich drehen?, fällt Jay mir ins Wort, du bist so verdammt ego, ein durch und durch selbstsüchtiger Mensch.

Ein Wort gibt das andere, und jetzt verliere ich die Fassung, ich versuche, mich zu verteidigen, aber es spielt keine Rolle, egal, was ich sage, die Tränen tropfen und tropfen auf die auf meinen Knien geballten Fäuste. Und er hört nicht auf, er macht weiter und weiter, und am Ende sitze ich total fertig da, und meine Stimme ist so gepresst, dass ich mich fast nicht mehr verständigen kann, meine Tränen fallen hilflos. Und mehr als alles andere will ich, dass Jay anhält, dass er mich in die Arme nimmt, aber das tut er nicht.

Ich liebe dich doch, du Dussel, kann ich mit belegter Stimme herauspressen.

Er starrt vor sich hin, hat die Hände auf dem Lenkrad liegen, starrt auf den Weg, wo das Dröhnen des Motors ein Schneehuhnpaar aus seinem Nest aufschreckt, und ich sehe sie durch meine fast zugeklebten Augen für einen Moment schattenhaft und unscharf, als sie im Licht der Autoscheinwerfer wild mit den Flügeln schlagen und sich dann in der Dunkelheit auflösen, wie die Wiedergänger gefallener Engel.

Die Liebe besteht aus Taten, nicht aus Worten, sagt Jay erbarmungslos.

Wir erreichen die Hütten von Pine und Flower erst spät in der Nacht, und am nächsten Morgen bricht Jay in aller Herrgottsfrühe wieder auf.

*

Als ich zum zweiten Mal aufwache, spät am nächsten Tag, will ich nicht aufstehen. Meine Tränen fließen lautlos, und ich fühle mich krank, bin heiß und mein Hals tut weh. Das bedeutet, dass ich mich langsamer bewegen muss, ich muss meine Kräfte schonen, darf nur das tun, was absolut notwendig ist, mehr aber nicht.

Ich zwinge mich zum Aufstehen, hole langsam Holz, hacke mit ruhigen Bewegungen, vermeide es, in Schweiß auszubrechen. Gehe zweimal mit vollem Rucksack zur Hütte und zurück, stapele das Holz im Brennholzkasten. Lege mich wieder ins Bett. Später mache ich mir eine Konservendose warm. Döse vor mich hin, lese, wünsche, ich hätte eine Tüte Kartoffelchips.

So vergehen zwei Tage. Ich denke an Jay, denke an meine eigene Vergangenheit, an Szenen aus meiner Kindheit. Denke zurück an Carthy und an Eirik, mit dem ich vor so langer Zeit verlobt war, an alles, was damals passiert ist. Ab und zu weine ich. Ein heftiges Weinen, mein Gesicht verzieht sich, es kommt mir vor, als ob mein Kummer niemals ein Ende nehmen wird.

Als ich zu Flowers Hütte hochgehe, um den Strom einzuschalten, kommt ein großer Steinadler vom anderen Seeufer angeflogen. Ich bleibe stehen und sehe zu, wie er langsam über den Himmel gleitet und verschwindet. Später am Vormittag gehe ich hinaus, um Essensabfälle auf den Kompost zu werfen, und der Adler fliegt dicht über mich hinweg, so dicht, dass ich deutlich den weißen Kopf und die langen weißen Schwanzfedern sehen kann.

*

Das Telefon funktioniert nicht, und das begreife ich nicht, es ist tot, obwohl das Wetter strahlend schön ist, und der Akku voll aufgeladen. Das Gemüse im Vorratskeller ist schimmelig geworden, obwohl ich es sorgfältig mit Zeitungspapier in den von Jay mitgebrachten Kästen aufgestapelt hatte, offenbar wechselt die Temperatur hier stark, es bildet sich Kondensflüssigkeit, aber der eigentliche Sinn eines Vorratskellers ist doch, dass das nicht passiert. Allerdings hat Pine ihn selbst gebaut, und er liegt teilweise in der Sonne. Mit anderen Worten, das mit den Plastikkästen war keine gute Idee, auch wenn ich die Deckel nur lose aufgelegt hatte. Abends, als ich zu Flowers Hütte gehe, um den Strom auszuschalten, finde ich Mäusekot im Ausgussbecken. Die Mäuse haben zudem in eine kleine Stahl-schüssel mit Speiseöl gekackt. Das ist doch eigentlich unmöglich, Flowers Hütte ist ja angeblich mäusesicher, die Hütte ist mit einer dicken Gummimatte unter dem Boden und ein Stück die Wand hoch isoliert.

Ich merke, dass ich gestresst bin, ich habe Angst, die Mäuse könnten Flowers kostbare Teppiche annagen oder hier ihre Nester bauen. Ich renne zu Pines Hütte und hole Mausefallen. Lege Köder hinein, Rosinen mit Sonnenblumenkernen und Erdnussbutter, stelle sie strategisch günstig auf, die mit der Erdnussbutter auf den glatten Steinen unter dem Herd, so dass die Decken auf dem Boden nicht verschmutzt werden.

*

Ja, in Flowers Hütte sind jetzt Mäuse. Ich habe fast kein trockenes Brennholz mehr und es fällt dichter, nasser Schnee. Der Schnee bedeckt die Scheite, die ich zurechtgehauen und aufgestapelt habe, das feuchte Holz faucht im Ofen. Und die runden Scheite der Bäume, die Jay zersägt hat und die ich noch nicht zerkleinern konnte, sind in dem vielen Weiß kaum noch zu sehen. Ich spüre, dass eine Art Panik in meiner Brust aufsteigt, alles scheint zusammenzubrechen. Aber was kann ich tun, ich bin wieder allein hier draußen, das alles hier ist meine Verantwortung, und niemand ist da, um mir zu helfen.

Ich trinke eine Tasse Tee, merke, dass ich gern eine rauchen würde, großer Gott, wie gut würde das tun, krempele die Ärmel hoch. Das Wichtigste zuerst. Flowers Hütte. Ich untersuche die Wände, jeden Spalt, um festzustellen, wo die Mäuse hereingekommen sein könnten, und am Ende entdecke ich ganz unten an der Tür Nagespuren. Das Isolationsmaterial an der Wand ist weggefressen worden. Ich schneide neue Gummistücke zurecht, nagele sie fest und klebe mehrere Schichten Klebeband darüber, damit die Mäuse es nicht so leicht abnagen können. Gehe in den Wald, wische den Schnee von den Holzstücken und stapele sie unter einer hohen Kiefer auf. Hole Holz, hacke, packe es unter der Plane und im Ziegenstall aufeinander, lege nasse Scheite zum Trocknen unter den Ofen.

*

In beiden Hütten ist mir nun auch das Wasser ausgegangen, habe es nicht über mich gebracht, welches zu holen, und ein heftiger Wind weht, es gibt hohe Wellen, aber ich brauche Wasser, fülle einen Eimer nach dem anderen in den Wellen. Das eiskalte Wasser schlägt über meinen Stiefelschaft. Als ich fertig bin, sind meine Füße taub. Und jetzt muss ich mich um den Vorratskeller kümmern. Die Plastikkästen müssen weg, sie sind offenbar keine Hilfe. Ich schiebe die schweren Holzkästen von der Wand weg, schiebe und ziehe, bis sie mitten im Raum stehen und die Mäuse nicht so leicht daran hochklettern können. Es ist schwere Arbeit, wegen der niedrigen Decke kann ich nur gebückt arbeiten.

Ich nehme alles Gemüse aus den Plastikkästen, trockne es, packe es in neues Zeitungspapier. Als ich endlich fertig bin, gehe ich hinaus an die frische Luft, pflücke Hagebutten, sie leuchten wie Feuer in dem weißen Wald. Denke an Jay, an alles, was ich nicht verstehe.

Das Gefühl der Einsamkeit steckt wie ein Schmerz in meinem Körper.

*

In dieser Nacht sind zwei Fallen zugeschnappt, eine Hausmaus und eine Spitzmaus. Das Telefon funktioniert noch immer nicht, obwohl gutes Wetter herrscht. Es ist jetzt seit einer Woche tot. Ich packe einen kleinen Rucksack und mache mich auf den Weg zu den Nachbarn, um zu fragen, ob ich vielleicht Pines Freund Gunther anrufen kann, einen Deutschen, der mit seiner Familie am Rand des Reservats wohnt, um zu fragen, was los ist und was ich tun soll. Am Strand sehe ich Spuren von Hirsch und Wolf, der Wolf ist dem Hirsch ein weites Stück gefolgt, schließlich verschwinden die Spuren im Wald.

Jeremy und Diana sind nicht zu Hause, aber sie haben eine Pflegerin für Margaret bei sich wohnen, für Dianas Mutter, die jetzt über neunzig ist. Die Pflegerin ist eine junge Frau, die ich zu Halloween auf dem Fest in der Schule kennengelernt habe. Sie hatte das schönste Zombiekostüm von allen. Sie erzählt, dass niemand im Tal Zugang zu Telefon oder Internet hat, bei allen sind die Leitungen ebenso lange tot wie bei mir. Als ich nach dem Grund frage, zuckt sie mit den Schultern.

Sie fragt, wo Pines Hütte liegt, und als ich ihr den Weg erkläre, schüttelt sie den Kopf und findet es mutig von mir, dort draußen allein zu wohnen.

Hast du da draußen etwas gehört?, fragt sie plötzlich. Nachts, hast du da jemanden bei der Hütte gehört?

Nein, sage ich überrascht, wieso denn?

Na ja, Sheris Tante hat vor zwei Tagen zwei Sasquatch gesehen, oben bei der Ranch, du weißt schon, und andere haben nachts jemanden oder etwas um ihre Häuser herumtrampeln hören. Und Lillie-Anne hat einen dunklen Schatten vom Zaun vor ihrem Küchenfenster springen sehen, das war am Mittwochabend.

Ich höre nicht zum ersten Mal von den Sasquatch. Ich habe es zuerst nicht geglaubt, aber ich kenne so viele, die sie gesehen haben, vor allem bei den Einheimischen gibt es viele Geschichten über sie. Ich sehe keinen Grund mehr, diese Erzählungen anzuzweifeln. Ich lächele die Pflegerin also an und sage, es seien sicher freundliche Wesen, das habe ich jedenfalls von denen gehört, die sie gesehen haben, und viele Medizinmänner meinen, Sasquatch zu sehen bedeute, dass deine Kinder in guter Obhut sind.

Sie schüttelt wieder den Kopf und sagt: Ja, aber es kann doch auch ein Verrückter sein, der sich in den Gärten der Leute hier herumtreibt.

Sie erzählt mir, dass sie zweimal pro Woche einen Frauenabend in der Turnhalle haben und dass ich kommen und die anderen kennenlernen muss. Sie sagt, ich könnte doch einfach mit dem Auto fahren, auch wenn es keine Nummernschilder mehr hat, viele im Tal hier fahren ohne Versicherung oder Nummernschild, es bedeutet nichts, niemand achtet darauf. Auf der Insel war das auch so, jedenfalls vor einigen Jahren, als die Polizei immer dienstags mit der Morgenfähre kam und am selben Nachmittag zurückfuhr. Alle fuhren Autos ohne Nummernschild, nur eben dann nicht, wenn der eine Polizist kam, um sich von der Gesetzestreue der Inselbevölkerung zu überzeugen.

Damals durften sie ihr Cannabis in Ruhe anbauen, konnten tun, was sie wollten, es war ein Paradies.

Ich bin froh und guter Stimmung, als ich zurückgehe. Es ist schön, Leute kennenzulernen, die hier wohnen, und ich habe Lust, einen Frauenabend zu besuchen, auch wenn es lange dauern wird, hinzugelangen, und ebenso lange für den Rückweg.

Auf dem Weg durch den Wald nehme ich plötzlich einen scharfen, widerlichen Geruch wahr, und ich frage mich, ob das Sasquatch sein können, aber zwischen den dunklen Baumstämmen kann ich kein Lebenszeichen erkennen. Abends frage ich mich, was ich tun würde, wenn sie plötzlich in die Hütte kämen, und als ich zum Pissen nach draußen gehe, sehe ich mich im Licht der Stirnlampe gründlich um. Aber dort ist niemand, nur der Wind, der in den Bäumen rauscht, und die funkelnden Sterne.

*

Draußen ist es warm, ich arbeite in einem Wollhemd unter einem Fleecepullover, habe Jacke, Schal und Mütze abgelegt, es ist zu warm, als ich hier Holz hacke. Meine Arme und Handgelenke tun weh, wenn ich die Axt schwinge, wieder und wieder. Der Klang von Stahl auf Stahl hallt im Wald wider, und plötzlich glaube ich, Schritte hören zu können, und als ich aufblicke, kommen ein Mann und eine Frau über den Weg auf mich zu. Ich bin überrascht, aber ich lege die Axt weg und gehe ihnen entgegen, sage hallo und strecke die Hand aus.

Ich hoffe, wir haben dich nicht erschreckt, sagt der Mann, wir sind Nachbarn, wohnen nur anderthalb Autostunden entfernt am Waldweg. Douglas und Sharon. Ich gebe beiden die Hand und lade sie zu einer Tasse Tee in die Zuckerbude ein. Douglas ist Fotograf und Sharon Krankenschwester. Sie wohnen schon eine ganze Weile hier in der Gegend, haben sich an einem Waldsee ein Haus gebaut.

Wie viel Holz nimmst du?, fragt Douglas neugierig. Und ich erkläre, dass es bisher so warm war, dass ich nachts nicht einheizen musste. Wenn ich aufwache, ist es in der Hütte um die null Grad, als Erstes mache ich dann im Ofen Feuer.

Man verbraucht aber trotzdem ganz schön viel Holz, sage ich. Ich koche ja immer auf dem Holzofen, und der brennt den ganzen Tag ein wenig, ich lege große Holzscheite auf, die vor sich hin schwelen, während ich draußen Holz hacke oder unterwegs bin.

Also, Sharon und ich haben eine Art Ökohaus gebaut, sagt er. Es heißt *Earthship Home*. Die Wände bestehen aus alten Autoreifen, die mit fest zusammengepresster Erde gefüllt sind, und wir haben die Reifen innen im Haus mit einer Art Lehm bedeckt und außen mit Holz getäfelt. Es ist ein großes Haus mit riesigen Fenstern an der gesamten Vorderseite, damit wir so viel Licht bekommen wie möglich. Das Material hat uns so an die achttausend Dollars gekostet, wegen der vielen Fenster, die sind teuer, weißt du. Wir versorgen uns ganz und gar selbst, bekommen Strom von einer Solarzellenanlage, haben einen Propangaskühlschrank und einen Propangasherd, haben sogar Strom genug für eine Waschmaschine und eine Trockentrommel. Weißt du, wie oft ich einheize, im Winter?

Er lächelt listig, und ich schüttele den Kopf.

Einmal die Woche. Das Haus hält die Wärme so gut und ist so konstruiert, dass es im Winter warm bleibt und im Sommer kühl. Es hat doch keinen Sinn, weißt du, die üblichen Häuser zu bauen. Das Material ist teuer und kommt meistens nicht aus nachhaltigen Quellen, weder, was die Kosten angeht, noch in Bezug auf die Umwelt. Und damit nicht genug, sie nutzen auch ihre Möglichkeiten nicht gut genug aus, die Wärme und dergleichen betreffend. Auf der Welt wird enorm viel verschwendet, enorm viel.

Ich glaube, ich würde in Norwegen kein solches Haus bauen dürfen, sage ich nachdenklich. Wir haben so viele Bauvorschriften und Verbote, das könnt ihr euch nicht vorstellen.

Douglas und Sharon schütteln den Kopf. Was sagst du da? Und wenn du es draußen im Wald baust?

Nein, das wäre wohl nicht möglich, antworte ich.

Als ich mit ihnen zurück über den Weg gehe, sehen wir Kojotenspuren. Douglas zeigt darauf und erzählt von allerlei Spuren und ihrem Aussehen. Die von einem Luchs sind zum Beispiel runder als Wolfsspuren, das liegt am Fell zwischen den Zehen. Sie haben unterwegs die Fußstapfen eines Grizzlys gesehen, nicht weit von mir entfernt, große Spuren, die eines einzelnen Männchens. Besser, du benutzt noch eine Weile das Bärenspray, sagt Douglas, die fangen mit dem Winterschlaf erst Ende Dezember an.

Er erzählt, dass es in der Nähe auch Bergpumas gibt. Diese Tiere lauern gern oben auf einem Bein, und ehe du piep sagen kannst, springen sie herunter und schlagen dir die Zähne in den Nacken, sagt er.

Also, schau immer in die Bäume hoch!, fügt Sharon

hinzu, denn du hast gerade die richtige Größe für einen feinen Leckerbissen, bist *snack sized,* und wir lachen herzlich, obwohl mir klar ist, dass sie es ernst meinen.

Am Nachmittag ziehe ich mit all meinen Sachen in Flowers Hütte. Mache Feuer in dem schönen Stanley-Ofen mit waldgrüner Emaille, der mindestens achttausend Dollar wert ist, vielleicht mehr – so viel, wie das Haus von Douglas und Sharon. Pine hat ihn für Flower gekauft, als er einmal eine größere Summe geerbt hatte. Ich backe im Herd Reisbrot, diesmal ist es nicht ganz so klunschig, besser durchgebacken, aber ebenso knusprig, ich beschmiere es dick mit Erdnussbutter und zermahle die köstliche Kruste zwischen den Zähnen.

*

In der Nacht werde ich von einem entsetzlichen Unwetter geweckt, die Windstöße lassen die ganze Hütte erzittern, es klingt wie Wellen, die sich an Felsen brechen, und der Regen prasselt nur so. Es tropft aus einem Riss in der Decke, und ich muss aufstehen und einen Eimer holen. Am Morgen regnet es noch immer, und später am Tag wird der Regen zu Schnee und treibt seitwärts am windgebeutelten Hang entlang, und alles ist glatt und vereist.

*

Eine Art Dunst hängt über dem See, nimmt vage Gestalten an, wie eine über das Wasser ziehende Prozession, Frauen und Männer und Pferde, Wagen und Reiter. Vielleicht wollen sie in die Kartoffelberge, das ist jedenfalls die Richtung, in die sie sich bewegen.

Im Vorratskeller ein Scharren, als ich hineingehe. Das Licht der Stirnlampe fällt auf die Falle, überall Blut und Haarbüschel, eine kopflose Maus klemmt unter dem Stahldraht, die Knochensplitter leuchten weiß, dort, wo die anderen Mäuse das Tier zerrissen, zerkaut und gefressen haben. Bei diesem Anblick wird mir so unwohl, dass ich mich fast erbreche. Ich zwinge mich dazu, die Maus loszumachen, packe den blutigen Kadaver mit Zeitungspapier, um ihn nicht direkt anfassen zu müssen, fege Fleischfetzen und Haarbüschel ebenfalls zusammen. Ein winziger blutiger Kiefer, ganz kleine Knochen. Und ich war es, ich war es. Ich habe die Falle aufgestellt, habe alle Fallen aufgestellt. Ich denke an den Fuchs, an die Vögel, an den Otter, daran, wie sie spielen.

Es dauert lange, bis ich das nächste Mal Fleisch esse.

*

Das Telefon funktioniert wieder – das Freizeichen hat sich so schnell und unerklärlich wiedereingestellt, wie es verschwunden war. Jeremy ruft an und will mich für den nächsten Tag zu einer Buchvorstellung einladen. Seine Schwägerin hat ein Buch über Rituale und Traditionen im Tal geschrieben. Sie hat die alten Leute interviewt und jahrelang Material gesammelt, es ist ein großes Ereignis.

*

Es ist fünf Uhr morgens, als ich aufstehe und im Ofen einheize. Es saust leise im Ofenrohr. Ich esse einige Scheiben Reisbrot und hole meinen Rucksack, den habe ich schon gepackt. Um kurz vor sechs mache ich mich auf den Weg zu den Nachbarn. Im Licht der Stirnlampe folge ich dem Weg durch die Wiese, durch den Wald, am Strand entlang. Singe, rufe in regelmäßigen Abständen »hallo, hallo«, damit sie mich hören können, alle wilden Waldwesen, denn es ist dunkel und der Wind weht mir entgegen, deshalb können sie den Menschengeruch nicht wahrnehmen. Ein graues Licht sickert über dem See durch die Wolkendecke, und ich schalte die Lampe aus, um die Batterie zu schonen, der weiße Schnee auf dem Geröll zeigt mir den Weg: ein schmaler schwarzer Streifen zwischen dem dunklen Wasser und dem dunklen Wald.

Lange bevor sie zur Arbeit müssen, komme ich bei Jeremy und Diana an. Diana schenkt mir eine Tasse starken Kaffee ein, wir sitzen um den bullernden Ofen und trinken. Es ist noch immer dunkel, als wir in den großen Pick-up steigen und zur Schule fahren. Einige Wildpferde stehen im Schnee, im Scheinwerferlicht haben sie spiegelblanke Augen, sie drehen sich um und jagen davon.

Ich verbringe den Tag im Reservatsbüro. Hier kann ich einen leer stehenden Raum mit Internetzugang benutzen, und ich verbringe den Tag damit, dass ich E-Mails nach Hause schreibe.

Zur Buchvorstellung findet sich ein Großteil der Reservatsbevölkerung ein. Ein älterer Mann mit silberweißen langen Haaren und klaren Augen erregt meine Aufmerksamkeit, ich muss ihn einfach immer wieder ansehen, und er erwidert meine Blicke und lächelt. Er steigt auf die Bühne. Trägt abgenutzte Lederhandschuhe mit Perlstickerei, hält eine Trommel aus über einen Rahmen gespannter Hirschhaut in der Hand. Er trommelt und singt, und seine

Stimme klingt wie wilde Vögel, sie schreit heiser, wird wieder sanft und senkt sich langsam zu Boden, und ich stehe wie verzaubert da, während etwas in mir zu zittern beginnt. Danach bleibt er stehen und redet mit irgendwelchen Leuten, und ich gehe zu ihm hinüber, fast mechanisch, er hält mir die Hand hin und begrüßt mich.

Georgie, sagt er, und als ich meinen Namen nenne, lächelt er noch freundlicher.

Ach, du bist die Norwegerin, die in Pines Hütte wohnt, ruft er, das hab ich mir doch gedacht, ich hab mir das doch gedacht! Holz, fügt er plötzlich hinzu, hast du genug Holz?

Ja, jetzt ja, sage ich, mir hat jemand mit einer Motorsäge geholfen, aber es war ganz schön viel Arbeit, eine Zeitlang hatte ich Angst, nicht genug zu bekommen.

Er nickt mehrmals. Ich hab dich allein im Schnee gesehen, sagt er, und du hattest nicht genug Holz, das hat mir Sorgen gemacht.

Er sieht, dass ich verwirrt bin, erklärt: Ich habe dich vor meinem inneren Auge gesehen. Diana hat erwähnt, dass du allein bist, und ich habe gespürt, dass du Probleme hattest. Aber ist es jetzt besser?

Ja, jetzt ist es besser, sage ich.

Er sieht mich nachdenklich an. Es ist eine Freude, dich kennenzulernen, sagt er ernst, und ich lächele, ich bin froh. Georgie schreibt seine Telefonnummer auf einen Zettel und reicht ihn mir mit einer fast feierlichen Bewegung.

Pines Nummer habe ich sowieso, sagt er. Ruf mich an, jederzeit, jederzeit.

*

Als ich wieder in der Hütte von Pine und Flower bin, erwache ich im ersten Morgengrauen. Scheuere den kalten Herd mit Seife und Stahlwolle und wasche das Emaille mit Asche und Wasser, gehe nach draußen, klettere aufs Dach und reinige das Ofenrohr, indem ich eine dicke Kette mit einem Knoten daran nach unten schiebe und dann mit fegenden Bewegungen wieder hochziehe, so dass die Kette die Innenseite des Rohres auskratzt. Erst jetzt kann ich Feuer machen. Hole Wasser, koche verschmutzte Lappen, das Wasser wird fast schwarz, ich gieße es aus und koche sie noch einmal. Hole Holz von einem meiner Stapel, gehe zum hintersten Holzstapel und fülle den Sack wieder, stapele das restliche Holz im Ziegenstall auf.

Im See steht das Wasser so niedrig, dass ich eine Höhle entdecke, die ich noch nie gesehen habe; ich bücke mich und krieche hinein. Hier finde ich Steine, die aussehen wie gesprenkelte Vogeleier. Ich sitze auf dem warmen Kies, die Sonne schaut herein, ich höre mein Herz schlagen, während die Wellen sich wieder und wieder am Strand brechen. Die verschneiten Gipfel hinter zitternden goldenen Espen erinnern an japanische Seidenmalerei. Eine große Schar von grauen Vögeln zwitschert im Chor. Ich höre sie aus weiter Entfernung. Als ich näher komme, heben sie ab und schwirren als wogende Spirale um sich selbst, während sie singen und singen, ich habe Tränen in den Augen und bleibe ganz still stehen.

Ich gehe zurück und setze mich in die kleine Höhle, meditiere und bete, die Augen geschlossen, Sonne auf der Haut.

Nachmittags ruft Georgie an. Er fragt, wie es geht, sagt:

Wie wäre es mit einem Medizinbad, könnte dir das helfen? Ich freue mich, das möchte ich gerne, ich habe an ihn gedacht.

Er sagt: Das hier ist ein heilender Ort. Wenn du eine Frage hast, kannst du die Berge und den See fragen. Die wissen es. Denn die Geister beschützen diesen Ort, und man kann hier zu sich kommen, man kann sich selbst wiederfinden.

Er wird für einige Tage verreisen, aber wir werden telefonieren, wenn er wieder da ist, und als wir auflegen, flüstere ich, *danke*.

*

Inzwischen nehme ich hier draußen eine Ruhe wahr. Morgens, wenn ich die Augen aufschlage, kann ich die Sonne in den Bergen draußen sehen, ich sehe den Sonnenaufgang. Ich setze mich im Schneidersitz auf Flowers schöne Decken, die Perlen des Gebetskranzes klicken, es ist ein wunderschönes Geräusch, beruhigend. Es kommt noch immer vor, dass ich alles schwer finde, dass ich weine, aber ich lasse die Tränen kommen, ohne besonders darauf zu achten, ich lasse die Erinnerungen aufblühen und verwelken, sie scheinen an Substanz zu verlieren, zu Traumbildern zu werden, die kommen und gehen, und am Ende kommen sie dann gar nicht mehr.

Ich höre auf, so viel zu denken. Die vielen einfachen Tätigkeiten im Tagesablauf geben mir ein Wohlbehagen, das ich bisher nur selten erlebt habe. Ich habe per Postversand Lebensmittel bestellt und hole das große Paket bei Jeremy und Diana ab. Koche selbst Schokolade und süße sie mit etwas Honig, gebe Nüsse und Dörrobst dazu; gehackte Feigen und Walnüsse, Mandeln und säuerliche Inka-Beeren. Ich genieße diese Arbeit, genieße es, mich in der Hütte zu schaffen zu machen und alles in Ordnung zu halten, Kleider zu waschen und zu flicken, und vor dem runden Fenster zu sitzen und zu lesen und auf die Berge hinauszublicken. Ich kann auf dem Weg vor einem alten, knorrigen Baum stehenbleiben, stehenbleiben und ihn anstarren, eine plötzliche und unerklärliche Freude verspüren, nur, weil es diesen Baum gibt.

Alles kommt mir so belanglos vor, verglichen mit dem Leben hier draußen.

*

Oft sitze ich stundenlang vor dem heißen Holzofen auf dem Boden, vor mir liegen die aufgeschlagenen Yoga-Bücher, und ich versuche, die abgebildeten Übungen zu machen. Es gibt nur meinen Atem und das Gefühl meines Körpers, der langsam weich wird und loslässt, es gibt nur hier und jetzt.

*

Ich bin in der Hütte und koche gerade das Mittagessen, als ich draußen Schritte höre. Es sind Douglas und Sharon. Sie haben ein befreundetes Paar aus Alaska mitgebracht. Alle vier kommen in die Hütte, setzen sich auf den Boden und packen den mitgebrachten Proviant aus. Sie haben auch ein Weihnachtsgeschenk für mich. Eine Kiste voll Mandarinen und Schokolade, und ich bedanke mich, sie geben mir außerdem Thunfischbrote und selbstgebackene Schokoladenkekse. Wir sitzen dicht beieinander und essen und reden. Sie fragen mich, wie ich Weihnachten verbringen werde, und ich sage, dass ich das noch nicht so genau weiß, aber dass ich zum Silvestertanz ins Tal will. Sharon schüttelt den Kopf. Ach nein, da geht es heiß her, es gibt Messerstechereien und die Leute kommen betrunken vom Weg ab, es ist ein furchtbar brutaler Abend. Ich sage, dass es für mich nicht zu brutal sein kann, dass ich nach der Isolation hier draußen die pure wilde Frau sein werde, dass ich breitbeinig ins Tanzlokal stiefeln und brüllen werde: Wo ist der Schnaps? Wo sind die Kerle?, und dann prusten wir allesamt los. Douglas und Sharon schluchzen vor Lachen, denn sie können sich das einfach nicht vorstellen. Nach dem Essen sehen wir zwei schwarze Hunde auf die Tür zulaufen. Wer kann das sein, fragt Douglas, schaut aus dem Fenster.

Das ist Georgie, sagt er.

Wir erheben uns alle. Als ich die Tür öffne, versuchen beide Hunde, hereinzukommen, und ich muss sie am Nackenfell festhalten, bis Georgie im Haus steht. Die Hunde sind groß und stark, sie bellen ununterbrochen, ich merke, dass ich Angst bekomme. Douglas und Sharon und die beiden aus Alaska begrüßen Georgie im Vorübergehen, sie müssen weiter. Bald sitzen Georgie und ich auf den gewebten Decken und lächeln einander an. Ich koche süßen Tee und serviere ihm Reisbrot und Rote-Bete-Suppe und selbstgemachte Schokolade. Später zieht er seine Medizinpfeife hervor, füllt sie mit ruhigen Bewegungen mit Tabak aus seinem Medizinbeutel, zündet sie an, der Rauch steigt in weißen Wölkchen auf, mit gewichtigen Gesten reicht er mir die Pfeife. Ich ziehe daran, mache einen Lungenzug, schicke mit dem Rauch einen Dank nach oben. Wir bleiben lange so sitzen, rauchen mehrere Pfeifen, ab und zu stellt er mir eine Frage oder erzählt mir etwas. Er sagt, Tabak sei nicht schädlich, solange man ihn zum Gebet verwendet, das Rauchen habe nur Folgen, wenn man raucht, ohne zu beten.

Hast du keine Angst, fragt er plötzlich, so ganz allein mit einem Wildfremden?

Ich muss lachen. Es erinnert mich daran, was Robert gefragt hat, als wir durch die Marmorberge gefahren sind. Ich sage: Nein, ich habe Vertrauen zu dir.

Das ist gut, du hast Vertrauen zu mir, weil du Vertrauen zu dir selbst hast, er nickt und lächelt.

Er erzählt mir, wie es anfangs war: dass hier Riesen gelebt haben. Und es war dunkel, die ganze Zeit. Am Ende hatten die Riesen die Dunkelheit satt und baten die Krähe um Hilfe. Die Krähe flog zu dem fernen Licht am Horizont und brachte es mit zurück. Dann wurde sie schwarz, weil sie auf dem Rückweg durch das Rauchloch flog. Die Riesen setzten die Sonne an den Himmel und waren sehr zufrieden. Es war die ganze Zeit hell. Die Krähe aber fing bald an, sich seltsam zu verhalten. Sie tat Dinge, die die Riesen nicht wollten, sexuelle Dinge. Die Riesen berieten sich und kamen überein, dass sie auch Dunkelheit haben wollten, um das peinliche Treiben der Krähe nicht mitansehen zu müssen. Deshalb sorgten sie dafür, dass sich von nun an die Erde drehte, damit sie die Hälfte der Zeit das Licht der Sonne sehen könnten.

Und das hatte die Krähe bezweckt, sagt Georgie, die Riesen sollten sich zusammentun und genau das machen.

Er erzählt mir, wie man den See um Heilung bitten oder wie man mit den Pflanzen reden kann. Sogar Baumsaft kann man trinken, und man kann ihn bitten, eine Plage wegzunehmen, sagt er, er dringt in dich ein und entfernt sogar eine Geschwulst oder was auch immer.

Aber du darfst niemals unfreundlich sein, sagt er und zeigt auf meinen Hals, du kannst mit dem Saft darüber reden, was dir dort zu schaffen macht, du kannst ihm danken und ihm sagen, dass du jetzt gelernt hast, was er dich lehren sollte, und dass er dich jetzt verlassen kann. Aber sei freundlich und sanft, so, wie du von anderen behandelt werden möchtest. Ja, sei immer bescheiden und sanft, sei freundlich und respektvoll, denn wenn du böse bist oder jemanden verletzt, dann wird er zu dir zurückkommen und dir etwas antun.

Er trommelt und singt, und sein Gesang strömt durch meinen ganzen Körper, und ich bin so dankbar, in mir gibt es so viel Liebe, dass sie überläuft, und Georgie sagt mir, dass die Geister mit mir zufrieden sind, sie freuen sich darüber, dass ich hier bin. Als er das sagt, breche ich in Tränen aus.

Er sagt, dass die Vögel spüren können, wie sehr ich mich über sie freue, dass meine Freude schöne Regenbogenfarben erschafft, die sie sehen, in die sie hineinfliegen und auf denen sie tanzen können, dass sie glücklich sind, er sagt, selbst die Erde kann die Liebe spüren, die du ihr entgegenbringst, und sie gibt dieser Liebe etwas zurück. Die Tränen strömen über meine Wangen, und ich kann nicht aufhören zu weinen.

Du hast starke Medizin, sagt er und nickt, du hast etwas,

du hast etwas zu geben. Sei du nur glücklich, denn deine Freude gibt anderen Freude.

Er gibt mir Tabak, den ich im Ofen der Eule opfere, die ich auf der Autobahn angefahren habe, und ich bitte sie, mir zu verzeihen, danke ihr, flüstere die Worte, die Georgie mich in seiner Sprache gelehrt hat: Danke. Tausend Dank.

*

Georgie schläft auf der Bank unter einer Wolldecke, er und die Hunde fahren nach dem Frühstück nach Hause. Es ist ein wunderschöner Tag, es ist warm, fünf Grad im Schatten, und der meiste Schnee ist weggetaut, das sonnengelbe trockene Gras bewegt sich im Wind, und die Zweige wogen, der Himmel ist ganz klar. Alle Gipfel stehen deutlich vor mir und ich kann hinter sie schauen, sehe Gipfel, die ich noch nie gesehen habe. Die Wellen sind hoch, sie haben Schaumkronen, und das Wasser ist türkis. Ich setze mich in die kleine Höhle ganz unten am Wasser, auf kleine, runde, von der Sonne gewärmte Steine, und die Wellen lecken fast an meinen Stiefelspitzen. Ich sehe auf den See und die Berge, und mein Herz füllt sich mit Freude, es singt wie tausend Vögel. Es jubelt zusammen mit den schäumenden Wellenkämmen und den Rehen, die in der Nähe grasen, es steigt und steigt und steigt, und plötzlich kommt ein Spatz aus der Höhlenöffnung und fliegt auf Herzhöhe an mir vorbei, so dicht, dass wir einander fast berühren.

*

Es geht auf Weihnachten zu, und Jay ruft an, mehrmals. Er schlägt vor, dass ich mit ihm und seinen Söhnen feiere, denn in diesem Jahr werden sie bei ihm sein, sie werden in der Hütte von Alice feiern, Jays Mutter.

Ich nehme die Einladung sofort an, denn ich habe Jays Söhne sehr gern. Es sind wunderbare Jungen, tüchtig in allem, was sie unternehmen, mit einer Reife und einer Fürsorge für andere, die ihrem Alter weit voraus ist. Sie haben mir gefehlt: Es hat wehgetan, sehr weh, damals, als ich nicht mehr ihre Stiefmutter sein durfte. Und Alice und ich haben uns immer schon gut verstanden.

Bei der Vorstellung, Jay wiederzusehen, habe ich ein seltsam nervöses Gefühl im Bauch.

Ich packe meinen Rucksack und stehe am nächsten Morgen in aller Herrgottsfrühe auf. Es ist noch immer dunkel, es knistert im Ofen, als ich einheize und mir eine Tasse Tee koche. Ich trinke weiterhin *yerba mate* aus dem winzigen hohlen Kürbis, den ich in Arizona gekauft habe. Die Tüte mit dem Tee ist jetzt fast leer, aber auf dem Boden liegen noch ein paar Flocken, ich brühe dieselben Teeblätter viele Male auf. Während das Wasser heiß wird, mache ich einige Yogaübungen, wecke meinen Körper langsam auf. Gehe mit dem Tee nach draußen, setze mich auf die Anhöhe und blicke hinaus auf die Berge, der rosa Sonnenaufgang beginnt jetzt über dem Horizont zu glühen und den See mit Gold zu beträufeln. Ich gehe wieder ins Haus, gieße die Wassereimer und den großen Wasserkessel auf dem Herd aus, damit das Wasser darin in meiner Abwesenheit nicht gefriert, bringe alle Lebensmittel in den Vorratskeller, schalte Solarzellen und Windmühle aus, nagele die Schuppentür zu und verrammele die Hüttentür mit einer Platte aus Kreuzfurnier und Brettern.

Der Weg führt am Strand entlang, ein feiner Lichtschimmer über dem Wasser, Windstille. Plötzlich sehe ich im Schnee vor mir eine große rote Stelle. Komme vorsichtig näher, schaue mich um. Der Schnee ist von Blut durchtränkt, einige Fleischfetzen und Fasern liegen herum, ein blutiger Brustkasten, Fleisch und Lunge sind weggefressen, während Rippen und ein Stück Brustbein noch übrig sind, achtlos weggeworfen am Fuße eines Baumes, neben dem Fell eines Rehs, an dem noch immer Beine und Kopf sitzen. Bärenspuren, frisch, frische Bärenlosung. Ich kann dieser Stelle nicht ausweichen, denn gerade hier fällt der Felsen zum Ufer hin ab, und es ist so glatt und steil, dass ich weder nach oben noch nach unten klettern kann. Mein Herz hämmert los, ich kann nichts sehen, ich gehe schnell, so schnell und leise, wie ich kann, denn es ist gar nicht gut, dort zu sein, wo ein Bär frisst, in der Nähe seiner Beute. Ich frage mich, ob es der einsame Jungbär ist, der müsste jetzt doch Winterschlaf halten. Es ist schwer, hier zu gehen, die runden Steine sind von einer dünnen Eisschicht überzogen, ich muss mich vorsehen, um nicht zu stürzen. Erst, als ich mich dem Zaun von Jeremy und Diana nähere, atme ich endlich auf.

*

Ich bleibe zwei Tage bei Jeremy und Diana, ehe wir die Fahrt in die Stadt antreten. Übe zusammen mit Jeremy Mandoline. Am Tag darauf bin ich mit Margaret allein, Jeremy und Diana nennen sie nur Ma. Sie spricht kein Englisch. Ich nenne sie Großmutter, das ist eines der wenigen Wörter, die ich gelernt habe.

Wir sitzen still im Wohnzimmer, trinken starken Tee, sehen den Hunden beim Spielen zu. Ab und zu wechseln wir einen Blick und lächeln. Es kommt mir gar nicht schwierig vor, dass wir keine gemeinsame Sprache haben, aber ich wünschte, ich könnte mehr Wörter, denn ich würde gern hören, was sie zu sagen hat, ich würde sie gern über das Leben hier draußen erzählen hören, wie es früher war. Ab und zu zeigt sie auf etwas und sagt ein Wort, das ich zu wiederholen versuche. Wir sitzen einige Stunden in dieser fast ununterbrochenen Stille da. Dann erhebt sie sich langsam, geht in ihr Zimmer und lässt die Tür offen stehen. Lässt eine Tonbandaufnahme laufen, eine ältere Frau, die trommelt und singt. Es ist ihre Schwester, die nicht mehr lebt.

*

Wir kommen im Dunkeln in der Stadt an, es ist der 23. Dezember, und es ist wegen Ma so warm im Wagen, dass ich fast vergehe, denn sie friert leicht, ist in mehrere Wolldecken eingemummelt. Diana und Jeremy müssen alles für sie warm halten, im Haus und im Auto. Die Hunde hecheln in ihrem Käfig, die Zunge hängt ihnen aus dem Hals.

Wir halten vor dem Seniorenzentrum, wo eine Rentnerband, die *Old Time Fiddlers,* das Weihnachtskonzert bestreitet. Ein Klavierspieler, mehrere Geigen und Gitarren, ein Banjo, es klingt gut, es swingt; ich sitze neben einigen älteren Damen, die sich schön gemacht haben, und wir klatschen und trampeln mit den Füßen. Der eine

Geiger ist tüchtig, er spielt eine Art Potpourri, bei dem »Jingle Bells« übergeht zu »In the Stovepipe«, und »In the Stovepipe« wird zu »Heel and Toes«, »Golden Slippers«, Weihnachtsliedern, »Eight Pretty Girls«, und Liedern aus Hawaii.

Der Banjospieler ist sechsundneunzig Jahre alt. Er legt das Banjo weg, nimmt das Saxophon und hebt es mit zitternden Händen. Tiefe, klare Töne strömen heraus, er spielt Stücke aus den dreißiger Jahren, und er spielt sie sicher, traumhaft, mit einer Art Wehmut. Er bleibt lange sitzen, nachdem er fertig ist, niemand bewegt sich. Dann legt er langsam das Saxophon weg. Ich denke: Nun hat er vielleicht zum letzten Mal gespielt.

Die Mutter von einem der jüngeren Bandmitglieder, auch sie in den Neunzigern, reicht mir einige Löffel, auf denen ich spielen kann, und ich lege los, zuerst unsicher, dann gefällt es mir mehr und mehr, ich schaue zu Jeremy hinüber, der die Geige ausgepackt hat, und wir lächeln einander an. Die Damen ermutigen mich, sagen, ich sollte ins Seniorenzentrum des Nachbarortes gehen, denn die Lucy dort könne auf vier Teelöffeln und einer Bierflasche spielen, und das schon ewig lange, trotz Lungenkrebs, die kann dir so einiges beibringen, sagen sie, und da steppt der Bär, das würde dir Spaß machen, ja, in dem Seniorenzentrum wissen sie, wie man feiert, die machen bis spätabends weiter, nicht so wie wir, wir sind doch einfach schlaff. Aber sie klatschen und eine Frau schwingt mit einem der Jungs das Tanzbein, als der für einen Moment die Gitarre weglegt, sie schiebt ihre Perücke gerade, legt den Kopf in den Nacken und lächelt kokett, und sie tanzen, tanzen, gleiten so elegant wie in einem Ballsaal über das Parkett.

*

Jay holt mich am Weihnachtstag ganz früh ab, und dann fahren wir die sechs Stunden zu Alices Hütte.

Meine Jungs sind schon da, sagt er, Alice hat sie vor zwei Tagen bei meiner Ex geholt. Damit sie ein paar Tage allein mit ihrer Oma verbringen können.

Anfangs sind wir beide ein bisschen verlegen, aber wir sind es gewohnt, so weite Strecken zusammen zu fahren, und bald siegt die Gewohnheit. Wir hören Musik und plaudern, ich schnüre meine schweren Winterstiefel auf und lege die Füße mit den dicken Wollsocken auf das Armaturenbrett.

Draußen wirbelt der Schnee und die Straße scheint ins Nichts zu führen. Die Wildnis verblasst und die Baumstämme verschwinden, schwarze Bleistiftstriche, die von einem weißen Papier radiert werden, hinein in den blendenden Leerraum, der sich für uns öffnet. Wir segeln gleichsam über einen winterweißen Himmel, hinaus in etwas Neues, in etwas, von dem wir nicht wissen, was es ist.

Der Pick-up schlingert durch die schneeschwere Landschaft. Und Jay legt wie zufällig die Hand auf die Ablage zwischen uns, wie so oft, und ich lege wie zufällig meine Hand auf seine, wie so oft.

Du siehst gut aus, sagt Jay und räuspert sich.

Danke, sage ich. Mir geht es gut da draußen. Und du, du siehst auch nicht so schlecht aus, dein Bart ist noch stattlicher geworden, geradezu majestätisch.

Er grinst. Ja, du weißt, bald fahre ich ja in den Norden.

Es wird jetzt dunkel. Jay muss mehrmals unvermittelt auf die Bremse treten. Einmal für ein Rudel Rehe, das mitten auf der Straße steht, dann für einen Elch, der vor uns über die Fahrbahn läuft. Der Frost glitzert in seinem Geweih, in dem dunklen Fell ein Geriesel aus gefrorenen Sternen.

Als wir ankommen, warten Josh, Stephen und Alice schon mit dem Weihnachtsmahl, und sie haben die Hütte mit Weihnachtswichteln und Neonlichtern mit Batterieantrieb geschmückt. Wir spielen Karten, Canasta und *pass the ace,* wir essen Truthahn mit Füllung und Moosbeerensoße, zubereitet auf dem Gaskocher. Packen die Geschenke aus. Danach führen die Jungs eine Zaubernummer für uns auf, sie haben mit YouTube-Videos geübt, und ich werde von mehreren Tricks gründlich an der Nase herumgeführt, ich klatsche und johle und lache.

Nachts liegen Jay und ich in einem Bett. Wir schlafen im selben Zimmer wie Alice, liegen züchtig nebeneinander wie Bruder und Schwester, während wir auf ihren Atem lauschen. Aber mein Kopf liegt auf Jays Arm, und als ich mit der Hand behutsam seine Wange berühre, spüre ich, dass er lächelt.

Alices Hütte liegt nur einen Steinwurf vom Wasser entfernt, und am nächsten Tag laufen wir auf Schlittschuhen über den großen gefrorenen See. Das Eis ist durchsichtig und klar, wie ein Fenster zur Welt der Fische. Wir können die Steine auf dem Boden sehen, den Schatten einer Regenbogenforelle, die lautlos durch das Wasser gleitet.

Es ist Vollmond, und der Himmel blutet purpurrot. Im

Mondlicht spielen wir mit den Jungs Hockey, Jay und ich gegen die beiden. Sie machen uns einfach alle, und am Ende sinke ich erschöpft in den Schnee, ich lache und schüttele den Kopf. Ihr seid einfach zu gut, sage ich, und die Jungs schwenken ihre Hockeyschläger und drehen auf funkensprühenden Kufen ihre Ehrenrunde um unsere kleine Bahn.

Und Jay und ich machen lange Spaziergänge zusammen. Sitzen im Schnee und reden, öffnen uns füreinander auf eine Weise, wie wir es noch nie getan haben. Seine Verletzlichkeit berührt mein Herz, und ich lehne den Kopf an seine Schulter, während er mir unbeholfen über die Haare streicht. Aber bald verwickeln wir uns dann doch wieder in ein aufreibendes, endloses Gespräch, und es endet so wie immer.

Auf der Rückfahrt gibt Jays Pick-up den Geist auf, und wir müssen zur Stadt abgeschleppt werden. Die Jungs sind noch immer bei ihrer Großmutter. Wir warten stundenlang auf das Abschleppauto. Ich werde von Jeremy und Diana abgeholt, während Jay in die Stadt und dann weiter nach Alberta muss.

Als wir die Tankstelle im Reservat erreichen, klettern wir aus dem hohen Führerhaus des Abschleppfahrzeugs, und Jay packt mit einer gewissen Schroffheit meine Oberarme. Bleibt so stehen und hält mich fest, lange, wir sehen einander an, sagen aber nichts.

Mach's gut in Alberta, flüstere ich. Strecke die Hand aus, berühre seinen starren, buschigen Bart. Bringe nicht mehr über die Lippen.

Und du, mach es gut im Wald, sagt Jay mit heiserer

Stimme. Ich weiß, du schaffst das, du bist stark, hast ein Schwert unter dem Hemd. Lass dir von niemandem etwas anderes weismachen.

Er lässt mich los. Klettert wieder ins Führerhaus des Abschleppautos. Wir halten einander mit Blicken fest, bis wir uns nicht mehr sehen können.

Wenige Minuten darauf werde ich abgeholt.

Es ist später Abend, als wir auf den Hofplatz von Jeremy und Diana fahren, vor das Holzhaus mit den Kreuzfurnierplatten vor der unvollendeten ersten Etage, und ich schlafe im Gästezimmer, es ist ganz still, nur der Wind weht draußen, die kühle Luft, der schwache Duft des Holzes.

*

Ich besuche Georgie. Er zeigt mir seinen Medizinvorrat, die Trommeln, die Federn von allerlei Vögeln, die getrockneten Pflanzen, die für *smudge* verbrannt oder als Medizin benutzt werden. Der trockene Schnee knirscht unter unseren Stiefeln, er zeigt mir, wie man die Blasen in der Borke der schlanken Silberfichten aufsticht, ein frisches, rötliches, dünnflüssiges Harz quillt hervor, eine starke Medizin. Man kann sie auf Schrammen auftragen, auf Brandwunden, auf juckendem Ausschlag. Man kann sie trinken, sie kann alles Mögliche heilen.

Georgie wird manchmal vage, wenn er erzählt, was die Pflanzen alles heilen können.

Starke Medizin, sagt er, bedeutsam, wenn man sich nicht wohlfühlt.

Gegen welche Krankheiten hilft die denn?, frage ich

dann, und er wiederholt, etwas langsamer, wie zu einem Kind: Das ist Medizin, wenn man sich nicht wohlfühlt, wenn man krank ist.

Georgie bereitet für mich ein Medizinbad zu. Er trommelt und singt, nimmt eine Art Rassel, die mit trockenen Samenkörnern gefüllt ist, ich höre ihn so deutlich durch den Spalt unter der Badezimmertür, als ob er neben mir säße, und ich lasse mich von der Musik durchspülen, während ich in dem heißen Wasser hocke.

Wir sitzen auf einer Wolldecke auf dem Boden, und er erzählt mir, wie es im Internat war. Zehn Monate im Internat, zwei zu Hause. Seine Eltern hatten nur Pferd und Wagen, deshalb konnten sie ihre Kinder nicht zu Weihnachten oder Ostern nach Hause holen, sondern nur in den Sommerferien.

Wie lange warst du da?, frage ich.

Zehn Jahre, sagt er. Zehn Jahre habe ich Lehren von den Weißen bekommen, zehn Jahre Unterricht in Geduld und Toleranz. Jedes Mal, wenn ich meine Muttersprache benutzte, wurde ich geschlagen. Nach vier Jahren hatte ich begriffen, dass sie mir meine Sprache wegnehmen wollten, und ich schwor mir, sie niemals herzugeben. Aber viele sprechen ihre Muttersprache nicht mehr, sie können nur Englisch. Selbst, wenn sie ihre Sprache sprechen könnten, tun sie es nicht. Es wurde ihnen so nachdrücklich klargemacht, ihnen geradezu eingehämmert. Meine Eltern haben mir so gefehlt, meine Mutter, ich dachte, ich müsste sterben. Ach, ich hatte Heimweh nach den Bergen. Ich hatte ein Bilderbuch mit Gebirgsbildern, wenn ich darin blätterte, fing ich an, so zu atmen:

Vor meinen Augen fängt Georgie an, zu hyperventilieren, sein ganzer Körper bebt, zittert, er zeigt mir, wie es ihm damals ging, und ich muss die Augen zukneifen, um nicht loszuweinen.

Er hört plötzlich auf, sagt: Die Berge, sie haben mit mir gesprochen, mir gesagt, dass ich stark sein müsste. Dass ich verzeihen müsste, denn wenn ich nicht verzeihen würde, würde ich mich selbst verletzen. Ich bin denen, die mich geschlagen haben, nicht mehr böse, denen, die mir meine Kultur wegnehmen wollten, die mich von meiner Mutter weggenommen haben. Sie tun mir schrecklich leid.

Später stehen wir unter dem Sternenhimmel, und Georgie bringt mir eine Technik bei, um das starke Licht zu sehen, das Bäume und Berge umgibt, und das manchmal am Himmelsgewölbe hochschießt. Als ich es sehe, lache ich laut auf. Er ist sehr zufrieden, es ist ein gutes Zeichen, denn er hat es auch andere zu lehren versucht, aber sie haben es nicht sehen können.

Georgie sagt, die Sasquatch hätten den Handschuh und das Seil auf den Weg zu meiner Hütte gelegt. Er sagt: Du hast Glück. Du sollst hier sein, und du bist beschützt, sie kümmern sich um dich. Sie freuen sich darüber, dass du hier bist.

*

Nicht lange darauf besuche ich Georgie wieder. Wir gehen in den Wald, er erzählt mir Geschichten und Sagen, zeigt mir allerlei Orte, singt Medizingesänge.

Ich werde dich alles lehren, was ich kann, sagt er, du kannst annehmen, was du willst, was du brauchen kannst, was zu dem Wissen passt, das du bereits hast. Du weißt, wir sind nicht so verschieden, wir alle nicht. Deine Vorfahren haben ebenfalls Trommeln benutzt, ihr habt das nur vergessen, aber es ist ein Teil von dir, von deiner Vorgeschichte, wenn du lange genug zurückgehst. Wer weiß, vielleicht warst du vor langer Zeit einmal ein Teil unseres Volkes hier, in einem anderen Leben, und jetzt bist du zu uns zurückgekehrt, bist wieder zu Hause. Die Kinder, die jetzt geboren werden, sind unsere Vorfahren, sie kommen zurück, um uns das zu lehren, was wir vergessen haben. Opa, werden sie sagen, so darfst du das nicht machen, das geht *so*, Opa! Sie sind alte Seelen, alte Seelen.

Er sieht mich an, dann lächelt er, ein plötzliches Lächeln.

Wenn du willst, kannst du mir bei der Zeremonie helfen, sagt er, und ich bleibe stehen. Das wäre mir eine Ehre, sage ich.

Er lächelt wieder, reibt sich das Kinn. Er ist sichtlich zufrieden.

Wir müssen nur vorher noch etwas erledigen, sagt er.

*

Ich will eine Zeremonie für dich durchführen, sagt Georgie eines Tages, als wir im Wald unterwegs sind. Ich habe es auch selbst gemacht, es hat mir vieles gezeigt, wie ich Medizinmann werden sollte, alles, woran ich innerlich festgehalten hatte und was ich loslassen musste. Und ich bin meinen Vorfahren begegnet, und sie haben mir Wissen gegeben, haben mich vieles gelehrt. Aber es ist eine starke Medizin, es ist nicht leicht. Bist du bereit?, fragt er und sieht mich an.

Als ich zustimme, nickt er zufrieden und sagt: Du musst dich vorbereiten, und er erklärt mir, wie.

*

Wir sind in Georgies Haus, es ist Abend, die Sterne blinken über See und Bergen. Ich sitze auf einer Wolldecke auf dem Wohnzimmerboden. Wir haben die Medizinbeschwörungen zusammen gesungen, Georgie trommelt. Er holt seinen Medizinbeutel. Schaut mir in die Augen und sagt:

Wenn du die Medizin nimmst, wird dein Herz stehen bleiben und du wirst sterben. Dein Geist wird deinen Körper verlassen und in die Geisterwelt reisen, und dir wird das gezeigt werden, was du sehen musst, um dich weiterzubewegen; du wirst vieles lernen. Dann wirst du zurückkehren. Dein Herz wird wieder schlagen, du öffnest die Augen, und du bist hier bei mir. Es gibt nichts, wovor du dich fürchten müsstest.

Kommt es vor, dass jemand nicht zurückkehrt?, frage ich.

Er schüttelt den Kopf, sieht mich an. Ich will dich nicht belügen. Es ist schon vorgekommen. Ich weiß nur von zwei Fällen, sagt er. Der eine war ein alter Mann, der andere eine junge Frau, aber sie war krank, sehr krank. Es war Zeit für sie zu gehen. Sie wollten nicht zurückkehren.

Ich nicke, setze mich bequemer hin. Ich habe keine Angst, sage ich, und es stimmt.

Es ist dunkel im Zimmer, nur zwei Kerzen brennen. Georgie macht die Medizin bereit, gießt sie in einen Holznapf, bläst Rauch darauf, schwenkt die Federn verschiedener Vögel, betet und singt, trommelt.

Ich atme tief durch, entspanne meinen Körper.

Er sieht mir in die Augen, hält mir den Napf hin. Ich nehme ihn entgegen, entleere mich aller Gedanken.

Dann trinke ich.